本书的出版得到 2020 年河南工业大学青年骨干教师培育计划、2021 年河南省高等学校青年骨干教师培养计划项目（2021GGJS062）及 2021 年河南工业大学社科创新基金支持计划（2021-SKCXTD-09）资助

克木语
四音格研究

THE STUDY ON
QUADRISYLLABIC
ELABORATE EXPRESSIONS
IN KHMU

刘希瑞 ———— 著

社会科学文献出版社
SOCIAL SCIENCES ACADEMIC PRESS (CHINA)

与发音合作人依论刚女士（前排左二）及老挝克木族学生（摄于勐腊县职业高中）

曼蚌索村寨

勐腊县城

野象谷

望天树

景洪澜沧江

前　言

　　"四音格"是汉藏语系及南亚语系语言中一种独特的语言现象。汉藏语系语言四音格的研究较多，如音节形式、声韵调搭配、轻重搭配、松紧搭配、形态结构、生成机制、文化内涵等方面。南亚语系语言四音格的研究极少且不够深入。本书以田野调查搜集到 1089 个克木语曼蚌索话四音格为研究对象，在语音、语法及语义结构描写的基础上，采用实验语音学方法来考察其韵律特征，并以前述研究为基础尝试运用韵律形态学的理论从本质上探讨其构成机制。本书旨为四音格的理论研究提供克木语曼蚌索话的语料，同时从实验语音学及韵律形态学的视角对四音格研究进行方法和理论上的探索。

　　除了"绪论"和"结语"外，本书主要包括三部分内容。第一部分（第二至第四章）分别对克木语曼蚌索话四音格的音节形式、声韵搭配、轻重搭配、构成方式、词类属性、句法功能、语义排列、语义关系以及表义特征等九个方面进行详尽描写和初步分析。第二部分（第五章）采用实验语音学的方法，对六种类型克木语曼蚌索话四音格的音高、音长和音强等声学参数进行提取和分析，并考察了声母清浊对音高搭配的影响及四音格之格律对各音节音长的规整。根据实验结果及语音、语法和语义的结构描写，探讨了克木语曼蚌索话四音格的韵律模板、节奏模式和重音模式。同时，还对克木语的另一方言——老挝克木仿话四音格的韵律特征进行了实验研究，并对比分析了两种方言四音格的共性和差异。第三部分（第六章）为韵律形态学研究，包括三个步骤：首先以海斯（Hayes）的音步类型理论为基础并根据克木语曼蚌索话的重音模式推导其音步类型；接着，结合克木语曼蚌索话的相关语言事实确定该语言的自然音步、标准音步，进而确定其标准韵律词；最后，对克木语曼蚌索话四音格进行了韵律形态学分析。

本书的主要研究发现可概括如下。

第一，ABAC型四音格是最能产的音节形式。音节数量不仅限四个，与克木语曼蚌索话具有丰富的一个半音节有关。各音节间有明显的声韵和谐，主要手段有双声、叠韵、谐韵等，且声韵和谐是以格律所要求的四个单位为基础。从语音结构特征看，四音格总体上呈现出右重倾向。构成方式中组合式占绝对多数。词类属性和句法功能受到了一定的抑制。语义上具有整体性、口头性、增量性、形象性、主观性等表义功能。

第二，声学表现有明确的规律。音高排列情况是：呈总体下降走势，第二及第四音节音高变化更趋陡急；第一、二音节与第三、四音节分属两个不同的音高域。音长分布的总体情况是：第二音节长于第一音节，第四音节长于第三音节；第四音节最长，第二音节次长，第三音节最短；后两音节音长之和大于前两音节音长之和；四音格之格律有使各音节的音长趋于以上音长分布的规整作用。各音节的音强搭配趋于均衡。韵律特征可归纳为稳定的三维韵律模板。稳定的音高、音长规则加上音强的均衡分布构成一个"三维韵律模板"；节奏上呈现出"2+2"节奏模式；轻重搭配上表现为[轻中轻重]的基本重音模式。

第三，克木语曼蚌索话属于音节抑扬型音步，构建方向为自右向左。双音节音步为其标准音步，又进一步实现为标准韵律词。"一个半音节"由于可以区分轻重，符合音步定义的基本要求，在音步操作中视为标准音步。韵律形态学的研究表明克木语曼蚌索话第三、四音节组合式四音格在本质上是复合韵律词。具体地，复合韵律词由两个标准韵律词构成。根据韵律形态学特征，还可排除那些非四音格的四音节串。

第四，克木语曼蚌索话四音格之所以为"格"的首要动因在于其语音上的特征：第三、四音节组合式四音格必须是由两个标准音步构成，包含残缺音步或超音步的结构均不合格；音长、音高、音强构成的稳定且制约性强的"三维韵律模板"；有一定程度的重叠、双声、叠韵、谐韵等语音和谐；听感上有抑扬顿挫、铿锵悦耳的音感。其次是语法和语义的约束，语法上一般应有固定的内部结构；语义上表达一个整体的含义。

本书具有一定的理论价值和实践价值。其中，理论价值可概括为以下三个方面。首先，通过结构描写，全面系统地描写了克木语曼蚌索话四音格的语音、语法和语义特征，为语言的类型学研究提供一手的克木语曼蚌索话的语言事实；其次，将实验语音学研究方法引入四音格研究，探究其音高、音长、音强的搭配模式等韵律特征，更深入地揭示了四音格的本质特征；最后，对克木语曼蚌索话四音格的韵律形态学研究，尝试从本质上阐明其构成机制，是当代语言学理论运用于中国少数民族语言研究的一次初步探索。本书的实践价值主要在于"克木语曼蚌索话第三、四音节组合式四音格在本质上是复合韵律词"的论断为判定四音格提供了新的视角和方法。

目 录

第一章 绪论 1

 第一节 克木人与克木语 1

 第二节 克木语及四音格研究综述 11

 第三节 克木语四音格的界定 27

 第四节 研究方法、研究意义及语料来源 31

第二章 克木语四音格的语音特征 34

 第一节 四音格的音节形式类型 34

 第二节 四音格的声韵和谐 36

 第三节 四音格的轻重搭配 46

第三章 克木语四音格的语法特征 56

 第一节 四音格的构成方式 56

 第二节 四音格的词类属性 68

 第三节 四音格的句法功能 70

第四章 克木语四音格的语义特征 79

 第一节 四音格的语义排列 79

 第二节 四音格的语义关系 80

 第三节 四音格的表义特征 82

第五章 克木语四音格韵律特征实验研究 87

 第一节 实验设计 87

 第二节 实验结果 95

 第三节 讨论 103

 第四节 曼蚌索话与老挝克木仳话四音格韵律特征比较 106

第六章 克木语四音格的韵律形态学分析 112

 第一节 韵律形态学要义 112

 第二节 克木语的音步和韵律词 118

 第三节 四音格的韵律形态学分析 128

第七章 结语 132

第一节 主要研究发现 132

第二节 主要研究不足及未来研究展望..................................135

附录一 克木语曼蚌索话 600 个常用词汇表.............................137

附录二 克木语曼蚌索话四音格列表 158

参考文献 232

后 记...243

图表目录

图 1-1 单元音声学元音图..5

图 1-2 南亚语系语支分类..12

图 1-3 中国孟高棉语研究机构及学者分布知识图谱................13

图 1-4 中国孟高棉语研究关键词知识图谱................................15

图 1-5 四音格语图示例..33

图 5-1 AABB 型清浊示例语图..89

图 5-2 AABB 型舒促示例语图..89

图 5-3 克木语曼蚌索话单元音共振峰模式................................92

图 5-4 ProsodyPro 脚本在 praat 中运行后的工作界面............94

图 5-5 六种类型音高排列的情况..95

图 5-6 音高排列的总体情况..96

图 5-7 "清+清+浊+浊"型音高排列..96

图 5-8 "浊+浊+清+清"型音高排列..97

图 5-9 "四浊"型音高排列情况..97

图 5-10 "四清"型音高排列情况..98

图 5-11 四个音节音长分布..99

图 5-12 前后两个音节音长之和分布..99

图 5-13 四音格各音节音强搭配..103

图 5-14 四个音节声调全相同的四音格音高模式....................106

图 5-15 声调搭配类型数量最多三类的四音格音高模式........107

图 5-16 克木伪话四音格各音节音长分布................................107

图 5-17 克木伪话四音格前后两音节音长之和分布................108

图 5-18 克木伪话四音格各音节音强搭配................................108

图 6-1 韵律层级..114

图 6-2 音节结构..115

图 6-3 音节莫拉结构..115

图 6-4 叠音对应理论基本模型..117

图 6-5 音节扬抑型音步 120

图 6-6 Pintupi 语音步系统建构 120

图 6-7 抑扬型音步 121

图 6-8 Muskogean 语音步系统建构 122

图 6-9 莫拉扬抑型音步 122

图 6-10 Cairene 语音步系统建构 123

图 6-11 三音节词音高排列情况 124

图 6-12 三音节词音长分布情况 125

图 6-13 克木语曼蚌索话音步类型推导示意图 126

图 6-14 复合韵律词 129

表 1-1 单辅音 4

表 1-2 复辅音 5

表 1-3 复合元音 5

表 1-4 元音长短对立例词 6

表 2-1 克木语曼蚌索话四音格音节形式类型及数量分布 34

表 3-1 各类型四音格倾向采用的构成方式与分布 77

表 5-1 四音格清浊搭配模式分类 90

第一章 绪论

第一节 克木人与克木语

一 克木人概况

克木人（Khmus）一般被认为是古濮人的后代，属于北方孟高棉语民族的一支，自称"格木"（kə ṃuʔ，ṃuʔ意为"人、人民"），他称"克木"或"克慕"（kʰə ṃuʔ），是一个分布于中国及老挝、泰国、越南、缅甸、柬埔寨等东南亚国家的跨境族群，美国、法国、瑞典等国家和地区也有少量克木人。

目前，世界上克木人的总人口大约有 90 万人，其中老挝的克木人最多，约有 74 万人①，在老挝是仅次于老族的第二大民族。越南、泰国分别有 8.5 万和 3.5 万克木人，缅甸、柬埔寨等国的克木人数据不详。②在我国，克木人有 3000 多人，世代居住在云南省西双版纳傣族自治州的勐腊县和景洪市的热带雨林地区，包括 17 个寨子，分别是勐腊县的王四龙（waːŋ suɯ luaŋ）、南西（ʔom si）、东洋（toŋ jaːŋ）、曼迈（ʔman mei）、曼岗（ʔman kaːŋ）、曼种（ʔman dzoːŋ）、回吉（ʔom kɛ）、回伞（ʔom saːŋ）、曼蚌索（ʔman puŋ sɔ）、曼暖远（ʔman ʔnɯm jɛːŋ）10 个村寨③及景洪市嘎洒镇的曼播（ʔman poːk）一组、曼播二组、曼回龙（ʔman hui loːŋ）、曼萝金（ʔman lɔːt keːŋ）、曼香斑（ʔman sɛːŋ paːn）、曼咪（ʔman mi）、曼吕（ʔman

---

① Svantesson, J.-O. and Holmer, A. "Kammu" in M. Jenny and P. Sidwell, eds., *The Handbook of Austroasiatic Languages*, Brill, 2014: 955-1002.
② Minahan. Ethnic Groups of South Asia and the Pacific: An Encyclopedia. ABC-CLIO, 2012: 112.
③ 除这 10 个寨子外，勐腊县还有 2 个克木人村寨，分别是南欠村和卡咪村，自称"布兴"，母语为布兴语。

lin）7 个村寨。①

关于我国境内克木人的民族识别，2009 年 2 月国家有关部门依据其族源、语言、体质特征、民族心理素质、社会经济生活状况等，最终划归为布朗族—克木人。②在语言使用方面，我国境内的克木人除使用克木语外，多数还通汉语及傣语或周边其他民族的语言。宗教信仰上，克木人主要信仰原始的自然崇拜和祖先崇拜③，但由于受邻近民族的影响，一些克木人也信奉小乘佛教、基督教等。文化习俗方面，克木人有很多自己的传统节日，其中最隆重而盛大的节日为玛格乐节（mah grəh），又称丰收节，即克木人的新年，现由每个克木寨子轮流主办每年的庆典。节日期间，各寨子的克木人聚集在一起，身着克木传统服饰，敲打"铜鼓"（jaːn），弹奏"叨叨"（daːv），载歌载舞，用竹制吸管饮自酿米酒"杯酒"（buː sa），尝传统美食，祭祀祖先，相互祝福（据依论刚④口述，笔者整理）。

二 克木语概况

克木语（Khmu 或 Kammu）为克木人的母语，属于南亚语系孟高棉语族克木语支（Khmuic Branch of Mon-khmer Group of Austroasiatic Family）。⑤克木语内部有方言的区分，不同学者划分方法略有不同，以下是两种最具代表性的划分方法。苏维莱（Suwilai）将克木语划分为西部克木语和东部克木语两大方言。⑥其中，前者的浊声母清化发展出了不同层次的声调系统，一些地区的克木语处于声调产生的早期，仅有平调的对立（register contrast）；一些地区的克木语的声调系统较为成熟，存在声调的对立（tone contrast）。后者处于克木语发展的保守阶段，无声调对立，但辅音库藏丰富，且有清浊对立的区分。斯万蒂森（Svantesson）和霍斯（House）划分了三种主要的克木语方言，即北部克木语、西部克木语和

---

① 王国祥：《西双版纳雨林中的克木人》，云南教育出版社，2009，第 10-15 页；中国社会科学院语言研究所、中国社会科学院民族学人类学研究所、香港城市大学语言咨询科学研究中心编著《中国语言地图集（第 2 版）—— 少数民族语言卷》，商务印书馆，2012，第 191 页。

② 李闯：《般珃寨克木人的族群认同研究》，云南民族大学硕士学位论文，2013。

③ 云南省勐腊县志编纂委员会编《勐腊县志》，云南民族出版社，1994，第 118 页。

④ 本研究的首席发音合作人，详细介绍参见本节"克木语曼蚌索话音系"部分。

⑤ Diffloth, G. "Austro-Asiatic Languages" in *Encyclopedia Britannica 2 (Macropaedia) (15th ed.)*, Encyclopaedia Britannica, 1974: 480-484.

⑥ Suwilai, P. "Tonogenesis in Khmu Dialect of SEA," *The Mon-Khmer Studies Journal*, 2001(1).

东部克木语，各方言内部又细分为不同土话，如北部克木语包括克木媛（Yuan）、克木尭（Kwɛɛn）、克木立（Lii）等；西部克木语方言包括克木楼（Rɔɔk）、克木孔（Krɔɔŋ）等；东部克木语方言主要为克木乌（Uu）等。①各方言之间差别较小，彼此间均可相互通话，它们之间最主要的区别是北部克木语和西部克木语方言具有高、低两个声调，而东部克木语尚无声调。各方言的词汇也略有差异。整体上，两种方言划分方法大同小异，斯万蒂森和霍斯的划分方法更为详细，不同方言间的主要区别在于有无声调的产生。

本书采用苏维莱的方言划分方法，据此克木语曼蚌索话属于东部克木语方言②，下文分别介绍其音系和构词。同时，为了与西部克木语方言老挝克木仸话进行对比研究，这里也附带介绍该语言的概况。

（一）克木语曼蚌索话概况

1. 克木语曼蚌索话音系

本书调查音点为勐腊县勐满镇曼蚌索村的克木语，发音合作人为依论刚（ʔi lun kaːŋ）女士，勐腊教师进修学校退休教师，54 岁，母语为克木语，日常生活中仍大量使用，第二语言为汉语，同时可用傣语、泰语、老挝语进行简单交流。本音系以笔者的田野调查为基础，同时还参考了李道勇③、刘岩④、戴庆厦⑤等著作中克木语音系部分的论述。

（1）辅音

克木语曼蚌索话辅音共有 56 个，其中单辅音 32 个（见表 1-1）。成套出现的复辅音共有 3 套：①塞音+/l/，②塞音+/r/，③喉塞音+鼻音、边音、半元音/j/，共 23 个，以及另一个复辅音/sr/（见表 1-2）。辅音的主要特点有：①塞音、塞擦音有清浊对立，清音中又有送气与不送气的对立。②鼻音/m/, /n/, /ɲ/, /ŋ/、边音/l/和颤音/r/有对应的清化音，清化音在听感上带有

---

① Svantesson, J.-O. and House, D. "Tone production, tone perception and Kammu tonogenesis," *Phonology*, 2006(2).
② Suwilai, P. *Dictionary of Khmu in China*, Mahidol University, 2002: xxiii.
③ 李道勇：《我国克木语的一些语音特征》，载中央民族学院民族语系、中央民族学院民族研究所编《民族·宗教·历史·文化》，中央民族学院出版社，1993，第 519-537 页。
④ 刘岩：《孟高棉语声调研究》，中央民族大学博士学位论文，1997。
⑤ 戴庆厦主编《勐腊县克木语及其使用现状》，商务印书馆，2012，第 80-93 页。

/h/的音感，语图上也显示为较淡的乱纹样。③喉塞音+鼻音、边音、半元音/j/构成的复辅音与对应不带/ʔ/的音，呈对立分布，听感上也有明显差异。④辅音/w/可自由变读作/v/[①]，本书中依据发音人的实际发音记作两个音位。⑤以上所有辅音均可出现在声母位置，只有/p/、/t/、/k/、/c/、/m/、/n/、/ȵ/、/ŋ/、/ʔ/、/h/、/l/、/r/等12个辅音可以用作韵尾。韵尾/k/还分化出/t/，出现在一部分例词中。⑥/ç/作为声母仅出现在极个别例词中，不具区分意义，故不将其归纳为一个音位，如：çaŋ（黑色的）。

表 1-1　单辅音

调音部位　调音方式			双唇	唇齿	齿龈	硬腭	软腭	声门
塞音	清	不送气	p	t			k	ʔ
		送气	pʰ	tʰ			kʰ	
	浊	不送气	b	d			g	
擦音	清			f	s	ɕ		h
	浊			v				
塞擦音	清	不送气				tɕ		
		送气				tɕʰ		
	浊	不送气				dz		
颤音	清				r̥			
	浊				r			
鼻音	清		m̥		n̥	ȵ̥	ŋ̊	
	浊		m		n	ȵ	ŋ	
边音	清				l̥			
	浊				l			
半元音	浊		w			j		

① 李道勇：《我国克木语的一些语音特征》，载中央民族学院民族学系、中央民族学院民族研究所编《民族·宗教·历史·文化》，中央民族学院出版社，1993，第520页。

表 1-2 **复辅音**

pl	pr	tl	tr	kl	kr
pʰl	pʰr	tʰl	tʰr	kʰl	kʰr
bl	br	dl	dr	gl	gr
sr					
ʔm	ʔn	ʔŋ	ʔl	ʔj	

（2）元音

克木语曼蚌索话中，单元音 9 个（见图 1-1），复合元音 16 个，其中，双元音 14 个，三合元音 2 个（见表 1-3）。

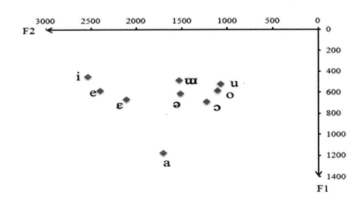

图 1-1 单元音声学元音图

表 1-3 **复合元音**

/ia/, /iu/, /ɛi/, /ɛu/,/eu/, /ai/, /au/, /ɔi/, /oi/, /ui/, /uɛ/, /ua/, /əi/, /ɯa/, /iau/, /uai/

克木语音系的一个重要特点是单元音区分长短，但长短对立只出现在带辅音韵尾的韵母中，长短对立的元音例词见表 1-4。复合元音无长短区分，单独念时都长，处在具体词汇中时可长可短，其长短不具有区分意义的作用，故具体词中一律不标长音符号。

表 1-4　元音长短对立例词

元音	长元音例词	汉义	短元音例词	汉义
/iː/-/i/	biːt	草	bit	堵塞
	piːk	浑浊	pik	布
/eː/-/e/	keːp	太阳穴	kep	捡
	seːn	选举	sen	（一）根
/ɛː/-/ɛ/	jɛːŋ	看	jɛŋ	越来越
	kɛːp	剪	kɛp	夹
/aː/-/a/	blaːŋ	芦苇	blaŋ	穿出（草丛等）
	gaːŋ	房子	gaŋ	忙碌
/ɔː/-/ɔ/	klɔːŋ	心脏	klɔŋ	（眼）珠
	kɔːk	小虫	kɔk	弯的
/oː/-/o/	loːt	一直走	lot	车
	moːŋ	转动	moŋ	月亮
/uː/-/u/	guːt	进入	gut	断的
	tʰuːk	便宜	tʰuk	搓
/ɯː/-/ɯ/	dɯːm	相信	dɯm	住
	lɯːn	玩耍	lɯn	调皮

（3）音节结构

克木语曼蚌索话的音节结构具有以下三大特点。①孟高棉语族语言的一大特点是一个半音节（sesquisyllable）的存在，克木语曼蚌索话也不例外，它由一个弱化的前加音节（pre-syllable）和主音节（primary syllable）构成。前加音节又称半音节或次要音节（minor syllable 或 secondary syllable），单独出现时没有意义，通常与主音节间空一个字符隔开。前加音节通常包括两种类型①：一类是"一个辅音加上一个弱化元音/ə/，或两个辅音中间加上一个弱化元音/ə/"，如：hə ʔjiar（鸡）、pər jɔːŋ（龙）；另一类是"成音节鼻音，主要有/m/、/n/、/ŋ/、/ɲ/等，位于主音节之前并与主音

---

① 陈国庆：《孟高棉语言前缀》，《语言研究》2010 年第 1 期。

节声母的调音部位相同", 如: m brok（狼）、n tuar（蝙蝠）、ŋ dzɔʔ（瘦的）、ŋ kaːm（糠）。②克木语曼蚌索话的音节结构共有九种类型[①], 可将其概括为 $C_1^2V_1^3C_0^1$。③克木语曼蚌索话基本词汇以单音节和双音节为主, 也有少量三音节及四音节等多音节词汇。从词类的角度看, 名词以双音节和多音节词为主, 动词和形容词以单音节为主。从构词的角度看, 单纯词以单音节和双音节为主, 多音节词主要通过复合或重叠等方法构成。

（4）习惯音高

克木语曼蚌索话是无声调语言, 但每个音节都有固定音高。一般地, "促韵尾音节（-p、-t、-k、-ʈ、-ʔ）和-h 韵尾音节读 55 调, 舒韵尾音节（-m、-n、-ɳ、-ŋ、-l、-r）和开音节读 53 调, 双音节或多音节的首音节（含前弱化音节）读 33 调"。②

2. 克木语曼蚌索话构词

现代语言学中, "词"（word）是极其微妙的（tricky）一个术语, 英语的"word"与汉语中"词"字意义不同。作为一种语言单位, 一般将其定义为: "一种语言中最小的可以独立运用的音义结合体。"③这一定义表明它有以下特征: 语音上可以说得出、听得见; 拼写上有一定的固定形式; 语义上有完整的、特定的、不可分割的意义; 句法上可以单独使用, 充当一定的句法功能。克木语曼蚌索话的主要词类有名词、动词、形容词、代词、数词、量词、副词、介词、连词、助词和叹词等。④

构词是指语素组合成词的方式。作为一种形态上的孤立语（isolating language）, 克木语曼蚌索话缺乏屈折构词（inflection）方式, 主要通过复合法（compounding）、派生法（derivation）和重叠法（reduplication）构成合成词。此外, 克木语曼蚌索话克木语中还有一定数量的单纯词和外来语借词。

（1）合成词

合成词指由两个或两个以上的语素组合而成的词。下面分别介绍复合式合成词、派生式合成词和重叠式合成词, 以下分别简称复合词、派生词

---

① 戴庆厦主编《勐腊县克木语及其使用现状》, 商务印书馆, 2012, 第 92-93 页。
② 戴庆厦主编《勐腊县克木语及其使用现状》, 商务印书馆, 2012, 第 92 页。
③ 周国光:《现代汉语词汇学导论》, 广东高等教育出版社, 2004, 第 128 页。
④ 戴庆厦主编《勐腊县克木语及其使用现状》, 商务印书馆, 2012, 第 94 页。

和重叠词。

① 复合词

复合词通常指"由两个或两个以上的词位（lexeme）连接在一起构成的新词。"[1]复合词是克木语曼蚌索话构成新词的主要方式，常见的有并列结构，如：joŋ（父）maʔ（母）"父母"、kʰap（唱）tɛʔ（跳）"载歌载舞"；偏正结构，如：ʔom（水）la（茶）"茶水"、taŋ（整）muɯ（日子）"整天"；动宾结构，如：ken̠（注射）sə ʔɔːŋ（树）"打针"、liaŋ（养）rə na（水田）"祭田地"；述补结构，如：mah（吃）plɔh（免费）"免费吃"、ləʔ（好）sər məʔ（真地）"特别好"；主谓结构，如：viːt（晕）kəm poŋ（头）"头晕"、bah（亮）briʔ（天）"天亮"等。

② 派生词

派生词指通过词根、词缀结合构成的新词。克木语曼蚌索话中有一小部分派生词，主要通过添加前缀（prefix）和中缀（infix）的方式构成，这些词缀的功能为改变词性或区分自动—使动，而且整体上能产性较弱。具体地，大多数名词性前加音节前缀（如：kər-、kəm-、kəl-、rəm-、rəŋ-、sər-、səm、səŋ-、pər-、tər-、təŋ、təm-等）和中缀（如：-ər-、-ən-、-əmn-、-əln-、-ərn-、-ərt-）加在动词上后变为名词；不及物化前加音节前缀（如：m-、n-、n̠-、ŋ-）及前缀 pən-等用于区分自动—使动，前者使原来的使动词变为相应的自动词，后者则使原来的自动词变成了使动词。[2]分别举例如下。

A. 名词性前加音节前缀。例如：

moːŋ（转动）→kər moːŋ（圆形）、nuːm（撒尿）→kəm nuːm（膀胱）、kɔːŋ（堆积）→rəŋ kɔːŋ（山峦）、ŋak（戴）→sər ŋak（手镯）、baʔ（碰伤）→tər baʔ（伤疤）、braʔ（佛正坐）→təm braʔ（火塘）。

B. 中缀改变词性。例如：

klam（挑）→kər lam（扁担）、sat（挑）→sə nat（扁担）、kɔh（剁）→kəm nɔh（砧板）、kɔh（砍）→kəl nɔh（短棍）、kɔk（勾）→kər nɔk（勾子）、tam（敲打）→tər tam（锤子）。

---

① Bauer, L. *Introducing Linguistic Morphology (2nd edition)*, Edinburgh University Press, 2003: 40.
② 李道勇：《我国克木语的一些语音特征》，载中央民族学院民族学系、中央民族学院民族研究所编《民族·宗教·历史·文化》，中央民族学院出版社，1993，第 526-531 页；戴庆厦主编《勐腊县克木语及其使用现状》，商务印书馆，2012，第 184-187 页。

C. 不及物化前加音节前缀区分使动—自动。例如：

paŋ（倒）→m paŋ（自倒）、toh（抽出）→n toh（自出）、tɕaːk（撕破）→ɳ tɕaːk（自破）、kah（解开）→ŋ kah（自开）。

D. pən-区分自动—使动，能产性较强。例如：

den（坐）→pən den（使坐下）、mah（吃）→pən mah（使吃）、jɔh（走）→pən jɔh（撵走）、sih→pən sih（使睡）。

③ 重叠词

重叠是普遍性仅次于派生的一种构词法。重叠词指通过重叠整个词基（base）或词基的一部分构成的词，据此可分为全部重叠和部分重叠两类，在一定意义上分别相当于复合词和派生词，具有形象性、重复性及增量性的表义功能。[①]克木语曼蚌索话中，既有部分重叠词，如：sər məʔ（真地）məʔ"实实在在"、 lau（说）muan（悦耳）tʰɛʔ（真）tʰɛʔ（真）"悦耳动听"；也有全部重叠词，如：su jəm"高兴"→su su jəm jəm "高高兴兴"、pər li（拖拉）pər li "拖拖拉拉"。

（2）单纯词

单纯词是仅由一个语素构成的词。依据音节的个数，克木语曼蚌索话的单纯词包括单音节单纯词、双音节单纯词和多音节单纯词三类，但以前两种为主。

①单音节单纯词，如：traːk（水牛）、kiːp（蹄）、ḷaʔ（叶）、ŋoʔ（水稻）、ŋɔʔ（害怕）、tɛːp（衣服）、gaːŋ（房子）。

②双音节单纯词大多为包含"一个半音节"的词汇，如：sə ʔɔːŋ（树）、ləm boʔ（黄牛）、m puːr（皮）、n taʔ（尾巴）、ŋ kur（木板）。从这个意义上说，克木语曼蚌索话可视为是双音节为主的语言。此外，还有极少数双音节单纯词具有双声、叠韵等声韵和谐关系，如：daːŋ doːr（彩虹）、tlaːm paːm（蝴蝶）等。

③多音节单纯词数量极少，且多为外来语或拟声（态）词，如：ʔman puŋ sɔ（曼蚌索）、sip sɔːŋ pan na（西双版纳）、sɔːp sɔːp siap siap（咕哝咕哝）、ŋuk ŋuk ŋəːl ŋəːl（快走的样子）等。

（3）借词

---

① Bauer, L. *Introducing Linguistic Morphology (2nd edition)*, Edinburgh University Press, 2003: 31-32.

借词是不同语言间接触的产物。作为一种跨境语言，克木语与所在国官方语言及邻近民族语言之间不可避免的存在接触，这些语言的词汇势必相互影响和借用。借词涉及借用方向（direction of loanwords）及借用层级（layer of loanwords）等问题。就借用方向而言，既有单向借用也有双向互借。借用层级主要指源语和借入语借用的时间及相互间的融合程度，如一些借用时间久远的词汇通常已融入借入语的核心词汇。

克木语曼蚌索话借词主要来源于傣语和汉语，也有少数老挝语、泰语、越南语、缅甸语、柬埔寨语等。此处仅讨论傣语和汉语词汇借入的情况。傣语借词的形成时间较早且涉及的语义范围广，部分已进入克木语的核心词汇，还有一部分已具一定的能产性，克木语数词多使用傣语借词。例如：vat（寺庙），jaːŋ（橡胶）lot（车）"轮胎"，mɯaŋ la（勐腊），rian（学习），kiau（镰刀），lɯa（锯子），ˀmɔːn（地方），nəŋ（一），sɔŋ（二），saːm（三）等。汉语借词则主要形成于新中国成立后，尤其是改革开放后克木人经济社会的变化、广播电视的普及、九年义务教育制度的实施、汉语普通话的推广等过程中汉族文化的不断融入，便产生了汉语借词，主要包括政治术语、科技术语、新奇事物、地名等。例如：kuŋ saːŋ taŋ（共产党），səu tɕi（手机），vəi tɕin（味精），mei koˀ（美国），lin（零）。①

（二）老挝克木仿话概况

老挝克木仿话的主要特点是产生了声调，但声调处于萌芽状态，主要是高低调的对立，高调因韵尾的舒促而分为 55 调和 53 调。高低调的对立是声母清浊对立走向消失的伴随现象，前者来源于清声母，后者来源于浊声母。与克木语曼蚌索话相比，老挝克木仿话声母数量较少，共 34 个，塞音、塞擦音在固有词中主要是清音，有送气与不送气的对立，浊音只在个别词上出现。颤音有清化和非清化音的对立。鼻音和边音只有非清化一套。②元音、一个半音节现象及音节结构与克木语曼蚌索话基本相同。

---

① 戴庆厦主编《勐腊县克木语及其使用现状》，商务印书馆，2012，第188-190页。
② 戴庆厦主编《老挝琅南塔省克木族及其语言》，中国社会科学出版社，2012，第192-202页。

第二节 克木语及四音格研究综述

一 克木语研究概况

本节首先简要回顾克木语所属的孟高棉语族的研究情况，然后重点转向对克木语研究情况的综述。

（一）孟高棉语族语言研究概况

孟高棉语族是南亚语系的语族之一。"南亚语系"这一术语最早由德国传教士施密特（Schmidt）于 1907 年提出并将其划分为五个语族。[①]此后，美国学者白保罗（Paul Benedict）、迪福劳斯（Diffloth）及澳大利亚国立大学希德沃勒（Sidwell）等都曾对南亚语系的谱系划分提出过各自不同的观点。通过比较上述学者的分类方法并结合我国南亚语系语言的现状，本书采用希德沃勒 2014 年的分类方法（见图 1-2）。最新统计数据显示，南亚语系现有语言约 170 种之多[②]，但由于这些语言主要分布在世界上经济欠发达地区，因而关注度较低，相关研究也比较少。与孟高棉语族语言研究有关的科研机构和项目列举如下，主要有：世界少数民族语言研究院（SIL，Summer Institute of Linguistics）及先后在康奈尔大学和芝加哥大学执教的迪福劳斯的研究团队、英国伦敦大学亚非学院（SOAS，School of Oriental and African Studies）、泰国玛希敦大学苏维莱领导的乡村开发语言文化研究所[③]（Institute of Language and Culture for Rural Development, Mahidol University）、澳大利亚国立大学希德沃勒发起并领导的孟高棉语研究项目（Mon-Khmer Languages Project）[④]、瑞典隆德大学（Lund Unversity）林德英（Lindell）发起并领导的克木语与民俗研究项目（The Kammu Language and Folklore Project at Lund University）、中国

---

① 颜其香、周植志：《中国孟高棉语族语言与南亚语系》，社会科学文献出版社，2012，第 46 页。
② Eberhard, D. M., Gary F. S., and Charles D. F. (eds.). *Ethnologue: Languages of the World (25th edition)*. Dallas, Texas: SIL International, 2022.
③ 该研究所主办了本领域的唯一国际学术期刊《孟高棉研究杂志》（Mon-Khmer Studies Journal）。
④ Sidwell, P. "Mon-Khmer Languages Project." http://sealang.net/monkhmer/

中央民族大学戴庆厦主持的中国跨境语言现状调查研究项目及中国社会科学院孙宏开和徐世璇主持的新发现语言调查项目，等等。他们对有关语言进行了调查和记录，有的还建立了语言资源数据库，并开展了初步研究。鉴于本书的研究对象为克木语曼蚌索话，下面将关注点转向中国境内的孟高棉语族语言研究。

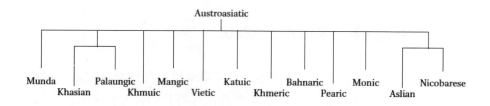

图 1-2 南亚语系语支分类

资料来源：Jenny, M. and Sidwell, P. eds. *The Handbook of Austroasiatic Languages*, Brill, 2014: 179.

　　中国境内南亚语系语言分布在我国云南省和广西壮族自治区境内，迄今已发现的有佤语、德昂语、布朗语、克木语、克蔑语、布兴语、莽语、户语、布干语、巴琉语、布芒语、京语等 12 种。[①]根据迪福劳斯 1974 年的分类方法，上述语言均属于孟高棉语族。为了解中国境内孟高棉语族语言的研究情况，笔者以"孟高棉语"为关键词，"全文"搜索的方式检索了中国知网 1965—2016 年的所有论文，并使用文献计量学工具CiteSpaceII[②]做了量化分析和可视化呈现。

　　图 1-3 呈现了国内从事孟高棉语族语言研究的主要机构。圆圈以及字体的大小代表相关结构产出研究成果的多寡。从图中可以看出国内从事这方面研究的单位主要为：中央民族大学、中国社会科学院民族学与人类学

---

① 中国社会科学院语言研究所、中国社会科学院民族学人类学研究所、香港城市大学语言咨询科学研究中心编著《中国语言地图集（第 2 版）—— 少数民族语言卷》，商务印书馆，2012，第 189 页。

② Chen, C. M.(陈超美). "CiteSpace II: Detecting and visualizing emerging trends and transient patterns in scientific literature," *Journal of the American Society for Information Science and Technology*, 2006(3).

研究所、云南大学和云南民族大学等。以上基本是以民族学和民族语言研究为主的机构，地域上以科研力量雄厚北京市及孟高棉语分布集中的云南省两地为主。

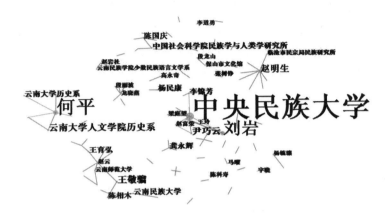

图 1-3　中国孟高棉语研究机构及学者分布知识图谱

从图 1-3 可看出，从事中国孟高棉语研究的主要有：（1）中央民族大学的李道勇、赵富荣、戴庆厦、刘岩等学者。其中李道勇的《我国南亚语系诸语言特征初探》一文首次总结了佤语、布朗语、德昂语、克木语、户语、莽语等孟高棉语在语音、构词、语法等方面的共性和差异①；戴庆厦、刘岩在对藏缅语、孟高棉语声调的起源及演变的研究中，指出亚洲语言声调起源的多源性、初期特点及产生与演变的内外因关系等。②（2）中国社会科学院的颜其香、周植志、李云兵、陈国庆等学者。其中李云兵论述了中国南亚语系语言构词形态的语法手段、语法功能和类型学意义③；陈国庆探讨了克木语、德昂语、莽语、布朗语、佤语、柬埔寨语等孟高棉语前缀在语音结构类型、词汇意义、语法意义等方面的共性，具有重要的类

① 李道勇：《我国南亚语系诸语言特征初探》，《中央民族学院学报》1985 年第 4 期。
② 戴庆厦、刘岩：《从藏缅语、孟高棉语看亚洲语言声调的起源及演变》，载中央民族大学少数民族语言文学学院《中国民族语言论丛》编委会编《中国民族语言论丛·二》，云南民族出版社，1997，第 1-27 页。
③ 李云兵：《中国南亚语系语言构词形态的类型学意义》，《中央民族大学学报》（哲学社会科学版）2007 年第 5 期。

型学意义。①（3）云南民族大学的陈相木、王敬骝、赵岩社等学者。其中赵岩社回顾了我国孟高棉语研究方面已取得的成就及存在的问题，指出未来应注重新的语言学理论的应用并开展跨语言、跨学科的相关研究。②（4）苏州大学的高永奇聚焦布兴语和莽语的研究，涉及这些语言的构词方式、次要音节、声调起源及历史比较等方面。③此外，尹巧云对德昂语长短元音的语音特征及其历史演变进行归类、分析，并深入探讨长短元音的声学特征与韵尾和声调等因素的关系。④王玲从交流功能出发，运用实验语音学的方法比较了德昂语、佤语和藏语中焦点和疑问在语调上的实现方式。⑤

由于以上检索的主要是期刊论文，一些书籍类的研究成果尚未包括在内。这里尤其要提及的是陈相木、王敬骝、李道勇、颜其香、周植志等编著的《中国少数民族语言简志丛书》（修订本）中佤语、布朗语、德昂语部分；《中国少数民族社会历史调查资料丛刊》（修订本）系列中关于部分孟高棉语的调查报告；"中国新发现语言研究丛书"系列中陈国庆的《克木语研究》《克蔑语研究》、高永奇的《莽语研究》《布兴语研究》，通过田野调查对上述各语言的音系、词汇和语法等进行了详细的描写，并对系属归向等问题进行了初步探讨⑥；王敬骝主编的《佤语研究》介绍了佤语概况及语音、语法、词汇、方言、佤文方案（草案）试行及教学情况等；⑦颜其香、周植志的《中国孟高棉语族语言与南亚语系》全面介绍了南亚语系诸语言的地理分布、研究历史、谱系分类、文字文献，着重对国内孟高棉语族语言的特征做了详细的论述和分析⑧；刘岩的《孟高棉语声调研究》运用历史比较法、区域类型学及实验语音学等理论和方法，对南亚语系孟

① 陈国庆：《孟高棉语言前缀》，《语言研究》2010 年第 1 期。
② 赵岩社：《中国孟高棉语研究的现状与展望》，《云南民族学院学报》（哲学社会科学版）2000 年第 3 期。
③ 高永奇：《布兴话构词方式说略》，《语言研究》2002 年第 3 期；高永奇：《布兴话的次要音节》，《语言科学》2004 年第 4 期；高永奇：《略论我国孟高棉语言中的 g-、m-对应》，《语言研究》2015 年第 4 期。
④ 尹巧云：《德昂语长短元音研究》，中央民族大学博士学位论文，2011。
⑤ 王玲：《焦点的韵律编码方式》，中央民族大学硕士学位论文，2011。
⑥ 陈国庆：《克木语研究》，民族出版社，2002；陈国庆：《克蔑语研究》，民族出版社，2005；高永奇：《莽语研究》，民族出版社，2003；高永奇：《布兴语研究》，民族出版社，2004。
⑦ 王敬骝主编《佤语研究》，云南民族出版社，1994。
⑧ 颜其香、周植志：《中国孟高棉语族语言与南亚语系》，社会科学文献出版社，2012。

高棉语族语言声调的现状、历史来源、演变规律进行了系统研究。①

图 1-4 直观地呈现了中国孟高棉语研究的关键词。②圆圈以及字体的大小代表研究的关注度。从该图可以看出相关研究主要集中在以下几个语种：高棉语、南亚语系、佤语、布朗语、藏缅语族、克木语、德昂语、越南语等。由此可以看出中国孟高棉语研究还有部分尚未受到关注，受到关注的语言的研究还处于描写和分析的初级阶段，研究深度不足。图中出现的"藏缅语族"这一关键词为孟高棉语与藏缅语的比较研究。此外，上述列出的几个主要关键词多位于图的左侧且以暖色调表示，表明国内孟高棉语研究的主要关注点。

简言之，中国孟高棉语的研究还停留在描写语言学阶段。尽管近十几年来，孟高棉研究领域的一批年轻学者，利用现代语言学方法进行了一些实验语言学方面的研究，但在当代语言学的理论和方法应用方面还缺乏深度与广度。

图1-4 中国孟高棉语研究关键词知识图谱

---

① 刘岩：《孟高棉语声调研究》，中央民族大学博士学位论文，1997。
② 图中部分关键词，如"系属""语支""耿马"等无实际意义，此处遵从源文件中原文的原始设置而未做处理。

（二）克木语研究概况

相比其他孟高棉语族语言，国内外有关克木语的研究相对较多且较为深入。第一部有关克木语研究的著作是法国人道达特·郎格里（Doudart de Lagree）对琅勃拉邦（Luang Prabang）克木语词汇的记录。①此后，法国、瑞典、美国、泰国、中国等学者开展了一系列克木语研究。国外克木语研究的主力军为瑞典隆德大学林德英与斯万蒂森团队、泰国玛希敦大学苏维莱为首的研究团队及美国等其他国家学者对克木语的研究。国内对克木语的研究较为薄弱，研究人员主要为中央民族大学、中国社会科学院及云南民族大学等科研院所的学者。

1. 林德英与斯万蒂森团队对克木语的研究

瑞典隆德大学人文与科技学院语言文学研究中心是克木语研究的学术重镇。自 1972 年起，依托前文提到的克木语研究项目，林德英与斯万蒂森团队对老挝的克木媛话开展了一系列研究②，代表性的成果包括：克木媛话词汇③、克木语方言音系④、克木媛话音系与形态描写⑤、双元音跨语音差异⑥、北部孟高棉语的声调发生学机制⑦、克木媛语言与文化百科全书⑧，以及斯万蒂森与专攻语音学的合作者来自斯德哥尔摩大学的霍斯及本校的安娜特西亚·卡尔森（Anastasia Karlsson）在克木媛话声调、语调

① Svantesson, J.-O. and Holmer, A. "Kammu" in M. Jenny and P. Sidwell, eds., *The Handbook of Austroasiatic Languages*, Brill, 2014: 955-1002.
② 1974 年，一名老挝的克木语母语人卡姆·劳（Kam Raw）加入了该团队。
③ Lindell, K. "A vocabulary of the Yuan Dialect Of the Kammu Language" *Acta Orientalia*, 1974(1).
④ Lindell, K., Svantesson, J.-O. and Tayanin, D. "Phonology of Kammu Dialects (II?)" *Cahiers de linguistique Asie Orientale*, 1981(1).
⑤ cf.: Svantesson, J.-O. *Kammu Phonology and Morphology*, Ph.D. Dissertation, Lund University, 1983.
⑥ Lindau, M., Norlin, K. and Svantesson, J.-O. "Some cross-linguistic differences in diphthongs" *Journal of the International Phonetic Association*, 1990(1).
⑦ Svantesson, J.-O. "Tonogenetic mechanisms in Northern Mon-Khmer" *Phonetica*, 1989(1-3).
⑧ cf.: Svantesson, J.-O., Ràw, K., Lindell, K. and Lundström, H. *Dictionary of Kammu Yuan Language and Culture*, NIAS Press, 2014.

焦点、韵律边界等实验语音学方面的研究[1]，这些研究均达到国际领先水平，部分成果发表在《语音科学》（*Phonetica*）、《国际语音学协会会刊》（*Journal of International Phonetic Association*）、《音系学》（*Phonology*）等语音学和音系学国际顶级期刊上。

2. 苏维莱研究团队对克木语的研究

　　自 1977 年起，苏维莱开始涉足克木语的田野调查和研究工作，并于1982 年以论文《克木语描写及其与泰语对比研究》在澳大利亚莫纳什大学获得博士学位。[2]他的研究团队对克木语研究的贡献主要包括：主办《孟高棉研究杂志》，为克木语在内的孟高棉语研究者提供了交流的平台；组织包括泰国、越南、老挝和中国在内的克木语跨国调查并编纂了相应的克木语词典；基于大量一手语言调查材料开展的有关克木语方言划分和声调发生学研究，丰富了世界范围内声调产生的类型学研究。

　　《孟高棉研究杂志》是一本专门致力于孟高棉语族语言和文化研究的专业性学术期刊，自1964 年创刊以来，经历 50 多年，现在已成为一本享有极高声誉的专业学术期刊。自 1990 年起，在 SIL 指导下编辑工作主要由玛希敦大学接管，苏维莱教授及其团队负责组稿、编辑、出版工作。从第二十期开始基本上每年出版一期，至 2015 年已出版到第四十四期，刊登了大量孟高棉语言文化研究的论文，极大地促进了国际孟高棉语研究的发展。此外，其网络版也于近年上线，随时随地可以免费下载其中的所有论文。该杂志中涉及克木语研究的文章共 7 篇。其中苏维莱的系列论文：《泰国北部克木语方言的变异和变化》《东南亚克木语方言声调发生学》《克木语方言中平调的复杂性与声调发生学》以田野调查记录的东南亚地区克木语语音特征为基础，初步划分出东部克木语方言和西部克木语两大方言；并发现不同克木语方言的语音特征与声调产生的不同阶段相对应，

---

[1] Svantesson, J.-O. and House, D. "Tone production, tone perception and Kammu tonogenesis," *Phonology*, 2006(1); Karlsson, A., House, D., Svantesson, J.-O. and Tayanin, D. "Comparison of F0 range in Spontaneous Speech in Kammu Tonal and Non-Tonal Dialects", *ICPhS 17*, Hong Kong, August, 2011: 1026-1029; Karlsson, A., House, D. and Svantesson, J.-O. "Intonation adapts to lexical tone: The case of Kammu," *Phonetica*, 2012(1-2); Karlsson, A., Svantesson, J.-O. and House, D. "Adaptation of focus to lexical tone and phrasing in Kammu" in W. Gu, eds., *Proceedings of TAL 3*, Nanjing Normal University, May, 2012: Paper03-01; Karlsson, A., Svantesson, J.-O. and House, D. "Prosodic boundaries and discourse structure in Kammu" in M. Heldner, eds, *Proceedings from FONETIK 2014*, Stockholm University, June, 2014: 71-76.

[2] cf.: Suwilai, P. *A Description of Khmu, Including Its Comparisons with Thai*, Ph.D. Dissertation, Monash University, 1982.

进而采用共时音系特征推导其历时变化的方法来分析克木语平调的演化过程及声调的产生。①

此外，苏维莱还主持编纂了《东南亚地区克木语方言辞海》《中国克木语词典》《老挝克木语词典》《老挝克木语词典》《越南克木语词典》《泰国克木语词典》等。每部词典都收录数千个词条（entries）。主词条（main entry）以单音节词为主，亦有少量复合词及短语；次词条（subentry）为与主词条语义相关的复合词或短语及少量句子。每个词条均提供其语音标注、词类、英语及所在国官方语言释义。编排顺序上，词条按照英语字母的先后顺序排列，国际音标符号按相似的英语字母来对待。另外，每部词典正文前先简要介绍该方言所在地区的人文概况及其音系、词汇和语法简况。该系列辞书由 SIL 的著名孟高棉语语言学家大卫·托马斯（David Thomas）及香港理工大学的著名粤语专家包睿舜（Robert S. Bauer）分别做序并给予高度赞扬和评价。②

简言之，苏维莱研究团队是克木语研究的开拓者和集大成者，在克木语研究方面功勋卓著。

3. 美国等其他国家学者对克木语的研究

法国学者亨利·马斯波罗（Henry Maspero）于 1912 年调查了腾克木语词汇（Teng Vocabulary），但其直到 1955 年才出版，这是第一部克木语词汇研究的学术性著作。③此后，美国语言学家威廉·斯马利（William Smalley）出版了一部介绍克木语语法的著作《克木语结构纲要》。④克木语研究领域有影响力的其他学者还有麦克·弗鲁斯（Michel Ferlus）、迪福劳斯、希德沃勒等。其中，美国学者麦克·弗鲁斯曾撰写了几篇克木语和民俗文学方面的文章，但他对克木语研究比较大的贡献是有关克木语在南亚语系中的语支归属问题。⑤同样地，上述后两位学者对克木语研究贡

① Suwilai P. "Phonological variation and change in the Khmu Dialects of Northern Thailand," *The Mon-Khmer Studies Journal*, 1999(1); Suwilai P. "Tonogenesis in Khmu Dialect of SEA," *The Mon-Khmer Studies Journal*, 2001(1); Suwilai P. "Register complex and tonogenesis in Khmu Dialects," *The Mon-Khmer Studies Journal*, 2004(1).

② cf.: Suwilai, P. *Dictionary of Khmu in China*, Mahidol University, 2002.

③ Maspero, H. "Matériaux Pour L'étude De La Langue T' Eng," *Bulletin de l'École Française d'Extrême-Orient*, 1955(1).

④ cf.: Smalley, W.A. *Outline of Khmu Structure*, American Oriental Society, 1961.

⑤ Ferlus, M. "Les Langues Du Groupe Austroasiatique-nord," *Asie du Sud-Est et Monde Insulindien*, 5.1, 1974(1).

献也主要在于对其谱系分类问题的探讨。①老挝国家文化研究所的学者斯可萨旺·悉麻纳（Suksawang Simana）等主持编纂了有关老挝克木创（Khmu Cuang）语言与文化方面词典。②

4. 中国国内的克木语研究

我国对克木语系统的调查研究始于 1976 年，鲁杰、李道勇、王敬骝、颜其香、高立士等是最早一批调查克木人及其语言的学者。③王敬骝撰写的《克木语调查报告》是最早描写克木语的音系、词汇和语法的资料。④李道勇以克木语曼蚌索话为基础，阐述了我国克木语的一些语音特征，包括元音、辅音、音节结构、元音长短与声调的关系、构词法等内容。⑤颜其香、周植志对克木语曼迈话进行了全面描写并与其他孟高棉语做了对比研究。⑥刘岩对克木语曼蚌话的声调问题进行了专题研究。⑦陈国庆对克木语王四龙话的音系、词汇、语法、系属归向做了深入而详实的研究。⑧最近的一项关于克木语的研究由我国著名的民族语言学家戴庆厦领衔，对勐腊县和老挝琅南塔克木语及其使用现状分别进行了调查研究。⑨总之，我国学者对克木语的研究还处于记录、描写和初步分析阶段，与国际同行相比有一定差距，缺乏深入的专题研究。

---

① Diffloth, G. "Austro-Asiatic Languages" in *Encyclopedia Britannica (Macropaedia) 2 (15th ed.)*, Encyclopaedia Britannica, 1974: 480-484; Diffloth, G. "The contribution of linguistic palaeontology to the homeland of Austro-Asiatic" in L. Sagart et al., eds., *The Peopling of East Asia: Putting Together Archaeology, Linguistics and Genetics*, Routledge Curzon, 2005: 77-80; cf.: Sidwell, P. *Classifying Austroasiatic Languages: History and Sate of the Art*, LINCOM EUROPA, 2009.
② cf.: Simana, S., Somseng, S. and Elisabeth, P. *Kuhmu-Lao-French-English Dictionary*. State Printing Enterprise, Lao P.D.R., 1994.
③ 王国祥：《西双版纳雨林中的克木人》，云南教育出版社，2009，第 228 页。
④ 王敬骝：《克木语调查报告》，载云南省编辑组编《布朗族社会历史调查（三）》，云南人民出版社，1986，第 133-169 页。
⑤ 李道勇：《我国克木语的一些语音特征》，载中央民族学院民族学系、中央民族学院民族研究所编《民族·宗教·历史·文化》，中央民族学院出版社，1993，第 519-537 页。
⑥ 颜其香、周植志：《中国孟高棉语族语言与南亚语系》，社会科学文献出版社，2012，第 157-161 页。
⑦ 刘岩：《孟高棉语声调研究》，中央民族大学博士学位论文，1997。
⑧ 陈国庆：《克木语概况》，《民族语文》2001 年第 3 期；陈国庆：《克木语研究》，民族出版社，2002。
⑨ 戴庆厦主编《老挝琅南塔省克木族及其语言》，中国社会科学出版社，2012；戴庆厦主编《勐腊县克木语及其使用现状》，商务印书馆，2012。

二　四音格研究概况

四音格①大量存在于汉语、我国南方汉藏语系和南亚语系等分析性语言的日常用语中。②国内外有关四音格的研究，已有近 60 年的历史，但对各语言四音格研究的分布并不均衡，有关汉藏语系各语言四音格的研究成果较多，尤以汉语四字格的研究居多，而南亚语系语言四音格研究成果极为罕见。

（一）国外有关四音格的研究

国外有关四音格的研究已有半个多世纪的历史，这一术语最早为美国语言学家玛丽·哈斯（Marry Haas）在《泰英学生词典》序言中提及，并将其定义为"四个音节组成的、语音上和谐悦耳的一种语言单位"。③国外对四音格的研究也多为记录、描写和传统语言学分析。其中，马提索夫（Matisoff）对拉祜语四音格词进行了系统描写和研究，认为四音格词是"介于普通复合词与重叠形式(reduplication)中间的一种构式(construction)，充当名词、动词、副词等句法功能，承载丰富的信息，具有极强的表达功能"。④此类研究还见于胡达克（Hudak）、莫腾森（Mortensen）、哥达德（Goddard）、彼得森（Peterson）等对泰语、越南语、苗语、库米语（Khumi）等语言中四音格词的研究。⑤此外，斯万蒂森等采用语音实验方法对老挝克木语四音格词的研究，发现母语中有声调及无声调的发音人在说四音格词时均使用固定的声调模式，而且母语有声调的发音人说四音格词时仍保留单个音节固有的声调。⑥

---

① 在学界，"四音格"的使用术语尚未统一，有"四字格""四音格""四音格词""四音节惯用语"等。本书采用"四音格"这一术语，既包括词，也包括惯用语，详见本章第三节"四音格的界定"中的有关论述。
② 戴庆厦、孙艳：《四音格词在汉藏语研究中的价值》，《汉语学习》2003 年第 6 期。
③ Haas, M. R. *Thai-English Student's Dictionary*, Stanford University Press, 1964: xvii.
④ Matisoff, J. A. *The Grammar of Lahu*, University of California Press, 1973: 81-2.
⑤ Hudak, T. J. "Thai" in B. Comrie, eds., *The Major Languages of East and South-East Asia*, Routledge, 1987: 29–47; Mortensen, D.R. *Hmong elaborate expressions are coordinate compounds*, Unpublished, UC Berkeley, 2003; cf.: Goddard, C. *The Languages of East and Southeast Asia: an Introduction*, Oxford University Press, 2005; Peterson, D.A. "Khumi elaborate expressions," *Himalayan Linguistics*, 2010(1).
⑥ Svantesson, J.-O., House, D., Karlsson, A. and Tayanin, D. "Reduplication with fixed tone pattern in Kammui," *Proceedings Fonetik 2009*, Stockholm University, June, 2009: 82-84.

（二）汉语四字格的研究

国内对汉语四字格的讨论最早见于陆志韦《汉语的并立四字格》一文，他将北京话中各种各样的并立四字格分为不叠字和叠字两类，并结合实例详尽地讨论了它们的语音特点、内部结构、词汇地位、语体特点、句法功能、历史来源等，即并立四字格说起来不能停顿，结构上十分紧凑，绝大多数是词，是汉语的一个重要构词格，常用在活的口语中，主要句法功能是用作谓语和修饰语，最早可追溯至《诗经》《论语》《水浒传》《红楼梦》等古文献和古典白话文学作品。①此后涌现出从不同视角对四音格开展的相关研究，主要包括形态结构视角、语音学和音系学视角、计算语言学视角、认知心理视角、文化内涵视角及语言翻译视角等，下文按照这些研究视角及研究成果出现的先后顺序分别进行综述。

从形态结构视角对汉语四字格进行研究的学者主要有：于根元、俞扬、马国凡、刘叔新、吴慧颖、徐通锵、钱韵、周荐、胡孝斌等。于根元讨论了用词性来解释汉语四字格重叠方式的局限性，如：未考虑到普通话同方言的相互影响、词性重叠规则例外的语言现象、重叠四字格的不同历史来源等因素，可从构词方式着手来考察四字格重叠方式以弥补上述不足。②俞扬从汉语构词规律的角度探讨"并列四字组合"的成词问题，他认为这种结构不是汉语的构词格，而应属于短语的范畴，可分为两类：一类是在言语活动中临时搭配起来的"短语"，另一类是由这些短语转化而成的成语，通常称为"固定词组"。③马国凡讨论了确定汉语四字格的主要依据和组成类型。确定汉语四字格的两个主要依据是外部形态和内涵，其中"内涵"指的是四字格是四音节表意的不同程度的粘合体，而不能是无意义的音节拼凑。汉语四字格的组成类型有：词及词的延伸、词组的紧缩、松散词组、行业套语、成语及成语的衍化格式等。④刘叔新指出"四字格"是汉语"固定语"的典型代表，具有"长度适中、节奏匀称、表意丰满、结构明晰"等特点。⑤吴慧颖从音节数量的均衡美、声调抑扬美、语义分

---

① 陆志韦：《汉语的并立四字格》，《语言研究》1956 年第 1 期。
② 于根元：《重叠四字格杂议》，《语文研究》1980 年第 1 期。
③ 俞扬：《汉语并列四字组合成词问题初探》，《宁波师院学报》（社会科学版）1986 年第 2 期。
④ 马国凡：《四字格论》，《内蒙古大学学报》（汉文哲学社会科学版）1987 年第 S2 期。
⑤ 刘叔新：《汉语描写词汇学》，商务印书馆，1990，第 186 页。

布的平行美和对称美四个方面论述了汉语四字格中的结构美。①徐通锵认为"四字格是汉语中一种特殊类型的辞，其实质是通过音义转化机制在联绵字的基础上由'2'分化为'4'的结果"。他认为汉语是语义型语言，用印欧语的语法理论和方法来分析汉语四字格，不仅烦琐，而且无法揭示其实质。②钱韵、余戈论述了现代汉语四字格成语的词汇化问题，依据词汇化程度由弱至强的顺序将其分成五类：类语成语、隐喻成语、弱语义成语、弱语法成语、完全词汇化成语，并探讨了词汇化程度差异的原因。③周荐在其专著中专辟一节讨论四字格是否成词的问题，他通过对大量四字组合实例分类分析得出如下结论：考察一个语言单位是否是词应该把内容和形式结合起来进行分析，而不能仅凭它的内容是否含有双层语义或仅凭其形式是几字格。④胡孝斌以现代汉语动词和形容词 AABB 式四字格为研究对象，借助语法及语法化理论，探讨了这类四字格的构造方式、动因以及其中的语义和认知因素。⑤

　　从语音学和音系学视角对汉语四字格的研究可概括为以下三类：四字格的表层语音分析、韵律语法视角及优选论（Optimality Theory, OT）视角下的四字格研究。四字格的表层语音分析主要关注各音节的搭配及声韵调搭配等，其中较为典型的研究有：吕叔湘讨论了汉语四字格里涉及的单双音节问题。⑥崔希亮对 3150 条四字格声调平仄搭配抽样统计分析后，得出汉语四字格中存在一种平起仄收趋势的规律。⑦韵律语法视角视角下对汉语四字格研究的学者主要有：冯胜利、卢艳名、何珮珩、刘振前、庄会彬等。冯胜利首次利用韵律构词理论，探讨了汉语四字格的构成及其重音格式来源问题。他的基本观点是"汉语四字格是汉语韵律构词系统的产物，包括两个'标准韵律词'，亦称'复合韵律词'"。⑧卢艳名探讨了现代汉语四字格的语音结构形式及其与汉语音步的关系。⑨何珮珩运用韵律语法

① 吴慧颖：《四字格中的结构美》，《修辞学习》1995 年第 1 期。
② 徐通锵：《语言论》，东北师范大学出版社，1997，第 391 页。
③ 钱韵、余戈：《现代汉语四字格成语的词汇化研究》，《语言科学》2003 年第 6 期。
④ 周荐：《汉语词汇结构论》，上海辞书出版社，2004，第 211-257 页。
⑤ 胡孝斌：《现代汉语双叠四字格 AABB 式研究》，北京语言大学博士学位论文，2007。
⑥ 吕叔湘：《现代汉语单双音节问题初探》，《中国语文》1963 年第 1 期。
⑦ 崔希亮：《汉语四字格的平起仄收势——统计及分析》，《当代修辞学》1993 年第 1 期。
⑧ 冯胜利：《汉语的韵律、词法与句法》，北京大学出版社，1997，第 29 页。
⑨ 卢艳名：《现代汉语四字格语音结构形式探究》，浙江大学硕士学位论文，2011。

理论研究了汉语 ABAC 式四字格的两种韵律构词方式，并对它们的重音模式进行了推导。①刘振前、庄会彬认为汉语四字格成语的双音步形式很大程度上是删减、添补、及音步切分等韵律规整的结果，并初步探讨了成语内部句法、韵律、语义的互动关系。②优选论视角下的四字格研究，主要是运用优选论的叠音对应理论（correspondence theory of reduplication）来分析汉语里部分重叠四字格构词过程中韵律制约条件及其他类型条件之间通过交互和竞争而成为优选项，这类研究参见包芳、陈璐、刘彩霞等的相关成果。③

汉语四字格认知心理视角的研究主要包括两类：基于心理学实验方法的四字格对称性的认知研究与四字格理解的神经机制研究。前者为刘振前博士论文《汉语成语的对称特征与认知》及与此相关的三篇主要论文《汉语四字格成语语义结构的对称性与认知》《四字格成语的音韵对称与认知》《汉语四字格成语平仄搭配的对称性与认知》。④后者以南京师范大学张辉主持完成的 2006 年度国家社科基金项目"汉语熟语理解的神经机制研究"等科研项目及《非成语四字格词组加工中韵律与句法互动的 ERP 研究》等相关论文为代表，开创了认知神经科学应用于汉语熟语理解研究的先河。⑤

此外，汉语四字格研究还有：徐润华等从文字信息处理角度研究了多语料库中汉语四字格的切分和识别⑥；李少虹对汉语并列四字格文化意义的探究⑦；郭卫民、邓礼红等对对汉语四字格翻译策略的研究。⑧

---

① 何珮珩：《非线性音系格局下汉语 ABAC 式四字格研究》，东北师范大学硕士学位论文，2012。
② 刘振前、庄会彬：《韵律语法视域下的汉语四字格成语研究》，《对外汉语研究》2015 年第 2 期。
③ 包芳：《现代汉语双音节动词和形容词重叠的优选论分析》，四川大学硕士学位论文，2007；陈璐：《优选论框架下的现代汉语双音节词重叠现象的研究》，上海外国语大学博士学位论文，2007；刘彩霞：《汉语普通话重叠词的优选论分析》，北京林业大学硕士学位论文，2008。
④ 刘振前：《汉语成语的对称特征与认知》，华东师范大学博士学位论文，1998；刘振前、邢梅萍：《汉语四字格成语语义结构的对称性与认知》，《世界汉语教学》2000 年第 1 期；刘振前、邢梅萍：《四字格成语的音韵对称与认知》，《语言教学与研究》2003 年第 3 期；刘振前：《汉语四字格成语平仄搭配的对称性与认知》，《山东大学学报》（哲学社会科学版）2004 年第 4 期。
⑤ 张辉、孙和涛、顾介鑫：《非成语四字格词组加工中韵律与句法互动的 ERP 研究》，《外语与外语教学》2012 年第 6 期。
⑥ 徐润华、曲维光、陈小荷等：《多语料库中汉语四字格的切分和识别研究》，《中文信息学报》2013 年第 5 期。
⑦ 李少虹：《汉语并列四字格的文化意义研究》，《温州大学学报》（社会科学版）2013 年第 1 期。
⑧ 郭卫民：《英译汉中汉语四字格的运用探索》，《山东外语教学》2009 年第 4 期；邓礼红：《汉语四字格口译策略分析》，《中国科技翻译》2013 年第 4 期。

　　简言之，自陆志韦先生提出"汉语并立四字格"这一语言现象以来，汉语界的学者就此进行了多视角、多方法、多层面的研究，深化了人们对汉语四字格词汇地位、形态结构、语音特征、生成机制、认知加工等方面的理解和认识，同时为开展其他语言中此类现象的研究拓宽了视野。

（三）中国少数民族语言四音格研究

　　中国少数民族语言四音格的早期研究散见于 20 世纪 80 年代民族出版社出版的《中国少数民族语言简志丛书》（以下简称《简志》）、傅懋勣的《民族语言调查研究讲话》（二十二）（以下简称《讲话》）①、马学良主编的《汉藏语概论》（上、下册）（以下简称《概论》）②等著作中。《简志》对部分汉藏语系语言中的四音格进行了简略描写，为后续研究提供了语料，奠定了一定基础。《讲话》一文认为由四个音节结合组成的四音格（词）是"构成合成词的一种特殊方法，同时在格律形式上也起到应有的作用"。文中还对景颇语、载瓦语、苗语、壮语等少数民族语言中四音格的结构类型、结构特点和构词方式进行了详尽的分析。在结构类型上，四音格以一种语言有五种结构类型的情况最为普遍，各语言使用最多的结构类型也不尽相同，如：景颇语中 ABAC 型最多。结构特点上容易引人误解的一点是：四音格的四个音节未必都是纯粹语音的结合，有些四音格的结构中包括部分陪衬的不表义的语音。构词方式上常见的有：联绵式、复合式、重叠式、陪衬式、插入式等。《概论》一书结合对藏缅语族的羌语支、缅语支、彝语支及苗瑶语族诸语言中的四音格（词）的描写，从语音结构、语音特点、词汇地位、词性分布、构词方式、结构类型、结构特点、语义特点等方面对其进行了分析。四音格（词）语音结构上主要有叠音、双声、叠韵、谐韵等形式，因而听感上具有"抑扬顿挫、铿锵悦耳、节律性强"的语音特点。就词汇地位而言，目前尚未达成一致意见，一般认为四音格（词）有的是词，有的是短语，不易区分。在词性分布上，四音格（词）多分布于名词、动词、形容词、副词、叹词等，其中动词和形容词居多。构词方式、结构类型及结构特点在《讲话》一文中已经涉及，此处仅做一

---

① 傅懋勣：《民族语言调查研究讲话》（二十二），《民族语文》1987 年第 1 期。
② 马学良主编《汉藏语概论》（上、下册），北京大学出版社，1991。

些补充。结构类型方面，羌语支语言中 ABCB 型使用最多，缅语支语言中 ABAC 与 AABB 型最多。结构特点方面，四音格（词）内部成分之间主要有重叠和并列两种语法关系，并列结构之下还存在偏正、主谓、动宾、述补等语法关系。语义特点方面，四音格（词）的意义"不是各成分意义的简单相加，而是在各成分意义的基础上或有所概括，或有所扩大（如：加深了性质状态的意义、增强感情色彩等），或增加了新的内容（如：增加了新的修辞意义）等"。①除此之外，早期少数民族语言四音格的研究中有代表性的还有徐悉艰的《景颇语的四音格词》②、向日征的《湘西苗语的四字并列结构》③、胡书津的《藏语并列四字格结构初探》④、孟尊贤的《傣语四音格浅析》⑤等，这些研究与前述《简志》《讲话》《概论》相似，也多以描写为主并辅以简要分析，此处不再赘述。

　　近年来，中国少数民族语言四音格的研究以戴庆厦教授及其团队为核心掀起了一股新的热潮。戴庆厦、孙艳深入论述了汉藏语四音格词的基本特征、四音格词的历史比较和类型学研究、景颇语四音格词的共时特征、产生机制及类型学特征，具有重要的理论价值。⑥孙艳以汉藏语系诸多语言为研究对象，系统而深入地描写了汉藏语四音格词的基本特征，揭示了四音格词产生、发展的内部动因和外部影响，并进行了理论探讨。⑦余金枝从共时的角度描写了湘西矮寨苗语四音格词的韵律特征、语义特征和语法特征，并指出它的形成机制主要遵循相似、对称、羡余、类推等原则以及与汉语趋同的演化趋势。⑧戴庆厦、闻静指出，对四音格的研究不能仅停留在现有的微观分析层面，还应从类型学的视角进一步分析研究，发掘

① 马学良主编《汉藏语概论》（上、下册），北京大学出版社，1991，第 472 页。

② 徐悉艰：《景颇语的四音格词》，载民族语文编辑组编《民族语文论文集》，中国社会科学出版社，1981，第 505-518 页。

③ 向日征：《湘西苗语的四字并列结构》，《民族语文》1983 年第 3 期。

④ 胡书津：《藏语并列四字格结构初探》，《西藏民族学院学报》（社会科学版）1989 年第 4 期。

⑤ 孟尊贤：《傣语四音格浅析》，载少数民族语言研究所编《民族语文论丛·第一集》，中央民族学院，1984，第 166-191 页。

⑥ 戴庆厦、孙艳：《四音格词在汉藏语研究中的价值》，《汉语学习》2003 年第 6 期；戴庆厦、孙艳：《景颇语四音格词产生的机制及其类型学特征》，《中国语文》2005 年第 5 期。

⑦ 孙艳：《汉藏语四音格词研究》，中央民族大学博士学位论文，2005。

⑧ 余金枝：《湘西矮寨苗语四音格词研究》，《中央民族大学学报》（哲学社会科学版）2006 年第 3 期。

四音格的更多特点。①

　　国内其他学者在少数民族语言四音格这一领域也进行了一些探索。荣晶从类型学的角度考察了藏缅语族的四音格形式，发现四音格词在声韵调各个层面上都有相同的生成模式，但又具有各自的特性。②吴东海在对傣语四音格语音、结构、意义等特征进行描述的基础上，运用结构主义语言学、文化语言学及混沌学的理论和方法，论述了傣语四音格的语言性质、产生机制及其对认识汉语成语演化过程的启示，还进一步探讨了傣语四音格中的傣族文化。③刘劲荣对拉祜语四音格词进行了全面的共时描写和类型比较，并揭示了其中蕴含的拉祜族文化。值得一提的是，在语音描写部分作者还结合语音实验，观察四音格声母、韵母、声调等的形式。④这些研究除对四音格共时描写外，还探讨了它的生成机制、文化内涵、类型学特征等，较之 20 世纪 80 年代及以前的研究，现阶段的研究在内容、方法、深度等方面均有一定的推进。

（四）南亚语系语言四音格研究概况

　　鉴于本书研究的语言属于南亚语系，这里把南亚语系语言四音格的研究情况单列出来进行简要综述。南亚语系语言四音格的研究相对较少，已有的研究主要包括越南语、柬埔寨语、老挝克木语等。越南语和柬埔寨语中四音格与汉藏语有相似的特征，而音节组合类型更为丰富，分别有 7 种和 9 种。⑤克木语四音格研究方面，除上文提到的斯万蒂森等的研究外⑥，仅有一篇相关的硕士论文，即老挝留学生博乔的硕士论文《老挝克木语四音格词研究》，该论文对老挝琅南塔省南塔县克木仍话四音格词的叠音、

---

① 戴庆厦、闻静：《论"分析性语言"研究眼光》，《云南师范大学学报》（哲学社会科学版）2017 年第 5 期。
② 荣晶：《藏缅语族的四音格形式》，《云南民族学院学报》（哲学社会科学版）2003 年第 4 期。
③ 吴东海：《傣语四音格研究》，中央民族大学博士学位论文，2005。
④ 刘劲荣：《拉祜语四音格词研究》，南开大学博士学位论文，2008。
⑤ 吴氏惠：《语言类型学视野下的越南语、汉语形容词重叠对比研究》，华东师范大学博士学位论文，2013；许瑞娟、张玉婷：《越南语四音格词的结构形式及语义特点》，《学园》2015 年第 2 期；许瑞娟、周子力：《柬埔寨语四音格词的结构形式及语义特点》，《语文学刊》2015 年第 1 期。
⑥ Svantesson, J.-O., House, D., Karlsson, A. and Tayanin, D. "Reduplication with fixed tone pattern in Kammui," *Proceedings Fonetik 2009*, Stockholm University, June, 2009: 82-84.

声韵调和谐、语义、语法等方面进行了描写和分析。[①]简言之，南亚语系语言也有比较丰富的四音格，但缺乏深入的研究。

三　本节小结

研究内容上，克木语四音格的研究极其罕见，无论中国境内克木语还是整个南亚语系语言四音格研究都较为少见；研究方法上，除了采用传统语言学的方法从语音、结构和语义等三个方面对其结构特征进行描写和分析外，近年来汉语四字格研究在前沿理论和技术手段方面都有较多的应用，推动了该研究向纵深方向发展。民族语四音格研究也有一定的推进，但发展缓慢。整体上，国内外四音格研究中依然缺乏应用当代语言学方法和理论进行的深入研究。至今尚未出现从实验语音学的角度对四音格的语音特征进行系统的研究，已有的研究大都以直观分析和听感上的直觉判断为依据，缺乏语音实验数据的支撑。另外，民族语四音格研究中也未见从韵律语法角度对四音格的研究。本书力图在以上两方面做出一些新的初步的尝试。

第三节　克木语四音格的界定

一　四音格的界定

术语界定无疑是开展任何科学研究的前提，是必须首要解决好的问题。然而，在四音格研究领域，学界尚未有明确的界定，这从第二节的"四音格研究概况"中便可见一斑。概括起来，目前主要有以下四种提法：第一，国外研究者多用 elaborate expressions；第二，汉语学界通常使用"四字格"这一术语；第三，中国少数民族语言学界多用"四音格"，也有学者使用"四音格词"；第四，2015 年在香港中文大学召开的中国南方语言四音节惯用语国际研讨会上，主办方使用了"四音节惯用语"（four-syllable

---

① 博乔：《老挝克木语四音格词研究》，中央民族大学硕士学位论文，2014。

idiomatic expressions）。简言之，术语争议的焦点集中在两个方面：第一，使用术语"四音格"与"四音格词"反映出的问题是研究对象是否仅限于"词"的范畴，"语"的层面是否也包括在内？第二，在民族语四音格（词）研究中，使用"惯用语"这一术语是否科学？它对应的英文翻译idiomatic expressions（常译作"习语"）是否贴切？下文试图通过厘清"词""语""习语""惯用语"等基本概念来回答这两个问题。

"词"的概念在第一节的"克木语曼蚌索话构词"部分已经论述过了，这里接着讨论比"词"大一级的语言单位"语"。温端政在综合分析前人有关"语"研究的基础上，指出"语是由两个或两个以上词构成的、结构相对固定、意义表达一个整体、可充当多种句法功能的语言单位，通常包括成语、惯用语、谚语、歇后语等"。①至于"语"和"词"如何区分，周荐指出语素的多寡并非是关键因素，关键是看该语言单位切分后的成分是否可以独立地运用，若切分后的成分都不能独立自由地运用，则该单位可视为"词"，否则视为"语"。②"习语"（idiom，或 idiomatic expressions）大致等同于这里的"语"或源自俄语的舶来之物"熟语"，包括成语、惯用语、专名语、谚语、歇后语、名言等。③

作为语汇组成部分之一的"惯用语"的划界在学术界分歧亦颇大，著名词汇学家张清常、刘叔新、李行健、温端政、周荐等对该问题均有深入的研究。语言学中对"惯用语"的研究始于 20 世纪 50 年代人们对诸如"碰钉子""穿小鞋""开绿灯""半边天""桃花运"等词汇现象的思考，认为惯用语的特点包括两个方面：形式上三字格、内容上比喻性。④然而这样的界定并非无懈可击，反例枚不胜数，如："吃醋""唱对台戏""有色眼镜""皮笑肉不笑""得便宜卖乖""冷屁股贴热锅""七大姑八大姨""一个萝卜一个坑""死马当作活马医""半路杀出个程咬金""丑媳妇早晚要见公婆""台上三分钟，台下十年功""不要把鸡蛋放在一个篮子"等。还有一种观点认为惯用语属于描述性的语言，用于描绘事物的性质、状态或人们行为动作的方式⑤，这是它区别于谚语、歇后语等其他语汇单位的

---

① 温端政：《汉语语汇学》，商务印书馆，2005，第 17、23 页。
② 周荐：《汉语词汇结构论》，上海辞书出版社，2004，第 54 页。
③ 刘叔新：《汉语描写词汇学》，商务印书馆，1990，第 129 页。
④ 周荐：《惯用语新论》，《语言教学与研究》1998 年第 1 期。
⑤ 孙维张：《汉语熟语学》，吉林教育出版社，1989，第 197 页。

主要特征。但这种概括也有一定的片面性。通过比较分析，笔者赞同李行健概括的惯用语的三个主要特点："一是具有语义双层性，除字面意义外，必须有深层次的比喻引申义；二是有固定的结构；三是句法功能上同成语相似，修辞功能上有强烈的通俗性和口语色彩"。①

结合第二节的"国内外四音格研究概况"，现尝试回答本节首段提出的问题。第一，不论是汉语的四字格的研究还是民族语的四音格（词）研究，研究对象都是既包括"词"的层面，也包括比其高一级的"语"的层面，在"语"的层面主要包括成语和惯用语，而且"语"的层面所占比重较大。第二，如前所述，四音格（词）的研究对象包括小部分"词"和大部分"语"，其中成语是汉语中特有的术语，在民族语四音格（词）研究中，除去极小部分词之外，绝大部分属于惯用语的范围。因此，在较为宽泛的意义上，民族语四音格（词）研究中可以使用"惯用语"这一术语，但需要加注说明属于"词"范畴的那一小部分四音格词的处理办法。本书将统一使用"四音格"，既包括词，也包括惯用语。下面转向另一问题，是否可将"四音节惯用语"中"惯用语"翻译为英文的 idiomatic expressions。依照上文的分析，这一英文术语对应的内容不仅包括惯用语，还包括成语、谚语、歇后语等，因此，笔者认为这样翻译也可接受，但本书更倾向于使用国外学者统一的用法 elaborate expressions。

二 克木语曼蚌索话四音格的界定

本节以前一部分"四音格的界定"为理论基础，结合笔者搜集整理的"克木语曼蚌索话四音格列表"（详见附录二），从外部形式、内部构造、语音特征、听感直觉、语义内涵、句法功能、词汇地位、语体类型八个方面尝试对克木语曼蚌索话四音格进行界定。第一，外部形式上，表现为四个韵律单位②组成的一个相对独立的语言单位。第二，内部构造上，通过一定的构语方式（联绵、组合、意合、重叠、配音、待嵌等）形成一个固

---

① 李行健：《惯用语的研究和规范问题》，《语言文字应用》2002 年第 1 期。
② 由于克木语曼蚌索一个半音节的存在，该语言四音格不一定是四个音节组成，详见第二章第二节的论述。

定的内部结构。联绵式，如：moːŋ moːŋ maːŋ maːŋ①"雾蒙蒙的"；组合式，如：tɕaˀ ŋaːr（黄瘦）ˀə tɕɜ（干瘦）"面黄肌瘦"；　意合式，如：kɔˀ（等）ŋɛˀ（一会儿）gɔˀ（就）rɔt（到）"立刻、马上"；重叠式，如：dʑɯ（每）mɯ（天）dʑɯ（每）mɯ（天）"每天"；配音式，如：tər baˀ（伤疤）tər（无义）beŋ（配音）"伤疤"；　待嵌式，如：lau（说）ˀɜŋ（又）kʰrah（笑）ˀɜŋ（又）"有说有笑"。第三，语音结构特征包括表层的叠音、双声、叠韵、谐韵等的声韵和谐等。第四，听感直觉上，给人以抑扬顿挫、铿锵悦耳的感觉。第五，语义内涵上，呈整体性和深层性的特点，不是各音节意义的机械叠加，而是将其作为一个整体的引申义、比喻义或表达一定的文化意义。②例如：tet（卖）muh（鼻）tet（卖）mat（眼），合起来表示"出卖"之意，这里用的便是引申义；maːŋ（问）tuːt（根）maːŋ（问）riah（芽），合起来表示"刨根问底"之意，这里用的便是比喻义；mah（吃）sroˀ（芋头）mah（吃）kuai（山药），合起来表示"过玛格乐节"之意，过节期间，人们通常要吃芋头和山药，故吃芋头和山药引申为过节的意思，而且表达一定的文化意义。第六，句法功能上，主要用作动词和副词，亦有少部分用作名词、形容词、数量词、拟声（态）词。第七，词汇地位上，多数为语、少数为词。第八，语体类型上，带有强烈的口语色彩。简言之，"四音"体现在外部形式上，"格"集中体现在内部构造、语音特征、听感直觉和语义内涵上，"惯用语"则体现在句法功能、词汇地位和语体类型上。至此，"克木语曼蚌索话四音格"可暂且定义为：四个韵律单位组成的③，有固定的内部结构、和谐的语音特征、深层的语义内涵、口语色彩强烈，可承担一定的句法功能的词汇或语汇单位。

　　关于"四音格"的定义，学界目前亦尚不统一，尽管笔者拟在此竭力做出一个完满的界定，也难免顾此失彼、挂一漏万。客观上说，这在一定程度上是由于该语言现象的复杂性和模糊性造成的，而这正是语言活力和语言真实原貌的体现。然而，作为一项专题研究，四音格的界定是贯穿于本书始终的，后文中还将持续探讨，以便更清晰地认识它的本质特征。

---

① 加下划线的音节表明不可单用。

② 此处讨论四音格的构成问题，使用"音节"确有不妥，这里"音节"准确来说指该音节代表的语素。

③ 克木语曼蚌索话是具有丰富前加音节的语言，笔者在调查中还搜集到一些三音节、三个半音节、四个半音节及五音节的惯用语，除专门论述其区别外，本书中一律将其称作"四音格"。

第四节 研究方法、研究意义及语料来源

一 研究方法

本书拟采取的研究方法主要有田野调查法、共时描写法、语音实验法、音系分析法、类型学比较法等。

1. 田野调查法。田野调查之于语言学研究的重要性丝毫不亚于实验室之于现代自然科学。语言学田野调查，一般指"到所调查的语言社区中，挑选流利的母语使用者作为发音人，收集他们的语言资料，并进行详尽的描写和分析"。[①]本书主要调查克木语曼蚌索话日常用语中的基本词汇及各种音节形式的四音格，在总结其基本音系和构词的基础上，重点对后者进行结构描写和分析。

2. 共时描写法。语料描写是结构主义语言学研究的一个重要环节。本书对搜集到的 1089 个四音格语料分类统计，从语音、语法和语义三个方面进行系统、详尽而精准的共时描写，归纳总结其表层特征，为后续深入研究奠定基础。

3. 语音实验法。在语音分析软件 Praat 中使用 Xu 开发的可高精度自动提取各种声学参数的 ProsodyPro 脚本[②]运行后，自动提取各音节音高值、时长均值及音强均值，再将数据导入 Excel 中求出发音人的平均数据，并做出相应图表，进而分析四音格的各音节的音高、音长、音强等韵律特征的搭配规律。

4. 音系分析法。运用节律音系学和韵律音系学的基本理论，分析克木语曼蚌索话的音步类型，确定其基本韵律层级单位，并在此基础上从韵律形态学的角度分析四音格的构成机制。

5. 类型比较法。通过与西部克木语方言及汉藏语系语言中的四音格比较，揭示不同特征语言中四音格的共性和差异，深化语言类型学研究。

---

① Dixon, R.M.W. "Field linguistics: a minor manul," *Language Typology & Universals*, 2007(1).
② Xu, Y. (许毅). "ProsodyPro—A Tool for Large-scale Systematic Prosody Analysis," *Proceedings of Tools and Resources for the Analysis of Speech Prosody (TRASP 2013)*, Aix-en-Provence, France, August, 2013: 7-10.

二　研究意义

对克木语曼蚌索话四音格语音、语义、语法特征的描写，韵律的实验语音学研究，韵律形态学研究，有助于了解该语言四音格本质特征、产生机制和文化内涵等，具有重要的语言学意义。具体地，本书的主要意义包括以下三个方面。

第一，通过全面系统地描写克木语曼蚌索话四音格的语音结构、语法特征、语义特征等，认识克木语曼蚌索话四音格的本质属性和特征，揭示其构成机制，为语言的类型学研究提供克木语语言事实，同时也促进克木语语言本体研究的纵深发展。

第二，通过对各类型四音格各音节的音长、音高和音强等声学参数的提取和分析，探索其音高、音长、音强的搭配模式等韵律特征，并考察这些特征与表层语音结构的关系，进而更深入地了解四音格的语音的本质特征。

第三，从韵律形态学的角度分析四音格构成过程中的韵律制约，从本质上揭示其构成机制，检验韵律形态学理论对中国少数民族语言的解释力，是对已有四音格研究在音系和形态方面的新尝试。

三　语料来源

本书语料包括克木语曼蚌索话 600 个常用词汇、1089 个四音格及相应的录音资料。①前者，以中央民族大学刘岩教授 1996 年对克木语曼蚌索话基本词汇的调查为基础，笔者进行了校对修订；后者，96%的语料来源于笔者于 2013 年、2014 年及 2015 年三次对曼蚌索村克木语的田野调查，记录了克木人母语日常口语、民间故事、歌谣等素材中的四音格，其余 4%来源于《勐腊县克木语及其使用现状》②、*Dictionary of Khmu in China*③等资料。

在田野调查的过程中除了传统的口耳听辨之外，笔者还尽量借助语音

---

① 录音资料来源详见本书第五章"实验语料"部分。
② 戴庆厦主编《勐腊县克木语及其使用现状》，商务印书馆，2012。
③ Suwilai, P. *Dictionary of Khmu in China*, Mahidol University, 2002.

声学实验的语图去分辨不易区分的音。如：huːt（冰）klɔːŋ（心脏）huːt（冰）ŋɯuam（心里）"冷静"中，第一个音节的韵尾究竟是 t̠ 还是 ŋ，可从以下语图中得到确证，见图 1-5。

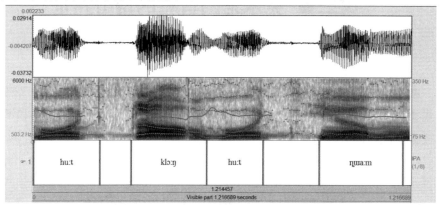

图 1-5 四音格语图示例

第二章 克木语四音格的语音特征

本章首先根据音节是否重叠划分出克木语曼蚌索话四音格的六种音节形式类型，接着结合具体语料分别讨论克木语曼蚌索话四音格的声韵和谐和轻重搭配情况。

第一节 四音格的音节形式类型①

根据各音节语音形式的重叠②情况，可将搜集到的 1089 个克木语曼蚌索话四音格分为以下六种类型，即 AABB 型、ABAB 型、ABCB 型、ABAC 型、ABCC 型和 ABCD 型。依据其外显语音特征进一步将其概括为以下四类：完全重叠型（包括 AABB 型和 ABAB 型）、对称重叠型（包括 ABAC 型和 ABCB 型）、尾音重叠型（即 ABCC 型）及不重叠型（即 ABCD 型）。就分布数量而言，六种类型中，ABAC 型最多，ABCD 型次之。ABAC 型是该语言四音格的最强势格式（见表 2-1）。

表 2-1 克木语曼蚌索话四音格音节形式类型及数量分布

类型	AABB	ABAB	ABCB	ABAC	ABCC	ABCD	总计
数量（个）	86	29	69	579	55	271	1089
比例（%）	7.90	2.66	6.34	53.17	5.05	24.88	100

①音节形式类型（syllabic patterns）的提法源自 Chao Yuen Ren（赵元任）. *A Grammar of Spoken Chinese*, University of California Press, 1968: 198.
② 重叠与叠音二者形式看似相同，但实质相去甚远，构成重叠的两个音节本身是有意义的，而构成叠音的两个音节独立时没有意义。四音格多属于重叠形式，本书不做进一步区分，一律采用"重叠"的用法。

一 AABB 型

AABB 型四音格中，多是前后音节分别有独立意义，且两两重叠，重叠后的语义有所扩展和深化；其中有一小部分各音节分开无意义，只有合在一起时构成拟声词或拟态词。例如：

lɔh lɔh taːp taːp 缝缝补补　　　ŋuk ŋuk ŋəːl ŋəːl 快走的样子
缝　缝　补　补　　　　　　　　快走的样子

tʰuŋ tʰuŋ tʰɯːŋ tʰɯːŋ 哐哐当当　　ləʔ ləʔ blia blia 漂漂亮亮
哐哐当当　　　　　　　　　　好　好　漂亮漂亮

二 ABAB 型

这类四音格多为前两个有独立意义的音节结合后再重叠构成，少部分为前两个音节组成的单纯词重叠构成，均可表示语义的扩展和深化。例如：

ʔmak jaːm ʔmak jaːm 打骂　　　ga dzur ga dzur 常来常往
打　骂　打　骂　　　　　　　　上　下　上　下

ʔh ʔuːn ʔh ʔuːn 留存　　　　　sə kɔʔ sə kɔʔ 湿乎乎的
做　留　做　留　　　　　　　　湿的　湿的

三 ABCB 型

ABCB 型四音格中，第二、四音节重叠。例如：

guŋ ʔnɛ met ʔnɛ 耳闻目睹　　　kuːp kaʔ kaːr kaʔ 包烧①
看见 又 听见 又　　　　　　　 包烧 鱼 烤　鱼

jɛt ʔmaːp mah ʔmaːp 贫困　　　 rɛːn jɛːŋ peːl jɛːŋ 视察
住 困苦 吃 困苦　　　　　　　　监督 看 巡视 看

四 ABAC 型

此类型的第一、三音节重叠，它们的能产性很强，占总量的 53.17%，

---

① 克木人烧烤的一种，一般指在野外用叶子把小鱼包起来在篝火上烤熟后吃。

是克木语曼蚌索话四音格的最强势格式。例如：

ˀom muh ˀom mat 眼泪   nap sroˀ nap lau 胡说八道

水 鼻 水 眼   胡乱 说 胡乱 说

tuk se:t tuk sau 很伤心   dzua taˀ dzua jaˀ 祖祖辈辈

极度伤心 无义 配音   辈 爷 辈 奶

五 ABCC 型

ABCC 型四音格中，重叠的第三、四音节多用来摹声或摹状；也有少部分四音格第三、四音节为表示程度的副词，用于修饰第一、二音节，表示程度、结果、方式等。例如：

buan met wɛu wɛu 突突声   tɕa:t dzɔ ŋel ŋel 勤勤恳恳

能 听到 摹声   很 勤快 摹状

jɔh gai plɔh plɔh 白跑一趟   mah biˀ beŋ beŋ 吃的很饱

去 来 白白地 白白地   吃 饱 非常 非常

六 ABCD 型

这一类型中，各音节间没有重叠关系，但存在不同程度的双声、叠韵、谐韵等声韵和谐关系。例如：

jɛt ˀma:p jɔ:m deˀ 贫困   mah kaˀ bəˀ tər ləi 吃海鲜

住 困苦 缺少 用的   吃 鱼 吃 泥鳅

puh grua ra grɔ:k 洗衣物   tɕom gu:t ɽəi ʝian 闷水

洗 物品 清洗 配音   沉 进入 浮 出来

第二节 四音格的声韵和谐

本节主要结合具体语料，根据克木语曼蚌索话四音格各音节声母、韵母的特点分析它们之间的双声、叠韵、谐韵等声韵和谐关系，且这些声韵和谐是以格律所要求的四个单位为基础的。

由于一个半音节的存在，克木语曼蚌索话四音格不以四个音节为限。若把前加音节计入，克木语曼蚌索话四音格的音节数可以是三个、三个半、四个、四个半或五个。例如：

三个：sə（前加音节，无义）ga:r（直的）sə（前加音节，无义）gɛ:r（配音）"笔直的"；

三个半：sər ʔe:ŋ（想念）klɔ:ŋ（心脏）ŋɰuam（心里）"惦念"；

四个：sɔ:k（找）mah（饭）sɔ:k（找）deʔ（用品）"求生存"；

四个半：tɛ:ŋ（做）ləʔ（好）tɛ:ŋ（做）sər məʔ（真）"踏踏实实"；

五个：ʔu:n（留）rəm boh（脸）ʔu:n（留）kə na:ŋ（面子）"讲情面"。

但这些音节实际都是以四个韵律单位来读的。前加音节在四音格中究竟算作一个独立的音节，还是与其后的主音节一起作为一个音节，要视具体情况而定。譬如：是否符合四音格的音长分布规律，语图上是否有一个完整的音节峰，语义是否完整等。

综合上述这些因素，对现有四音格语料进行分析后发现，前加音节出现在格首位置时，通常被看作是一个独立的单位，如 sər ʔe:ŋ（想念）klɔ:ŋ（心脏）ŋɰuam（心里）"惦念"、 sə ga:r（直的）sə（无义）gɛ:r（配音）"笔直的"；其他位置则与其后的主音节一起被看成一个单位，如 sih（睡）m̩ poʔ（梦）pə（不）rɔ:t（到）"始料未及"，sɰuŋ（东西）ʔah（有）sɰuŋ（东西）rə ma:ŋ（财产）"积金累玉"，ʔu:n（留）kə mu:l（钱）kʰrɔ:n（堆积）kə mu:l（钱）"存钱"。而声韵和谐是以格律所要求的四个韵律单位为基础的。也有极少部分例子的前加音节及其主音节合在一起作为一个音节处于格首位置，这时前加音节部分往往被大大弱化，语图上表现微弱，听感上有一带而过的感觉，尽管如此，有时第一音节仍长于第二音节，此种情况往往是语法或语义的作用强于语音的作用，如：ləm boʔ（黄牛）ʔo:r（叫）ʔmɔ ʔmɔ（摹声）"牛叫哞哞"中第一、二音节"主语+谓语"的语法作用强于音长分布的语音作用，该问题将在本章第三节专题讨论。

老挝克木仿话的四音格则由四个音节组成。该语言中虽然也有丰富的前加音节，但前加音节在该语言四音格中的语音地位与其他独立音节一样，作为一个独立的音节存在， 如 kə³³ta:m⁵³（螃蟹）kaʔ⁵⁵（鱼）ʔom⁵³（水）

"水生动物"，这与该语言声调的发展有关，声调虽然处于萌芽状态，却已给前加音节一个完整的声调长度，使其在构成四音格时与独立音节等同。

一 AABB 型的声韵和谐

依据 AABB 型四音格声母、韵母的特点，可将其分为以下三类。

（一）各个音节声母相同

例如：

bau bau biu biu 慌慌张张
慌 慌 配音 配音

ru ru ra^ʔ ra^ʔ 拉拉扯扯
拉 拉 抢 抢

klok klok klak klak 敲木头声
敲打木头声

dɔl dɔl del del 歪歪扭扭
歪歪扭扭

（二）各个音节韵母谐韵①

例如：

gul gul tu^ʔ tu^ʔ 胖嘟嘟样儿
胖 胖 摹状

gɔr gɔr ger ger 敏捷、灵活
敏捷、灵活

lo^ʔ lo^ʔ lol lol 吞吞吐吐
吞吞吐吐

kɔk kɔk ve:k ve:k 弯来弯去
弯 弯 歪 歪

（三）其他

例如：

lau lau ti:n ti:n 劝说
说 说 劝 劝

dze^ʔ dze^ʔ kɔ:n kɔ:n 子子孙孙
孙 孙 孩子 孩子

se:t se:t mɔ:ŋ mɔ:ŋ 郁郁寡欢
伤心 伤心 寂寞 寂寞

kɔŋ kɔŋ mel mel 磕磕绊绊
磕磕绊绊

---

① 已有语料中未找到四音节韵母完全相同的词。

二 ABAB 型的声韵和谐

依据 ABAB 型四音格声母、韵母的特点，可将其分为以下四类。

（一）各音节声母相同

例如：

dʑɯm dʑɛn dʑɯm dʑɛn 每一步　　　　sɔk sɛ:k sɔk sɛ:k 悄悄走动声
每　步骤 每 步骤　　　　　　　　悄悄地走动声

（二）各音节韵母相同

例如：

dʑɯ mɯ dʑɯ mɯ 每天　　　　maŋ jaŋ　maŋ jaŋ 摇摇摆摆
每　天 每　天　　　　　　　　摇　摆 摇　摆

（三）各音节韵母谐韵

例如：

pən kʰan pən kʰan 一层层　　　　mah sih mah sih 懒惰
每 层 每 层　　　　　　　　吃　睡 吃　睡

（四）其他

例如：

pən teə nɔ:r pən teə nɔ:r 一行行　　　ja:m hɛ:t ja:m hɛ:t 哭喊
每 竖行 每 竖行　　　　　　　哭　喊 哭　喊

三 ABCB 型的声韵和谐

这一类型中，第二、四音节重叠，第一、三音节之间存在双声、谐韵等声韵和谐关系，据此将其分为以下三类。

（一）第一、三音节双声

例如：

tɘːm ˀnɛ tɛˀ ˀnɛ 载歌载舞   kuːp kaˀ kaːr kaˀ 包烧
唱   又 跳   又   包烧鱼 烤 鱼

（二）第一、三音节谐韵[①]

例如：

kuŋ gə gaːŋ gə 他乡   rɛːn jɛːŋ pɛːl jɛːŋ 视察
村寨他 家 他   监督 看 巡视 看

ˀuːn kə muːl kʰrɔːn kə muːl 存钱   puat lɔːh buat lɔːh 按摩
留   钱 堆积   钱   按 身体 踩 身体

sih ˀnɛ rəh ˀnɛ 混混欲睡
睡 又 醒 又

（三）其他

例如：

mah dʑiˀ ˀuak dʑiˀ 大吃大喝   jɔh ləˀ vet ləˀ 慢走
吃 愚蠢 喝 愚蠢   走 好 回 好

keŋ sə ˀɔːŋ mah sə ˀɔːŋ 打针吃药   sroˀ muan lau muan 悦耳动听
打针 树   吃 树   说 悦耳 说 悦耳

---

① 这里的谐韵指韵腹或韵尾其中之一相同，下同。

四 ABAC 型的声韵和谐

ABAC 型四音格中，第一、三音节重叠，第二、四音节之间存在双声、叠韵、谐韵等声韵和谐关系，据此将其分为以下四类。

（一）第二、四音节双声

例如：

ˀɛh muh ˀɛh mat 鼻青脸肿   jɔh dzɔi jɔh dzəh 帮助进步
肿 鼻 肿 眼   去 帮助 去 提高

pə to:ŋ   pə tak 不理不睬   jɔh laˀ jɔh   le:ŋ 游玩
不 理睬 不 配音   去 玩 去 配音

（二）第二、四音节叠韵

例如：

ŋa:m lə? ŋa:m dzə? 时好时坏   dzua ta? dzua ja? 祖祖辈辈
时候 好 时候 坏   辈 爷 辈 奶

（三）第二、四音节谐韵

例如：

ˀah sen ˀah ka:n 才华横溢   jɔh plɔh   jɔh rɛŋ 空跑
有 用处 有 配音   去 白白地 去 配音

tam ja:n tam rə ba:ŋ 敲打锣鼓   pə? luaŋ pə? taŋ 随心所欲
敲 铜鼓 敲 锣   无 规矩 无 配音

məh bɔ:r məh tɛə nɔ:r 成排成行   ˀah ŋɔ:r ˀah tro:ŋ 有办法
是 横排 是 竖行   有 路 有 配音

（四）其他

例如：

buːŋ ŋɔˀ bu:ŋ mah 米酒   poˀ jɔˀ poˀ bɯːŋ 跟朋友在一起
酒 稻 酒 饭   跟 友 跟 伙伴

nap mɯ nap van 倒计时   tɛəm kɯn tɛət mɛət 男男女女
数 日子 数 日子（傣语）   女   男

五　ABCC 型的声韵和谐

这一类型中，第三、四音节重叠，第一、二音节之间存在双声、叠韵、谐韵等声韵和谐关系，据此将其分为以下三类。

（一）第一、二音节双声

例如：

lot leu kɔk kɔk 车行蜿蜒
车 拐弯 弯 弯

（二）第一、二音节谐韵

例如：

ˀa raˀ beŋ beŋ 胆量过人   siːm jaːm tɛet tɛet 鸟叫叽叽
勇敢 极 极   鸟 哭 摹声

（三）其他

例如：

vɛːt ˀuːn plɔh plɔh 白白买了   lot jɔh wɛi wɛi 车行嗖嗖
买 留 白白地 白白地   车 行驶 摹状

bəˀ mah loit loit 吃的光光   ˀom dzɛr ˀjɔt ˀjɔt 滴滴嗒嗒
吃 饭 完 完   水 水滴 摹声

六 ABCD 型的声韵和谐

这一类型中，各个音节之间存在不同程度的双声、叠韵、谐韵等声韵和谐关系，且是这一类型突显的语音特征，可发生在第一、二音节间，第三、四音节间，第一、三音节间，第二、四音节间，或三个音节上，但不能是第一、四音节间，第二、三音节间，因为这两种情况不能使整个结构实现声韵和谐的效果。据此将其分为以下四类。

（一）双声

1. 第一、二音节。例如：

dɔːm dah sai mat 和颜悦色　　　　　　ga　　guːt pər loŋ 门票
靓丽 里　线　眼　　　　　　　　　　费用 进入　门

ɻuam ɻeʔ　puːr rə na 开荒　　　　　　kən kui　tɵuʔ sih 打瞌睡
砍伐 旱地 修整 水田　　　　　　　　　　打盹　想　睡

2. 第三、四音节。例如：

ŋɛʔ　ʔəl　hɛu hɔh 面黄肌瘦　　　suɯ pʰriːm jim jəʔ 古代文物
小　苍白 瘦 配音　　　　　　　东西 原来　时 中古的

tuɯm brai laːl lah 分散　　　　　bɛi　ʔah gam gət 死心
　分散　分散　　　　　　　　　　没有 有　想法

3. 第一、三音节。例如：

jɛt　ʔmaːp jɔːm　deʔ 贫困　　　　sih　rəh sɔːk faːp 好吃懒做
住　困苦 缺少　用的　　　　　　睡　起床 找　吞

tai　　hɛm　tiːn lau 劝说　　　　ʔjaːt buːŋ ʔjɛk mah 祭祀
哥、姐 弟、妹 劝 说　　　　　　祭　酒 奉献 饭

4. 第二、四音节。例如：

ȵian kɔːn tɵuɯr kɛh 毛骨悚然　　kʰrɔn jɛt poʔ　jɔʔ 集合
出来 鸡皮疙瘩　　　　　　　　　集中 在 跟　相互

puh grua　ra　grɔːk 洗衣物
洗　物品 清洗 配音

5. 三个音节。例如：

puŋ pi pat ɹoːŋ 演奏乐器
吹 笛子 弹 竹口琴

（二）叠韵

1. 第一、二音节。例如：
pʰaːn haːn ɹok ɹɔi 屠杀
杀 死 光、完
2. 第三、四音节。例如：

grɔh siaŋ tɕeŋ leŋ 干净
干净 干净 光亮

pə dan nəːŋ dzɛːŋ 太突然
及时 知道 配音

viːt moːŋ tər vər 晕头转向
晕 旋转 昏沉

ŋɛːn ŋoːn kən ʔən 坚固的
坚固的

3. 第一、三音节。例如：

kɔʔ ŋɛʔ gɔʔ rɔːt 立刻、马上
等 一会儿 就 到

sər gɔːk kər noʔ 亲热
拥抱 接吻

4. 三个音节。例如：
joŋ maʔ taʔ jaʔ 家中长辈
爸 妈 爷 奶

（三）谐韵

1. 韵腹谐
（1）第一、二音节。例如：

gət ləʔ gɔi tɛːŋ 量力而行
想 好 再 做

jɔh tlɔt pə kʰaːt 川流不息
去 一直 不 停

（2）第三、四音节。例如：

pə dɔːm dah mat 不顺眼
不 靓丽 里 眼

rəŋ kɔːŋ mok dzoŋ 大山
大山 小山 高

（3）第一、三音节。例如：

ga　mok laˀ　rəŋ kɔːŋ 打猎　　　　　baˀ　mah pə　guːt 有心事
上　山　玩　大山　　　　　　　　吃　饭　不　进

4）第二、四音节。例如：

jɔh　ŋɔːr pə　rɔːt 做的不好
走　路　不　到

（5）三个音节。例如：

sən den tər gət 智力　　　　　　maːŋ gaːŋ tɕaːk ʐeˀ 拆散家庭
　　智力　　　　　　　　　　　拆　家　撕　旱地

2. 韵尾谐

（1）第一、二音节。例如：

kʰaːm ˀom moi tər nal 同心同德　　kuŋ　gaːŋ tɕə ˀoˀ ʐeˀ 家庭
蹚水 水 一　　条　　　　　　村寨 家　棚 旱地

（2）第三、四音节。例如：

dzeˀ kɔːn kuŋ gaːŋ 村民　　　　　tɕiu ˀjau ləŋ vaŋ 吵杂声
孙子 孩子 村寨 家　　　　　　　　吵杂声

laːn mat jɛːŋ briaŋ 开阔眼界
睁　眼　看　别人

（3）第一、三音节。例如：

kuŋ　bəh gaːŋ tal 前村后寨
村寨上　房子 下

（4）第二、四音节。例如：

ʐlɔˀ braːm pər ˀom 恶言恶语　　gai　kuŋ　guːt gaːŋ 回家
话　坏话 脏话　　　　　　回　村寨 进入 家

（5）三个音节。例如：

mah tə lɔːm brɔːm ŋuam 同心协力
吃　肝　同　心里

（四）其他

例如：

klai huin ŋɛŋ ʐlɔˀ 百依百顺　　　mah　dziˀ sɔːk haːn 独吃自疯
很　听话 话　　　　　　　吃　愚蠢 找 死

mə^ʔ lau buːt de 各说不一　　　　　　den nop kʰrɔ mah 讨饭

每个 说　自己　　　　　　　　　　　坐　拜 要　饭

第三节　四音格的轻重搭配①

　　重音（stress）是音节的一个特征，指"发一个音节时所用的力度"②，重音音节就是"语流中听起来比其他音节突显的音节"。③在感知领域，大量研究表明与重音相关的参数主要有：音高（pitch）、时长（duration）、响度（loudness），但三者的贡献度在特定语言中有所不同。④基于此，四音格的轻重搭配情况可通过考察各音节以上三个参数来确定。音高需通过语音实验的方法来测量，将在第五章专门讨论。本节着重分析表层可观察到的语音特征，即元音单双及长短反映出的音长搭配和元音开口度⑤、前后及圆展反映出响度搭配，以下简称"单双、长短及响度规律"。对于不遵循该规律的四音格，将从语义及语法角度探究其存在的动因。

一　遵循单双、长短及响度规律

　　克木语曼蚌索话为音节音步语言，双音节为一个标准音步。⑥在四音格中，第一、二音节与第三、四音节分别组成一个独立的音步，可通过比较具有重叠关系的四音格一个音步内或音步之间音节的单双、长短及响度情况来推测各音节的轻重搭配。鉴于 ABCD 型四音格中无音节重叠，这里重点讨论前五种存在不同程度重叠的四音格的轻重搭配问题。

---

① 四音格的构成可能受语音、语义或语法因素的制约，本节虽然重点讨论四音格的表层语音形式轻重搭配的特点，但在分析中会根据需要略微提及其韵律特征、语义、语法等方面的动因。
② 胡壮麟主编《语言学教程（第三版中文本）》，北京大学出版社，2007，第 45 页。
③ 林焘、王理嘉：《语音学教程（增订版）》，王韫佳、王理嘉增订，北京大学出版社，2013，第 163 页。
④ Hayes, B. P. *Metrical Stress Theory: Principles and Case Studies*. University of Chicago Press, 1995:6-8.
⑤ 顺便提及，在前元音/i, e, ɛ, a/和后元音/u, o, ɔ, ɑ/中，随着开口度加大，元音响度随之增加；后元音响度比同部位前元音响度大；圆唇元音比同部位展唇元音响度大（林茂灿：《汉语语调实验研究》，中国社会科学出版社，2012，第 309 页）。
⑥ 这一论断将在第六章详细论述。

（一）AABB 型中音节的轻重搭配

1. 多数四音格（约 15%例外，下文将另行分析）遵循前单后双、前短后长、后响的规律，即整体上显示出右重的倾向。

（1）元音前单后双。例如：

mah mah ʔɯak ʔɯak 吃吃喝喝
吃 吃 喝 喝

lɛh lɛh vɛi vɛi 迅速地
疾 疾 快 快

sroʔ sroʔ lau lau 啰啰嗦嗦
说 说 说 说

bɔr bɔr rai rai 骂骂咧咧
唠叨 唠叨 骂 骂

pʰruŋ pʰruŋ pʰriaŋ pʰriaŋ 噼里啪啦
　　噼里啪啦

pok pok miaŋ miaŋ 咀嚼样儿
咬 咬 嚼 嚼

（2）元音前短后长。①例如：

kʰrah kʰrah ja:m ja:m 哭哭笑笑
笑 笑 哭 哭

ru ru ŋu:t ŋu:t 推推拉拉
拉 拉 推 推

troʔ troʔ do:m do:m 漂漂亮亮
美 美 靓丽 靓丽

ŋɛʔ ŋɛʔ ŋɛ:r ŋɛ:r 细小低矮
小 小 细小 细小

（3）元音后响。例如：

ru ru raʔ raʔ 拉拉扯扯
拉 拉 抢 抢

hɛ:t hɛ:t ʔo:r ʔo:r 叫叫嚷嚷
叫 叫 嚷 嚷

kək kək jor jor 结结巴巴
　　结结巴巴

klok klok klɔk klɔk 敲竹叮叮
　　　敲竹叮叮

lɔ:k lɔ:k ba:ɬ ba:ɬ 摸索前进
摸 摸 抓 抓

mo:ŋ mo:ŋ ma:ŋ ma:ŋ 雾蒙蒙
　　　雾蒙蒙的

（4）部分四音格同时遵循前短后长和后响规律。例如：

klih klih hɛ:t hɛ:t 吵吵嚷嚷
吵 吵 叫 叫

ru ru ra:ɬ ra:ɬ 扯开
拉 拉 撕 撕

lɔh lɔh ta:p ta:p 缝缝补补
缝 缝 补 补

tʰuk tʰuk ʔo:t ʔo:t 擦擦抹抹
擦 擦 抹 抹

---

① 一些包含一个半音节的四音格中，一个半音节长于一个音节，如：pa:ŋ（开）pa:ŋ（开）tɕə rɯp（合）tɕə rɯp（合）"一开一合"符合后长的规律。

dzeʔ dzeʔ kɔːn kɔːn 子子孙孙
孙　孙　孩子 孩子

kiŋ kiŋ ɻoːŋ ɻoːŋ 峇峇
斤　斤　两　两

tʰuŋ tʰuŋ tʰɯːŋ tʰɯːŋ 哐哐当当
　　哐哐当当

veŋ veŋ vɛːŋ vɛːŋ 蜂叫嗡嗡
　　蜂叫嗡嗡

2. 长短规律与响度规律、单双规律无优先等级之分。例如：

ra　ra　ʔɔːt ʔɔːt 洗洗抹抹
洗　洗　抹　抹

riːp riːp gaŋ gaŋ 急急忙忙
急　急　忙　忙

haːn haːn brɯal brɯal 生死无惧
死　死　活　活

muan muan sɯːn sɯːn 高兴
悦耳 悦耳 高兴 高兴

前两例及后两例分别表明长短规律与响度规律及长短规律与单双规律无优先等级之分。①

3. 一些四音格处在单双、长短、响度动因的交互制衡中，至少不违反右重的倾向，可分为以下两类。

（1）长短规律与单双规律交互制衡。例如：

ʔjiak ʔjiak nuːm nuːm 屎尿
屎　屎　尿　尿

vɔːk vɔːk vɔi　vɔi 久盼不归
勾　勾　配音 配音

haːn haːn brɯal brɯal 生死无惧
死　死　活　活

sɔːp sɔːp siap siap 咕哝咕哝
　　咕哝咕哝

（2）长短规律与响度规律交互制衡。例如：

siːn siːn ʔaŋ ʔaŋ 半生不熟
熟　熟　生　生

kok kok veːk veːk 弯弯曲曲
弯　弯　歪　歪

gaŋ gaŋ gɛːn gɛːn 风急火燎
忙　忙　特急 特急

sar sar soːr soːr 梦呓声
　　梦呓声

klɛːm klɛːm jah jah 啃东西的样子
　啃　啃　撕撕

la laʔ leːŋ leːŋ 游玩
玩　玩　配音 配音

（二）ABAB 型中音节的轻重搭配

通过逐个分析发现，整体上该类型四音格仍呈现右重的倾向。主要表

---

① 单双规律与响度规律之间无法明确地判断，ABAC 型四音格分析中与此相同。

现在前后音节元音的长短搭配、响度搭配以及二者共同作用上，如：ʔhe（做）ʔuːn（留）ʔhe（做）ʔuːn（留）"留存"、 pən（每）kʰan（层）pən（每）kʰan（层）"一层层"、 kiŋ（斤）ɣoːŋ（两）kiŋ（斤）ɣoːŋ（两）"沓沓的"等。在一些例子中，长短规律与响度规律处于交互制衡状态，至少不违背右重倾向，如：sok sɛːk sok sɛːk"悄悄走动声"。

也有少部分例子未呈现右重的倾向，多为语义、语法动因强于表层语音规律的制约，如：mah（吃）sih（睡）mah（吃）sih（睡）"懒惰"中语义动因凸显、 taŋ（全）muu（天）taŋ（全）muu（天）"整天"中语法动因凸显。还有几个包含"jaːm（哭）"的语义动因凸显的典型例子，如：ʔmak（打）jaːm（哭）ʔmak（打）jaːm（哭）"打哭"、 jaːm（哭）ʔmak（打）jaːm（哭）ʔmak（打）"边哭边打"，"jaːm（哭）"在前时表示"一边哭，一边……"的意思时，四音格中语义动因凸显，倾向于违背语音规律，又如：jaːm（哭）hɛːt（喊）jaːm（哭）hɛːt（喊）"哭哭喊喊"。

（三）ABCB 型中音节的轻重搭配

通过对该类型中所有四音格非重叠的第一、三音节中元音单双、长短、响度等轻重搭配情况及韵尾舒促穷尽式的分析①，发现该类型中既有前单后双的[如：gət（想） buan（敢）lau（说）buan（敢）"敢想敢说"]，又有前双后单的[如：lau（说）ʔnɛ（又）kʰrah（笑）ʔnɛ（又）"有说有笑"]；既有前短后长的[如：mah（吃）pit（扔）taːk（吐）pit（扔）"挑食"]，又有前长后短的[如：təːm（唱）ʔnɛ（又）tɛʔ（跳）ʔnɛ（又）"手舞足蹈"]；既有前响的[如：joh（走）ləʔ（好）vet（回）ləʔ（好）"慢走"]，又有后响的[如：tɛːŋ（做）ɣloʔ（话）laːŋ（编造）ɣloʔ（话）"造谣"]；既有后长且后响的[如：ruŋ（蒸）mah（饭）tɐau（煮）mah（饭）"做饭"]，又有前长且前响的[如：kloːŋ（珠子）mat（眼）sɛːŋ（小珠）mat（眼）"眼珠"]；既有长短与单双交互制衡的[如：rian（学）ŋɛʔ（少）nəːŋ（知道）ŋɛʔ（少）"学识浅薄"]，又有长短与响度交互制衡的[如：mah（吃）ʔnɛ（又）moːt（拿）ʔnɛ（又）"连吃带拿"]。而且各种情况分

---

① 在实际分析时，笔者穷尽性地对所有四音格惯用进行了分类分析。囿于篇幅，下文每种情况仅附一例。

布比例相对均衡。这表明该类四音格在表层语音形式上没有明确的规律。

（四）ABAC 型中音节的轻重搭配

ABAC 型是所有类型分布最多的一类，通过考察该类型中非重叠的第二、四音节语音结构特征来初步判断其轻重搭配情况。与 AABB 型类似，完全违背右重倾向的四音格不足 20%，大部分遵循或至少不违反该倾向。

1. 四音格整体上显示出右重的倾向①，主要表现在以下四个方面。

（1）元音前单后双。例如：

la:k gi　la:k nai 骗这骗那　　　　　ma:k tɛaʔ ma:k nɛu 多种多样
骗　这　骗　那　　　　　　　　　　多　样式多　种类

ma:ŋ riʔ ma:ŋ tɕiaŋ 刨根问底　　　　səm ŋɛh　səm　ŋoi 调料
问　仔细 问　清楚　　　　　　　　　调料　无义 配音

（2）元音前短后长。例如：

ʔəh trɔʔ ʔəh dɔ:m 化妆　　　　　　pəʔ mah pəʔ　ma:r 食不果腹
做　漂亮 做　靓丽　　　　　　　　　无　饭　无　盐

tam ja:n tam rə ba:ŋ 敲锣打鼓　　　　ŋ dru ŋ　drə:m 乱七八糟
敲　铜鼓 敲　　锣　　　　　　　　　凌乱 无义 配音

（3）元音后响。例如：

kuŋ muh kuŋ mat 挡住视线　　　　　je:r ɹɛʔ je:r rə na 田边地头
挡住 鼻 挡住 眼　　　　　　　　　边 旱地 边　水田

kəh ʔom kəh la 端茶倒水　　　　　　pər li pər la② 磨磨蹭蹭
倒　水 倒 茶　　　　　　　　　　　磨蹭 无义 配音

（4）部分四音格同时遵循前单后双和后响规律（前四例）或长短规律和后响规律（后四例）。例如：

ŋu:t jɔh ŋu:t gai 挪来挪去　　　　　ʔah dzɯ ʔah siaŋ 著名的
挪　去 挪　来　　　　　　　　　　　有　名字 有 声音

---

① 该类型中有数量较多的配音式四音格，它们的第四音节为一无意义的配音，轻重搭配上大多数亦表现出遵循右重的倾向。

② 该例可变成 ABAB 的形式：pər li（磨蹭）pər（无义）la（配音）"磨磨蹭蹭"，其中 pər li 是一个前加弱化音节，故 pər 比 li 轻。

ma:k ti^ʔ ma:k dzɯaŋ 人手多
多 手 多 脚

kər lih kər lɛi 不吉利
不吉利 无义 配音

pit rəm boh pit kə na:ŋ 丢脸
无 脸 无 面子

rɔ:t mu rɔ:t ŋa:m 时日已到
到 日子 到 时候

ri:t kuŋ ri:t ga:ŋ 村寨风俗
风俗 村寨 风俗 家

mɔt ŋi mɔt tea:ŋ 讨债
要 债 要 账

2. 长短规律与响度规律及单双规律无优先等级之分。例如：

ba:ŋ bu:t ba:ŋ ^ʔja 醉酒醉烟
醉 酒 醉 烟

ləŋ jɔh ləŋ tɛ:ŋ 暗度陈仓
偷 去 偷 做

bɯan klɔ:ŋ bɯan ŋuam 深入人心
得到 心脏 得到 心里

pan viak pan ka:n 分工
分 活儿 分 劳动

前两例及后两例分别表明长短规律与响度规律、长短规律与单双规律无优先等级之分。^①

3. 一些四音格处在单双、长短、响度、舒促及语义、语法等动因的交互制衡中以及少部分四音格第二、四音节韵母相同或相似，至少不违反右重的倾向，可分为以下三类。

（1）长短规律与单双规律交互制衡。例如：

ha^ʔ klɔ:ŋ ha^ʔ ŋuam 心急如焚
烫 心脏 烫 心里

t^hɯ ɻoi t^hɯ ri:t 信鬼信神
相信 鬼 相信 风俗

həp tai həp hɛ:m 串亲戚
看望 哥、姐 看望 弟、妹

jɔh dzɔi jɔh dzɔ:ŋ 帮忙
去 帮助 去 配音

（2）长短规律与响度规律交互制衡。例如：

grua ^ʔjɔ:ŋ grua brap 妆饰品
物品 搭配 物品 打扮

t^hɛ:m ^ʔma t^hɛ:m rɜ:ŋ 加油
添加 力量 添加 力量

sɯŋ bɯp sɯŋ gu:ŋ 所见所闻
事情 遇见 事情 见到

gu^ʔ la^ʔ gu^ʔ le:ŋ 贪玩
爱 玩 爱 配音

（3）少部分四音格第二、四音节韵母相同或元音相同或同为相似的双元音。例如：

---

① 参见 AABB 型四音格此部分的注释。

ŋa:m lə? ŋa:m dzə? 时好时坏 dzua ta? dzua ja? 祖祖辈辈
时候 好 时候坏   辈 爷 辈 奶

jɛŋ ?əh jɛŋ təp 变本加厉   pə? ŋɔ:r pə? trɔ:ŋ 走投无路
越 做 越 严重   没有 路 没有 配音

jɔh plɔh jɔh rɔŋ 空跑一趟   pə? luaŋ pə? lai 邋遢凌乱
去 白白地 去 配音   没 整齐 没 配音

（五）ABCC 型中音节的轻重搭配

作为一种尾音重叠型的四音格，只能通过第一、二音节语音结构特征之间的关系来粗略推测这一类型的相对轻重。对所有例词分析后发现，该类型与 ABCB 型相似，既有前单后双的[如：lot（车）leu（拐弯）kɔk（弯）kɔk（弯）"车行蜿蜒"]，又有前双后单的[如：siaŋ（声音）mah（吃）plɔ? plɔ?（摹声）"吧唧吧唧"]；既有前短后长的[如：?om（水）kɔ:r（流）fa?fa?（摹声）"水流哗哗"]，又有前长后短的[如：hə?jiar（鸡）ja:m（哭）tɕet tɕet（摹声）"鸡叫喳喳"]；既有前响的[如：puɯn jo?（亲热）beŋ（极）beŋ（极）"卿卿我我"]，又有后响的[如：lot（车）jɔh（行驶）wei wei（摹状）"车行嗖嗖"]；既有后长且后响的[如：jɔh（去）gla:t（过）tə lip tə lip（摹状）"大步流星"]，又有前长且前响的[如：tɕa:t（很）dzɔ（勤快）ŋel ŋel（摹状）"勤勤恳恳"]；既有后双且后响的[如：sih（睡）lɔit（闭眼）mɔt mɔt（摹声）"睡觉呼呼"]，又有前双且前响的[如：siaŋ（声音）sro?（说话）thot thot（摹声）"叽叽喳喳"]；还有长短与单双交互制衡的[如：mɔ:t（拿）gai（来）plɔh（白白地）plɔh（白白地）"白白拿来"]。而且各种情况分布比例相对均衡。这表明，该类型中绝大多数四音格在表层语音形式上没有明确的规律。

（六）ABCD 型中音节的轻重搭配

该类型无法从表层语音形式上来推测其轻重搭配规律。例如：

jɔŋ ma? tai hɛ:m 父老乡亲 ?ah ŋuam tɕɛi jə:m 狂热的
父 母 哥、姐 弟、妹   有 心里 兴奋

kep ɻlɔʔ mun jɔi　斤斤计较　　　　　　tɛi　ʔja　gua dʑi 订婚

计较 话 琐碎 小　　　　　　　　　　订 烟　 槟榔

pʰaːk kuŋ　laʔ muɑŋ 到城市发展　　　mah siːm bəʔ pʰrɔːk 吃野味

离开 村寨 玩 城市　　　　　　　　　吃　 鸟　吃 松鼠

二　不遵循单双、长短及响度规律

（一）音节重量与四音格的轻重搭配

一部分四音格呈现出后重的趋势，表现手段为音节的重量。勐腊克木语的音节结构为：$C_1^3V_1^3C_0^1$。从音节重量的角度来划分，轻音节的类型包括 CV 和 CCV 两种，如：bɛ "筏"、 bla "朵生"（克木人的一道菜名）；重音节的类型包括 CVV、CVC、CCVV、CCVC 四种，如：lau "说"、 nap "胡乱"、phrɯa "火"、 plak "钉"；超重音节的类型包括 CVVV、CVVC 两种，如：kiau "割"、sɯaŋ "猪"。莫拉理论中，轻音节被视为一个莫拉，重音节为两个莫拉。[1]

重的音节在四音格中通常放在后面的位置。例如：

ru　ru　 ŋuːt ŋuːt 推推拉拉　　　　riːt　kuŋ　riːt gaːŋ 村寨风俗

拉　拉　 推　推　　　　　　　　　　风俗 村寨 风俗 家

maːŋ riʔ　maːŋ tɕiaŋ 刨根问底　　　pəʔ　mah pəʔ　m̥aːr 食不果腹

问　仔细 问　清楚　　　　　　　　　无　饭　无　盐

由于元音长短对立只出现在闭音节中，开音节都是长元音结尾，所以开音节都是重音节或超重音节。例如：

ŋuːt jɔh ŋuːt gai 挪来挪去　　　　bɔr　bɔr　rai rai 骂骂咧咧

挪　去挪　来　　　　　　　　　　唠叨 唠叨 骂 骂

当前后相应音节重量相当的时候，四音格顺序经常会两读。例如：

sɔːk jɛt　sɔːk mah　 sɔːk mah sɔːk jɛt　　　求生存

找　住处 找 饭　　找　饭　找　住处

---

[1] Hyman, L. "On the weightiness of syllable onsets" in Brugman and M. Macaulay, eds., *Proceedings of the 10th Annual Meeting of the Berkeley Linguistics Society*, University of California, February, 1984: 1-14.

jɛŋ ŋam jɛŋ dzoŋ　　jɛŋ dzoŋ jɛŋ ŋam 越长越高

越　大　越　高　　　越　高　越　大

另外，一个半音节较一个音节多出半个音节，因重放后。例如：

jɛːŋ moŋ jɛːŋ sər meŋ 盼望　　　　tɛːŋ ləʔ tɛːŋ sər məʔ 踏踏实实

看 月亮 看　星星　　　　　　　做 好 做　真地

（二）语义规则也覆盖了一部分四音格

在四音格排序时，语义有时与语音规则一致，例如：ŋɛʔ（小）ŋɛʔ（小）ŋɛːr（细小）ŋɛːr（细小）"细小低矮"、keŋ（打针）sə ʔɔːŋ（树）mah（吃）sə ʔɔːŋ（树）"打针吃药"、duʔ（逃）duʔ（逃）gai（回）gai（回）"逃逃回回"、 kiŋ（斤）kiŋ（斤）ɻoːŋ（两）ɻoːŋ（两）"各啬的"。

也有与语音规则相反的情况，即语音与语义的竞争中，语义占上风。描述类的，语义凸显的倾向于放前，例如：siːn（熟）siːn（熟）ʔaŋ（生）ʔaŋ（生）"半生不熟"、riːp（急）riːp（急）gaŋ（忙）gaŋ（忙）"急急忙忙"、 pəʔ（无）luaŋ（规矩）pəʔ（无）taŋ（配音）"随心所欲"；动作类的，通常按动作发生的顺序，例如：riːp（急）jɔh（去）riːp（急）vet（回）"快去快回"、suŋ（东西）buan（得到）suŋ（东西）pit（用掉）"挣挣花花"、 tiap（包）tiap（包）ban（捆）ban（捆）"捆包起来"。

（三）有少部分受语法规则的影响

一部分四音格受语法规则影响而有确定的顺序。例如：ʔah（有）ʔah（有）ʔom（水）ʔom（水）"事实"，由动宾关系而确定；taŋ（全）muu（天）taŋ（全）muu（天）"整天"由定中关系而确定。

还有一些因语法关系的限制作用而有两种语序，意义各不相同。例如：ʔmak（打）jaːm（哭）ʔmak（打）jaːm（哭）"打哭"（述补结构）、jaːm ʔmak jaːm ʔmak "边哭边打"（状中结构）；kʰrah（笑）kʰrah（笑）jaːm（哭）jaːm（哭）"极度好笑（笑得眼泪都流出来了）"（述补结构）、 jaːm jaːm kʰrah kʰrah "时哭时笑"（联动结构）；mah（吃）mah（吃）ʔuak（喝）ʔuak（喝）"吃吃喝喝"（并列结构）、ʔuak ʔuak mah mah "边喝边吃"

（状中结构）。

通过以上分析可知，克木语曼蚌索话四音格的语音特征主要体现在表层语音形式的重叠、同一音步内或音步间的声韵和谐（包括双声、叠韵、谐韵等），以及轻重搭配的右重倾向等方面。

六种类型的四音格中，前五类各音节均有一定的重叠关系，且这些类型中非重叠音节间还存在不同程度双声、叠韵、谐韵等声韵和谐关系，而无音节重叠的 ABCD 型各音节间则有凸显的声韵和谐特征，且少部分还同时共用双声、叠韵、谐韵等特征。六种类型表现出的声韵和谐特征具有相似的倾向性，即谐韵特征最为常见，其次是双声，叠韵特征较为少见。此外，如果同时应用以上和谐规则，就容易呈现框架和谐的状态，即有一些和谐是在前后呼应的位置上出现同样的构词框架，用内部屈折的方法实现。如 sɔk sɛːk sɔk sɛːk "悄悄走动声"。值得注意的是，克木语曼蚌索话四音格遵循"存异和谐"的原则，大量的四音格使用谐韵和谐，不一定是整个韵母相同，元音、声母或者韵尾中只要有一种成分相同即可。例如：pɯat（捏）lɔːh（身体）bɯat（踩）lɔːh（身体）"按摩"、 ʐɛːn（监督）jɛːŋ（看）pɛːl（巡视）jɛːŋ（看）"视察"等。

就四音格的轻重搭配而言，完全重叠型的 AABB 型、ABAB 型及对称重叠型的 ABAC 型表现出了明显的右重倾向；而同为对称重叠型的 ABCB 型各音节轻重搭配并无明确的规律性，ABAC 型和 ABCB 型在轻重搭配规律性方面的差异表明第二、四音节在轻重排列中的作用更大。尾音重叠型的 ABCC 型及无音节重叠的 ABCD 型各音节轻重搭配也无明确的规律性。从六种重叠程度不同四音格轻重搭配规律性的情况看，重叠程度越高其语音结构特征轻重搭配的规律性似乎越凸显。

第三章 克木语四音格的语法特征

一般地，语法（grammar）包括"词法（linguistic morphology）和句法（syntax）两部分内容"。[1]本章亦从这两方面对克木语曼蚌索话四音格的语法特征进行描述。首先是词法部分，介绍克木语曼蚌索话四音格的六种构成方式和词类属性；其次讨论克木语曼蚌索话四音格的句法功能，在句中可充当主语、谓语、宾语、定语、状语、补语等句子成分。最后对本章主要内容进行简要总结。

第一节 四音格的构成方式

就语言单位性质而言，克木语曼蚌索话四音格既包括"词"也包括"语"，因此其构成方式既包括构词方式[2]，也包括构语方式。总结起来，其构成方式主要有联绵、组合、意合、重叠、陪衬、待嵌六种方式。

一 联绵式

"各个音节组合在一起是一个整体，分开后便无意义，多用来摹声、摹状或描述某一事物或动作行为的状态"[3]，一般为单纯词，主要分布在AABB型中，ABAB型、ABCD型、ABAC型中也零星存在。例如：

dɔl dɔl del del 歪歪扭扭　　　dzəˀ dzɛˀ kəl vɛːŋ 脏兮兮的

歪歪扭扭　　　　　　　　　　脏兮兮的

---

[1] Bauer, L. *Introducing Linguistic Morphology (2nd edition)*, Edinburgh University Press, 2003: 5.
[2] 参见第一章第一节的相关论述。
[3] 傅懋勣：《民族语言调查研究讲话（二十二）》，《民族语文》1987年第1期。

sɔk sɛːk sɔk sɛːk 悄悄走动声　　　　təŋ mɔŋ təŋ meŋ 嗡嗡声
悄悄地走动声　　　　　　　　　　（头晕）嗡嗡声

二　组合式

"组合式"，即通过"组合法"（composition）构成的四音格。温端政最早提出"组合法"这一最基本的构语方式，即"把构语成分按照语法规则组合在一起，语义由各成分的意义和成分之间的组合关系构成，句法形式上包括词组式和句子式"。①从四音格的结构层次划分上看，绝大多数为有二分的，也有三分的、四分的，据此分别产出二分式、三分式和四分式的四音格②。

（一）二分组合式

从现有语料看，二分式主要由双音节单纯词或词组（以词组居多）按照一定结构层次关系构成 2+2 式的四音格③，主要见于 ABAC 型、ABCB型、ABCC 型、ABCD 型等中。根据构语成分间最表层的结构层次关系及搜集到语料的情况，可分为并列式、偏正式、动宾式、主谓式、述补式等。其中并列式占绝对多数，尤其是由前后两个词组构成的并列式，可根据其内部结构层次关系，进一步分为并列—并列式、偏正—并列式、主谓—并列式、动宾—并列式、介宾—并列式、述补—并列式等。

1. 并列式

（1）由两个词构成，主要分布在 ABAC 型和 ABCD 型中。例如：

sə gaːr　sə mə 直直的　　　　tɕəm kɯn tɕəm brɔʔ 男男女女
直的　　一样　　　　　　　　女　　　　男

kə maʔ　huŋ kuːr 狂风暴雨　　pə tʰuʔ rə maːŋ 财富
雨　　狂风　　　　　　　　　遗产　财产

<hr>

① 温端政：《汉语语汇学》，商务印书馆，2005，第 89-90 页。
② 徐悉艰：《景颇语的四音格词》，载民族语文编辑组编《民族语文论文集》，中国社会科学出版社，1981，第 508 页。
③ 二分式的可能组合有 2+2、1+3、3+1 三种可能，但搜集到的语料中几乎全部为 2+2 式，仅一例表示动宾关系的 1+3 式，即：ʝiaːn（出来）kɔːn tɕɯr kɛh（鸡皮疙瘩）"毛骨悚然"。

tuɯn lah saˀ sai 打碎　　　　　　kɯm ban ˀan ɱan 紧握
打破　粉碎　　　　　　　　　　　抓住 给 牢
tɛaˀ ŋaːr ˀə tɛa 面黄肌瘦　　　　lɯ ŋiŋ tɛeuˀ ˀeu 万籁俱寂
黄瘦　干瘦　　　　　　　　　　　漆黑　寂静

（2）由两个词组构成①，根据前后两个词组间的内部关系又可分为以下六式，分别是并列—并列式、偏正—并列式、主谓—并列式、动宾—并列式、介宾—并列式、述补—并列式，下面一一分析。

①并列—并列式，这一类型主要分布于 ABAC 型和 ABCB 型中，尤其是 ABCB 型中。例如：

tɛːŋ ˀuːn tɛːŋ kɔˀ 做好准备　　　ŋam vɛi dzoŋ vɛi 又高又大
做 留 做 等　　　　　　　　　　大 快 高 快
jɔh laˀ jɔh həp 访友　　　　　　mah pit taːk pit 挑食②
去 玩 去 看望　　　　　　　　　吃 扔 吐 扔

②偏正—并列式，这一类型数量较多，主要分布于 ABAC 型中，ABCB 型和 ABCD 型中也有少量存在。其中前后两个词组内部的偏正关系既包括定中关系也包括小部分状中关系，且定中关系中的定语成分包括形容词、名词、代词和动词。例如：

ŋaːm riːp ŋaːm gan 紧急时刻　　　jim jəˀ jim ʐəŋ 很久以前
时候 急 时候 忙　　　　　　　　时 原来 时候 古老的
ˀom muh ˀom mat 眼泪　　　　　　jeːr ʐeˀ jeːr rə na 田边地头
水 鼻 水 眼　　　　　　　　　　边 旱地 边 水田
sɯn mah sɯn ˀɯak 食物　　　　　tɛaːt trɔˀ tɛaːt doːm 娇艳如花
东西 吃 东西 喝　　　　　　　　很 漂亮 很 靓丽
nəːm tʰɛˀ nəːm na 欢天喜地　　　kuŋ gə gaːŋ gə 他乡
高兴 真地 高兴 特别地　　　　　村寨 他 家 他
joŋ gaːŋ maˀ gaːŋ 家庭户主　　　joŋ ʐeˀ maˀ rə na 村干部
父 家 妈 家　　　　　　　　　　父 旱地 母 水田

---

① 由两个词组构成的二分并列式四音格数量非常多，依据前后两词组内部的结构层次关系对其做了进一步分类。
② 严格来说，这一类属于二分连动并列式，主要分布于 ABCB 型四音格中。

grua ʔjɔːŋ grua brap 装饰品   muh çaŋ mat jim 面红耳赤
物品 搭配 物品 打扮   鼻 黑 眼 红

④ 主谓—并列式，这一类型主要分布于 ABAC 型和 ABCD 型中。
例如：

haʔ klɔːŋ haʔ ŋɰuam 心急如焚   kʰron tiʔ kʰron dzɰuaŋ 全身收缩
烫 心脏 烫 心里   收缩 手 收缩 脚

məh ŋɰuam brɔːm jɔʔ 同流合污
是 心里 同 朋友

④动宾—并列式，这也是数量较多的一类，主要分布于 ABAC 型和 ABCD 型中，ABCB 型中也少量存在。例如：

dzoh ɲi dzoh tɕaːŋ 讨债   tam jaːn tam rə baːŋ 敲锣打鼓
讨要 债 讨要 账   敲 鼓 敲 锣

kəh ʔom kəh la 端茶倒水   jɔh kuŋ jɔh gaːŋ 下村寨
倒 水 倒 茶   去 村寨 去 家

pit rəm boh pit kə naːŋ 丢脸   tɛːŋ ɹeʔ tɛːŋ rə na 开荒
丢 脸 丢 面子   做 旱地 做 水田

mah ʔah ʔɰak buːt 吃吃喝喝   ɹɰuam ɹeʔ pɰuːr rə na 开荒
吃 肉 喝 酒   砍伐 旱地 修整 水田

puŋ tɔːt tam daːv 演奏乐器   ʔjaːt buːŋ ʔjɛk mah 祭祀
吹 笛子 敲 叮叮   祭 酒 奉献 饭

ŋkoʔ tɛːp wan teu 穿衣服   tsʰɔʔ rə məi bit mat 不闻不问
穿 衣服 穿 裤子（傣语）   堵 耳朵 蒙 眼

keŋ sə ʔɔːŋ mah sə ʔɔːŋ 打针吃药   ruŋ mah tɕau mah 做饭
打针 树 吃 树   蒸 饭 煮 饭

⑤ 介宾—并列式，这一类型仅在 ABAC 型中有零星分布。例如：

jɛt kuŋ jɛt gaːŋ 在寨子里   jɔːr kɔːn jɔːr dzeʔ 为了子孙
在 村寨 在 家   为 孩子 为 孙

⑥述补—并列式，这也是数量相对较多的一类，主要分布于 ABAC 型、ABCB 型和 ABCD 型中。例如：

kʰrah ləʔ kʰrah blia 嫣然一笑
笑　好　笑　美丽

tɛːŋ maːk bɯan maːk 多劳多得
做　多　得　多

jɔh jaːk vet jaːk 进退两难
去　难　回　难

jɛt ləʔ bəʔ laːm 生活美满
吃　饱　睡　闭

sə mɔːt dzaʔ jɛːŋ dzaʔ 远眺
　望　远　看　远

mah biʔ sih lɔit 闭目养神
住　好　吃　香

tɛːŋ ləʔ bɯan ʔmun 善有善报
做　好 得到 运气

jɔh sruat vet buar 早出晚归
去　早　回　晚

nəːŋ riʔ nəːŋ tɛɛːŋ 了如指掌
知道 清楚 知道 更清楚

ʔoːr ʔuat hɛːt glɛːn 筋疲力尽
喊　累　叫　疲倦

2. 偏正式，在 ABCD 型和 ABAC 型中零星存在。

（1）2+2 式，例如：

dzeʔ kɔːn kun gaːŋ 村民
孙子 孩子 村寨　家

kən duːr rəŋ kɔːn 山顶
　顶上　　大山

sə baŋ sə moi 大后天
明天　　后天

kən drɯaŋ ʔəh saːŋ 生产用具
　用具　　做 劳动

（2）1+3 式，例如：

siaŋ ʔom kɔːr jɔh 哗哗流水声
声音 水　流　去

ga guːt pər lɔŋ 门票
费用 进入　门

sun pʰriːm jim jəʔ 古代文物
东西 原来 时候 中古

maʔ sə dəːn tɛəm kɯn 妇女
妈　中年　　女

3. 动宾式，在 ABCD 型中零星存在。

（1）2+2 式，例如：

tʰɛːm ʔan sun dzəʔ 火上浇油
增加 给 事情 坏

tɛːŋ jɔh sun ləʔ 做好事
做　去 事情 好

pɛːl jɛːŋ tiʔ dzɯaŋ 视察
巡视 看 手　脚

（2）1+3 式，例如：

tɛi ʔja gua dzi 订婚
订　烟　槟榔

laːŋ r̩lɔʔ kər lɔh 造谣
编造 话　一句话

4. 主谓式，均为 2+2 式。例如：

tai　　　hɛːm　tiːn lau 劝说　　　　jon ma' tiːn 'mɔːk 劝导孩子
哥、姐　弟、妹 劝 说　　　　父 母 劝 教

5. 述补式，主要分布在 ABCC 型①和 ABCD 型中，均为 2+2 式。例如：

tai　　　rɔːt gɔŋ gɔŋ 一摇一摆　　tuːr bah gliap gliap 闪闪发光
哥、姐 到 摹状　　　　　　　发光 闪烁 闪烁

pon jɔh tə glət tə glət 时光飞逝　　bə' mah ŋɛ' ŋɛ' 吃的太少
度 去 流逝 流逝　　　　　吃 饭 丁点 丁点

bə' mah loit loit 吃的光光　　sian mah plo' plo' 吧唧吧唧
吃 饭 完 完　　　　　　　声音 吃 摹声

sən dɛh 'əh 'əh 笑声格格　　sian jaːm ŋeu ŋeu 猫叫喵喵
笑 摹声　　　　　　　　声音 哭 摹声

'un droh 'tɔm 'tɔm 咕嘟咕嘟　　lot jɔh wɛi wɛi 车行嗖嗖
煮沸 摹声　　　　　　　　车 行驶 摹状

sər 'eːŋ dah ŋuam 惦念、挂念　　sər 'eːŋ klɔːŋ ŋuam 惦念
想念 里 心里　　　　　　　想念 心脏 心里

sər 'eːŋ beŋ beŋ 魂牵梦萦　　sih loit tʰɛ' tʰɛ' 酣然入睡
想念 极 极　　　　　　　睡 闭眼 真 真

sih m po' pə rɔːt 始料未及　　puh grua pə sɛŋ 马马虎虎
睡 梦 不 到　　　　　　洗 物品 不 干净

tɛːŋ klih ɣoi 'maːp 恶有恶报　　haːn brual po' jo' 同生共死
做 吵 报应　　　　　　死 活 跟 相互

pʰaːn haːn ɣɔk ɣoi 屠杀　　sih jaːm tuk seːt 极度悲伤
杀 死 光、完　　　　　　睡 哭 极度 伤心

（二）三分组合式

　　由三个构语成分组成，其中一个成分为双音节单纯词或词组，另外两个成分为单音节词，已有的语料中只搜集到了：2+1+1 式，见于 ABCD

---

① 这一类型较为特殊，只是其中一部分属于重叠式，但从四音格作为一个整体来看，宜将其归入"二分组合述补式"。

型中。例如：

pʰi nɔːŋ　　tai　　　hɛːm 亲朋好友
亲友　　哥、姐 弟、妹

（三）四分组合式

由四个单音节词构成，数量较少，主要见于 ABCD 型中，且四个成
分之间多是并列关系，亦称"四并式"①，主要是名词并列、动词并列和
形容词并列。

1. 名词并列。例如：

joŋ maʔ tai　　hɛːm 父老乡亲　　kuŋ gaːŋ tɕə ʔoʔ ɻeʔ 家园
父 母哥、姐弟、妹　　　　　村寨家　　棚 旱地

2. 动词并列。例如：

sih　rəh　sɔːk faːp 好吃懒做　　tɕom guːt ɻei̯ ʝian 闷水
睡　起床找　吞　　　　　　沉　进入浮 出来

3. 形容词并列。例如：

kəŋ　trɔʔ blia　dɔːm 合身漂亮
合适 美　漂亮　靓丽

三　意合式

"意合式"，即通过"意合法"构造而成的四音格。"意合"
（parataxis）一般认为最早由王力于 20 世纪 40 年代在《中国语法理论》
中提出。②之后，刘宓庆、连淑能、潘文国等学者对此均有一定的研究。
其中，刘宓庆认为意合指"不借助语言形式手段而借助意义或逻辑联系实
现词语或句子之间的连接"。③作为一种构语方式，"意合法"由温端政提
出，其主要特征是"语法上不按一般的语法规则进行组合，语义上只能根
据整体意义去理解，如：'管窥蠡测'、'三年桃，四年杏'、'老健春寒秋

---

① 刘劲荣：《拉祜语四音格词研究》，南开大学博士学位论文，2008。
② 王力：《王力文集第 1 卷：中国语法理论》，山东教育出版社，1984，第 89-90 页。
③ 刘宓庆：《汉英对比与翻译》，江西教育出版社，1992，第 18-19 页。

后热'等"。①克木语曼蚌索话四音格的意合式，主要见于 ABCD 型中构成成分之间语法层次关系松散，一般无法分析为一个或二个层次的语法关系，而主要依赖语义或逻辑构成的四音格。例如：luɯ ŋiŋ（漆黑）tɕeuˀ ˀeu（寂静）"万籁俱寂"中，前后两个音节之间存在一层并列关系；mah（吃）loit（完）ˀɯak（喝）sɛŋ （干净）"贪吃"中，前后两个音节先分别构成述补关系，前两音节与后两音节之间又构成并列关系，因此包括两层语法关系；mah（吃）hoit（完成）ɡɛi（又）mɔ:t（拿）"（剩饭）打包"中，前两个音节可以分析为述补关系，但由于第三音节的存在使前两音节与其他音节的语法关系显得不够明晰，即这类四音格各音节间的语法关系较为松散。例如：

kɔˀ ŋɛˀ ɡɔˀ rɔ:t 立刻、马上 等 一会儿 就 到	bɯan hoit ɡɛi pit 得而复失 得到 已经 又 丢
pə ha:n lih ˀŋɔ:ŋ 死里逃生 不 死 还 剩下	klai hɯn ŋɛŋ ɤlɔ 百依百顺 很 顺从 话
məˀ ɡɔˀ ˀah loit 人人都有 谁 也 有 全部	deˀ luɯ ŋɯam de 独立自主 用 独立 心里 自己

四 重叠式

这里的"重叠式"指通过"重叠法"构成的四音格。②作为一种构词方法，在第一章"克木语曼蚌索话构词"中已经提及，这里扩展至构语层面。同重叠词类似，重叠式四音格也可表达"空间缩小、周遍、反复、惯常、尝试、程度加深或减弱等词法意义"。③克木语曼蚌索话四音格中，AABB 型和 ABAB 型中多由重叠法构成。下文分别举例说明。

（一）AABB 型

1.动词的重叠表示动作的反复或短暂。例如：

---

① 温端政：《汉语语汇学》，商务印书馆，2005，第 90 页。
② 这里的重叠是一种构词（语）方法，而第二章中"音节形式的重叠"则属于纯语音层面的分类。
③ 李宇明：《论词语重叠的意义》，《世界汉语教学》1996 年第 1 期。

jɔh jɔh gai gai 来来回回　　　　　sih sih rəh rəh 时睡时醒
去　去　来　来　　　　　　　　　　睡　睡　醒　醒

2. 名词的重叠表示增量。例如：

dzeʔ dzeʔ kɔn kɔn 子子孙孙　　　　ŋɔːt ŋɔːt ŋaːt ŋaːt 斑斑点点
孙　孙　孩子 孩子　　　　　　　　　点　点　斑　斑

3. 形容词及副词的重叠可表示程度的强化或弱化。例如：

riːp riːp gaŋ gaŋ 急急忙忙　　　　ŋɛʔ ŋɛʔ ŋɛːr ŋɛːr 细小低矮
急　急　忙　忙　　　　　　　　　　小　小 细小 细小

（二）ABAB 型

1. 动词的重叠表示动作的反复。例如：

ga dzur ga dzur 常来常往　　　　jaːm hɛːt jaːm hɛːt 哭哭喊喊
上　下　上　下　　　　　　　　　哭　喊　哭　喊

2. 形容词及副词的重叠可表示程度的加强。例如：

pər li pər li 磨磨蹭蹭　　　　　sə gaːr sə gaːr 笔直的
磨蹭 磨蹭　　　　　　　　　　　直　　　直

五　配音式

　　作为四音格的一种常见形式，"配音式"①一般指包含配音音节的四音格，这些配音音节无实际意义，仅为凑齐四音格形式而存在。第二章提到的"存异和谐"的原则使得配音很好实现。从语法的角度看，配音式四音格多为二分并列式结构②，配音音节一般用于凑足第二个并列成分。配音式在克木语曼蚌索话四音格中，主要见于 ABAC 型中，占总数的 15% 左右。配音音节一般为第四音节，且多与第二音节用存异和谐的方法相配，除配音音节无意义外，在第一、二音节为单纯词的四音格中，第三音节单独也不表义；也有极少数用存异和谐的方法与第三音节相配。相配的音节

---

① 表示拟声或拟态的 ABCC 型四音格中，第四音节重复第三音节仅仅起陪衬作用，为将这类排除在外，这里使用"配音式"而不使用"陪衬式"。
② 二分并列式之下又包括偏正式、动宾式、主谓式、述补式等。

之间在语音形式上只需有某种相似性即可，或声母相同，或韵母相同，或韵腹相同，或韵尾相同，或声母和韵母的某一部分相同等。此外，该构成方式在 ABCD 型和 AABB 型中也有零星分布，ABCD 型的配音方式与ABAC 型相似；AABB 型中，通常是后两音节与前两音节相配。下文分别举例说明。

（一）ABAC 型

1. 配音音节与第二音节相配，多为二分并列式。例如：

taŋ lɔːh taŋ lit 全身　　　　　　　ʔah ʔmun ʔah kʰun 好运
全　身体 全　配音　　　　　　　　有　运气 有　配音

pəʔ ŋɔːr pəʔ trɔːŋ 走投无路　　　　tɕaːt viːr tɕaːt ʔɔr 很好奇
无　路 无　配音　　　　　　　　　很　好奇 很　配音

ʔmun wat ʔmun wa 庙会　　　　　　kər ŋok kər ŋɔːm 崎岖不平
聚会 寺庙 聚会　配音　　　　　　　块状物 无义 配音

ŋuam ŋam ŋuam ŋɛm 宽宏大量　　　sər ʔeːŋ sər ʔɔːŋ 想念
心里 大 心里 配音　　　　　　　　想念　　无义 配音

2. 配音音节与第三音节相配，多为二分并列式。例如：

buh ʔom buh bək 背水　　　　　　maʔ boh maʔ mai 寡妇
背　水 背　配音　　　　　　　　　母　寡妇 母　配音

（二）ABCD 型

1. 配音音节与第二音节相配，多为二分并列式。例如：

kʰrah dɔːm dzum jɔ 笑嘻嘻　　　puh grua ra grɔːk 洗衣
笑　靓丽 微笑 配音　　　　　　　洗　物品 清洗 配音

2. 配音音节与第三音节相配，多为二分并列式。例如：

ŋɤʔ ʔəl hɕu hɔh 面黄肌瘦　　　pə dan nəːŋ dzəːŋ 太突然
小 苍白 干瘦 配音　　　　　　　及时　知道 配音

（三）AABB 型

多为二分并列式，例如：

laˀ laˀ leːŋ leːŋ 游山玩水 　　　　　voːk voːk vɔi vɔi 久盼不归
玩　玩　配音　配音 　　　　　　　　勾　勾　配音　配音

六　待嵌式

周荐最早提到现代汉语中作为双语素合成词的"待嵌格式"，如："半……半……""不……而……""千……万……""非……即……"等，并在《汉语词汇结构论》一书中专辟一节展开论述。他认为，"待嵌格式是一类两字交替显现、两字交替隐含，需人们在使用中将隐含的字填补进去以成就一个新的词汇单位的准四字格式"。[1]几乎同时指出"待嵌格式"这一语言现象的还有姜德梧先生，不过他使用的术语是"四字格语型"[2]。克木语曼蚌索话中亦有类似汉语待嵌格式的四音格，这里简称"待嵌式"，搜集到的语料中共有九类，主要分布在 ABAC 型、ABCB 型及 ABCD 型中。例如：

（一）ˀah…ˀah…"有……有……"

ˀah dzɯ ˀah siaŋ 著名的 　　　　ˀah ˀma ˀah rɛːŋ 强壮
有　名字　有　声音 　　　　　　　有　力量　有　力气

（二）pə(ˀ)… pə(ˀ)…"不……不……、无……无……"

pə ŋɔˀ pə ḷaːp 重蹈覆辙 　　　　pəˀklɔŋ pəˀ ŋɯam 不感兴趣
不　怕　不　悔改 　　　　　　　　无　心脏　无　心里

（三）…m̥əˀ…ŋiˀ"……哪……哪、……什么……什么"

gaːŋ m̥əˀ gaːŋ ŋiˀ 各家各户 　　　lau m̥əˀ ˀah ŋiˀ 有一说一
家　哪　家　哪 　　　　　　　　　说 什么 有　什么

（四）…gi…nai"……这……那"

---

① 周荐：《汉语词汇结构论》，上海辞书出版社，2004，第 283 页。
② 姜德梧编著《汉语四字格词典》，北京语言文化大学出版社，2000。

kɔ˞ gi kɔ˞ nai 左等右等	tɕa˞ gi tɕa˞ nai 各式各样
等待 这 等待 那	样式 这 样式 那

（五）…kʰi…ŋai "……这……那"

tʰuk kʰi ˀɔ:t ŋai 打扫卫生	jɛ:ŋ kʰi jɛ:ŋ ŋai 左顾右盼
搓 这 擦 那	看 这 看 那

（六）…bəh…tal "……上……下"

tɕɔ:p bəh tɕɔ:p tal 东哄西骗	kuŋ bəh ga:ŋ tal 前村后寨
哄 上 哄 下	村寨 上 房子 下

（七）jɛŋ…jɛŋ… "越……越……"

jɛŋ jɔh jɛŋ ma:k 越来越多	jɛŋ ˀɔh jɛŋ təp 变本加厉
越 去 越 多	越 做 越 严重

（八）…ˀnɛ…ˀnɛ "……又……又"

lau ˀnɛ kʰrah ˀnɛ 有说有笑	tɛ:ŋ ˀnɛ mah ˀnɛ 边吃边做
说 又 笑 又	做 又 吃 又

（九）…buan…buan "……能……能、……敢……敢"

gət buan lau buan 敢想敢说	ˀan buan kɔit buan 识字
想 敢 说 敢	读 能 写 能

除上述六种构成方式外，克木语曼蚌索话四音格在构成方式方面还有一点需要说明，即：少数四音格可在不同的类型间进行转化，主要包括：ABAB 型与 ABAC 型之间的转化，如：pər li（磨蹭）pər li（磨蹭）→pər li（磨蹭）pər（无义） la（配音）"磨磨蹭蹭"； 表示并列关系的 AABB 型与 ABAB 型之间的转化，如：ja:m（哭）ja:m（哭）hɛ:t（喊）hɛ:t（喊）→ja:m（哭）hɛ:t（喊）ja:m（哭）hɛ:t（喊）"哭哭喊喊"； AABB 型、ABAB 型与 ABCB 型等之间的转化，如：puat（按、捏）puat（按、捏）buat（踩）buat（踩）→puat（按、捏）buat（踩）puat（按、捏）buat（踩）"按摩"→puat（按、捏）lɔ:h（身体）buat（踩）lɔ:h（身体）"按摩"。尽管这些类型之间可以相互转换，但母语人语感的选择仍有一定的倾向性，通常以其中一种类型为主。

第二节 四音格的词类属性

　　"词类"（part of speech）是传统语法中的核心概念之一，最早源于拉丁语和希腊语的语法分析，可依据意义、形态和功能等标准对其进行划分。① 从本章第一节的分析可知，克木语曼蚌索话四音格多属于"语"，其词类属性②的确定更为复杂，这里尝试主要依据意义标准将其划分为动词性、副词性、名词性、形容词性、数量词性、拟声（态）词性六类。

一 动词性

例如：

lau　lau　tiːn　tiːn 劝说　　　　　　ru　ru　raʔ　raʔ 拉拉扯扯
说　说　劝　劝　　　　　　　　　　拉　拉　抢　抢

ʔmak jaːm ʔmak jaːm 打哭　　　　　ʔəh　pit　ʔəh　pit 废弃
打　哭　打　哭　　　　　　　　　　做　扔　做　扔

guŋ̊ ʔnɛ met ʔnɛ 耳闻目睹　　　　　bup　jɔʔ　guːŋ jɔʔ 会见
看见 又 听见 又　　　　　　　　　遇见 相互 见 相互

jɔh gai plɔh　plɔh 白跑一趟　　　　bəʔ　mah loit loit 吃的光光
去　来 白白地 白白地　　　　　　吃　饭　完　完

liaŋ kɔːn liaŋ hɛːm 抚养子女　　　　lɛi mu　lɛi van 看日子
养　孩子 养 弟、妹　　　　　　　算 日子 算 日子（傣语）

vuɯl lim vuɯl bɛːm 翻箱倒柜　　　　pɛːl jɛːŋ tiʔ dzɯaŋ 视察
翻 木箱 翻 竹箩　　　　　　　　巡视 看　手　脚

jɔh gai pə kʰaːt 常来常往　　　　　guŋ̊　ɹeʔ　puɯːr rə na 开荒
去 回 不 断　　　　　　　　　　烧　旱地 修整 水田

tsʰɔʔ rə məi bit mat 不闻不问
堵　耳朵 蒙 眼

二　副词性

例如：

lɛh　lɛh　vɛi　vɛi 迅速地
疾　疾　快　快

ɱan　ɱan　nim　nim 稳稳当当
牢　牢　稳　稳

dzɯ mɯ dzɯ mɯ 每天
每　天　每　天

joh　ja:k　vet　ja:k 进退两难
去　难　回　难

lau　sɯ　lau　sat 坦率
说　说　直接 配音

klai　loŋ　bɛŋ　bɛŋ 非常过分
很　过分 极　极

viak ʔɔ:ŋ tɛ:ŋ bɯan 锲而不舍
事情 剩下 做 能

ʔo:r ʔuat hɛ:t glɛ:n 筋疲力尽
喊　累　叫　疲倦

三　名词性

例如：

dzeʔ dzeʔ kɔ:n kɔ:n 子子孙孙
孙　孙　孩子 孩子

klɔ:ŋ　mat sɛ:ŋ mat 眼珠
珠子　眼 小珠 眼

ʔom muh ʔom mat 眼泪
水　鼻 水　眼

je:r　ŗeʔ　je:r　rə na 田边地头
边　旱地 边　水田

dzeʔ kɔ:n kuŋ ga:ŋ 村民
孙子 孩子 村寨　家

kəm ɱuʔ　tʰɛʔ tʰɛʔ 地道克木人
克木人　真　真

pʰi nɔ:ŋ　tai　hɛ:m 亲朋好友
亲友　哥、姐 弟、妹

四　形容词性

例如：

si:n si:n ʔaɳ ʔaɳ 半生不熟
熟　熟　生　生

ŋɛʔ ŋɛʔ ŋɛ:r　ŋɛ:r 细小低矮
小　小 细小 细小

sə kɔʔ sə kɔʔ 湿乎乎的
湿的　湿的

ŋam vɛi dzoŋ　vɛi 又高又大
大　快 高　快

puɯ joʔ beŋ beŋ 卿卿我我
亲热　　极　极

tɕɑːt dzoŋ tɕɑːt gul 高大魁梧
很　高　很　胖

moi　gon kər seːr 孤苦伶仃
孤单 人　可怜的

trɔʔ dɔːm sər məʔ 花容月貌
美　靓丽　真地

五 数量词性

例如：

dʑɯm dʑɛn dʑɯm　dʑɛn 每一步
每　步骤　每　　步骤

pən kʰan pən　kʰan 一层层
每　层　每　层

kəːt　ban　kəːt　ɱuun 成千上万
变成 千 变成　万

kʰɯan rɔi kəːt ban 成百上千
增加　百 变成　千

六 拟声（态）词性

例如：

siaŋ kʰrah hɛh hɛh 哈哈大笑
声音 笑　摹声

lot　jɔh　wɛi wɛi 车行嗖嗖
车　行驶　摹状

ŋɔʔ ŋɔʔ ŋɛʔ ŋɛʔ 哭声哇哇
哭声哇哇

dɔl dɔl del del 歪歪扭扭
　歪歪扭扭

təŋ mɔŋ təŋ meŋ 嗡嗡声
（头晕时）嗡嗡声

tɕiu ʔjau ləŋ vaŋ 噼里啪啦
　噼里啪啦

ɱuan sɯn tɕuʔ ɳuam 生气样
　样态　痛 心里

maŋ jaŋ maŋ jaŋ 摇摇摆摆
摇　摆　摇　摆

第三节 四音格的句法功能

　　克木语曼蚌索话四音格作为一种词汇或语汇单位，句法功能较为完备，在句中充当主语、谓语、宾语、定语、状语、补语等多种句子成分。

一　主语

主语通常由名词性的四音格来充当。例如：

klɔːŋ mat sɛːŋ mat① na tɕaːt bah.
珠子　眼　小珠　眼　她　很　明亮
她的眼睛很明亮。

pa tɕʰuk pa sə ʔɔːŋ da nai tɕaːt ŋam sər məʔ.
林　竹林　树　那里　很　大　真地
那片树林林海茫茫。

pʰi nɔːŋ tai　hɛːm　ʔɔːr jɔʔ jok tɕɔːk buːt.
亲友　哥、姐弟、妹　一起　举　杯　酒
亲朋好友们一起举起酒杯。

二　谓语

谓语多由动词性四音格来充当，形容词性、名词性的也可用作谓语。

（一）动词性四音格作谓语

例如：

joŋ maʔ lau lau rai rai kɔːn.
父　母　说　说　骂　骂　孩子
父母在训斥孩子。

sə baŋ gaːŋ nɔ tɕi jɔh　dɰaŋ kʰəi dɰaŋ ʔɔm.
明天　家　他要去　接　女婿　接　媳妇
明天他家要去接亲了。

kɔːn kəm mɯʔ tɕaːt dzɔ gəi ɾɰam ɾeʔ pɯːr ɾəna.
人　克木　很　辛勤　砍伐 旱地 修整 水田
克木人在辛勤地开荒造田。

---

① 例句中的四音格用点式下划线标出，下同。

（二）形容词性四音格作谓语

例如：

gon gə　nai　hak deʔ　ŋɯam de dʑaːŋ de.

人　个　那　只　要　心里　自己　做法　自己

那个人太固执己见了。

gaːŋ　nɔ　tɕaːt ʔah pə tʰuʔ ʔah rə maːŋ.

家　他们　很　有　遗产　有　财产

他们家很富裕。

briʔ　pə sɯam　lɯ ŋiŋ tɕeuʔ ʔeu.

天　晚上　漆黑　寂静

夜晚万籁俱寂。

（三）名词性四音格作谓语

例如：

kɔːn ŋɛʔ　nai　jɛt　ʔjiak ʔjiak nuːm　nuːm　taŋ　mɯ.

孩子　小　那　在　屎　屎　尿　尿　整　天

那小孩整天在拉屎拉尿。

三　宾语

在句中作宾语的通常是名词性四音格，也有拟声（态）性的。

（一）名词性四音格作宾语

例如：

tə sɛːŋ　lau　məh ʔah ʔah ʔom ʔom.

德香　说　是　有　有　水　水

德香说的是事实。

tə kɔːŋ məh joŋ ɡaːŋ maʔ ɡaŋ nɔ.

德光　是　父　家　妈　家　他

德光是他家的家庭户主。

joŋ　tə ʔun məh kəm muʔ tʰɛʔ tʰɛʔ.

父　德温　是　克木人　真　真

德温的爸爸是地道的克木人。

（二）拟声（态）性四音格作宾语

例如：

ʔoʔ　met dah hoʔ ʔah siaŋ ʔom kɔːr jɔh.

我　听见 在那边 有 声音 水 流 去

我听到那边有哗哗流水的声音。

四　定语

（一）形容词性四音格作定语

在句中作定语的通常是形容词性四音格，数量词性的也可用作定语。此外极少数动词性的也可作定语。例如：

mah nai siːn siːn ʔaŋ ʔaŋ ma pə buan.

饭　那　熟　熟　生　生　吃　不　能

那些半生不熟的饭不能吃。

kuŋ　ɡə jɛt ʔmɔːn tɕaːt dzaʔ tɕaːt dzoŋ.

村寨他 在　地方　很 远 很 高

他的家乡在遥远的地方。

maʔ ʔoʔ məh muʔ ʔa raʔ beŋ beŋ.

妈 我 是 人 勇敢 极 极

我妈妈是个非常勇敢的人。

（二）数量词性四音格作定语

例如：

klɔːŋ lim dzoŋ nai ʔah tɛʔ pən kʰan pən kʰan.
里面 柜子 高 那 有 格子 每 层 每 层
高处那个柜子里有一层层格子。

gaːŋ nɔ ʔah kə muːl kəːt ban kəːt mɯn.
家 他们 有 钱 变成 千 变成 万
他们家有成千上万的钱财。

ŋi gə kʰɯan rɔi kəːt ban lɛʔ.
债 他 增加 百 变成 千 了
他的债务成百上千了。

（三）动词性四音格作定语

例如：

sə baŋ məh mɯ tɕi tɕi ʔja gua dʑi sə na baːr gon.
明天 是 日子 要 订 烟 槟榔 他俩
明天是他俩订婚的日子。

五 状语

状语通常由副词性四音格来充当，一些拟声（态）性的也可用作状语成分。

（一）副词性四音格作状语

例如：

ʔiʔ gaŋ gaŋ gɛːn gɛːn vet dah gaːŋ.
我们 忙 忙 特急 特急 回 里 家
我们急急忙忙地回到家里。

ga:ŋ nɔ mah kʰɛ:k mah ŋam bəʔ ŋam.

家 他们 吃 婚礼 吃 大 吃 大

他们家隆重地举办了婚礼。

na tɛ:ŋ viak ʔmak ŋai ʔmak ŋɔ:k beŋ.

她 做 事 马马虎虎 太

她做事情太马虎了。

（二）拟声（态）性四音格作状语

例如：

m bɔ:t tɯːr gai veŋ veŋ vɛ:ŋ vɛ:ŋ.

蜜蜂 飞 来 嗡嗡声

蜜蜂嗡嗡地飞过来。

sə ʔɔ:ŋ ɹəi jɛt goi ʔom tɯl kɯ:l tɯl kɯ:l.

木头 漂 在 上 水 一沉一浮

木头一沉一浮地漂在水面上。

sə gi mah grəh muan sɯn tʰɯt tʰɯt.

今天 吃 玛格乐节 热热闹闹

今天热热闹闹地过玛格节。

六 补语

可充当补语成分的四音格主要有形容词性的、副词性的和名词性的等。

（一）形容词性四音格作补语

例如：

ʔi kɔ:ŋ brap trɔʔ trɔʔ dɔ:m dɔ:m sər məʔ.

依光 打扮 漂亮 漂亮 靓丽 靓丽 真地

依光打扮得漂漂亮亮的。

kə ma　　lit　　tɛ:p　o　sə kɔ sə kɔ.
雨　　　　淋　　衣服　我　　湿湿的
我的衣服被雨水淋得湿湿的。

（二）副词性四音格作补语

例如：

sə gi　o tɛ:ŋ　viak　glɛ:n　bɔ loit ma loit rɛ:ŋ.
今天 我 做　活儿 累　得 完　力量 完 力气
我今天干活累得筋疲力尽的。

（三）名词性四音格作补语

例如：

gə　tuk se:t　kɔ:r ʝian　om muh om mat.
他　悲伤　流　出来 水　鼻　水眼
他悲伤地流泪了。

　　本章结合搜集到的克木语曼蚌索话四音格语料，从构成方式、词类属性和句法功能三个方面对其语法特征进行了较为详尽的描写和分析。下面分别从这三个方面做一简要总结。

　　克木语曼蚌索话四音格构成方式是本章的核心内容，本书将其置于"构语"的层面来探讨其构成方式，主要包括联绵式、组合式、意合式、重叠式、配音式和待嵌式六种方式，其中组合式是最基本的构成方式。各种构成方式的主要特征分别是：联绵式的各个音节是一个整体；组合式的构成成分间结构层次关系比较明确；意合式则指较多地依赖语义关系构成；重叠式中的重叠成分往往带有一定的附加意义；配音式中含有为凑足四音而存在的无意义的配音音节；待嵌式包含一个起镶嵌作用的固定模板。

　　不同类型四音格倾向采用的构成方式与分布也有所差异（见表 3-1）。两种数量最多的类型 ABAC 型和 ABCD 型采用的构成方式最为丰富，分别为 4 种和 5 种。ABAC 型的构成方式中，采用最多的是组合式和配音式，前者所占比重约为 80%，后者约为 15%，这也从一个侧面说明组合式的能产性强①，此外还有少数采用的是待嵌式和联绵式。与 ABAC 型类似，ABCB 型也主要采用组合式的构成方式。同样，ABCC 型也采用组合式的构成方式，更具体地说是二分述补组合式。AABB 型和 ABAB 型较为相似，均主要选用重叠式。

构成方式方面另外值得一提的是采用数量最多的构成方式—组合式。组合式中有四分的、三分的和二分的，其中两个词组构成的二分并列组合式在数量上占据绝对优势，这其中又以偏正—并列式和动宾并列式居多，这正符合人类语言中造语的基本规律和认知规律。此外，各类型二分并列组合式四音格前后两个音节内部的语法关系的倾向性也不相同，ABAC 型中二分偏正—并列组合式、二分动宾—并列组合式和二分述补—并列组合式较多；ABCD 型中，二分动宾—并列组合式和二分述补—并列组合式较多；ABCB 型中，二分述补—并列组合式及待嵌式较多，其次是二分动宾—并列组合式及二分偏正—并列组合式。

表 3-1 各类型四音格倾向采用的构成方式与分布

四音格类型	构成方式
AABB 型	重叠式、联绵式、配音式
ABAB 型	重叠式、联绵式
ABCB 型	组合式、待嵌式
ABAC 型	组合式、配音式、待嵌式、联绵式
ABCC 型	组合式
ABCD 型	组合式、意合式、配音式、待嵌式、联绵式

就四音格的词类属性来说，六种类型四音格的词类属性分布情况如下。AABB 型四音格中动词性最多，其次是形容词性、副词性和拟声（态）词性，名词性仅有三例。ABAB 型中仍然是动词性数量最多，其次是数量词性，还有少数几例形容词性、副词性和拟态性的。ABCB 型中，动词性四

---

① 组合式的能产性强加之 ABAC 型的构成方式最多，是 ABAC 型四音格数量最多的理据之一。

音格占绝对多数，其次是副词性和名词性，还有两例形容词性的。ABAC
型中，仍然是动词性四音格数量最多，其次是副词性和名词性的，还有一
小部分是形容词性和数量词性的。ABCC 型以拟声（态）词性为主，其次
较多的是动词性的，此外还有少数几例形容词性、副词性和名词性的。
ABCD 型中，动词性的占绝对多数，其次是形容词性、副词性和名词性的，
最后还几四例拟声（态）性和数量词性的。

　　从以上六种类型四音格的词类属性的分布情况来看，动词性的数量最
多，其次是副词性的，紧跟其后的是名词性和形容词性的，还有一些类型
中有拟声（态）性的和数量词性的，即动词性、副词性、名词性和形容词
性是克木语曼蚌索话四音格惯用的主要词类属性。此外，从整体上看，各
类型四音格词类属性的分布也相对均衡。

　　句法功能方面，克木语曼蚌索话四音格尽管仍可在句中充当多种句子
成分，但同其他单、双音节词相比，由于其具有丰富的语义内涵和独特的
内部结构，其句法功能的施展势必受到一定的限制，主要表现在以下三个
方面。第一，作主语或宾语的名词性四音格一般不再带有修饰性的定语；
第二，作谓语的动词性四音格本身就自带宾语，因而很少再带宾语；第三，
作定语或补语的形容词性四音格及作状语或补语的副词性四音格也很少再
受其他成分修饰。

第四章 克木语四音格的语义特征

语义特征是克木语曼蚌索话四音格结构特征的一个重要方面，本章按照由表及里逐步推进的顺序分别讨论其语义排列、语义关系和表义特征。

第一节 四音格的语义排列

如前所述，四音格中各音节的排列有一定的语音、语法或语义动因。通过对语料的分析，发现克木语曼蚌索话四音格各音节在语义排列上表现出一定的倾向性，即语义程度较高的或强势的音节往往在前，如：语义大的、多的、长的、硬的、年长的、阳性的、总称的等通常在前，但是也有小部分例外，约占 30%。总体上，克木语曼蚌索话四音格中各音节排列的语义动因较弱。

1. 符合上述语义排列倾向的。例如：

lɛh lɛh vɛi vɛi 迅速　　　　　　ŋɔːr ŋɛˀ ŋɔːr ŋɛːr 羊肠小道
疾　 疾　快　 快　　　　　　　　路　小　路　狭小

gon kɛ gon tʰau 老人　　　　　　grəŋ kiŋ grəŋ ɾoːŋ 吝啬
人 很老 人 不太老　　　　　　　　一半 斤 一半 两

ser ʔjiak ser nuːm 内急　　　　　roːm joŋ roːm maˀ 手足
内急 屎 内急 尿　　　　　　　　　同　父　同　母

taˀ siːm taˀ tə goːk 姓鸟
姓　鸟　姓　白头翁

2. 违反上述语义排列倾向的。例如：

tɛaːt luːt tɛaːt ŋiau 很固执　　　pua mok pua rəŋ kɔːŋ 祭山
很　固执 很 执拗　　　　　　　　　祭　小山 祭　大山

kə:t jɔˀ kə:t bɯ:ŋ 成为朋友　　　puh gləˀ puh kəm poŋ 洗头
成 朋友 成 伙伴　　　　　　　洗 头发 洗 　头

第二节 四音格的语义关系

　　词汇之间的语义关系（sense relations）包括三类：近义关系（synonymy）、反义关系（antonymy）、上下义关系（hyponymy）。其中，上下义关系同语义场理论（The Theoy of Semantic Fields）密切相关，众多的下义词（hyponym）可以被认为构成一个语义场[①]，这些构成一个语义场的众多下义词反映同一类事物、表示同一类概念，它们之间的语义关系叫作类义关系。[②]综上，词汇之间的语义关系亦可概括为近义关系、反义关系和类义关系。克木语曼蚌索话四音格的语义关系突出反映在完全重叠型和对称重叠型的四音格中，即 AABB 型、ABAB 型、ABCB 型和 ABAC 型等类型中，这些类型的四音格可切分为前后两个语义项，前后两个语义项之间的语义关系：近义关系、反义关系和类义关系即为本节的研究内容。

一 近义关系

　　近义关系即四音格前后两个语义项表示事物的性质或动作的状态相同或相近。例如：

tʰuk tʰuk ˀɔ:t ˀɔ:t 擦擦抹抹　　　trɔˀ trɔˀ dɔ:m dɔ:m 漂漂亮亮
擦 擦 抹 抹　　　　　　　　　美 美 靓丽 靓丽
sə kɔˀ sə kɔˀ 湿乎乎的　　　　　mah ŋam bəˀ ŋam 隆重庆祝
湿的 湿的　　　　　　　　　　吃 大 吃 大
klɔ:ŋ mat sɛ:ŋ mat 眼珠　　　　ŋɔˀ ˀuat ŋɔˀ glɛ:n 怕苦怕累
珠子 眼 小珠 眼　　　　　　　怕 累 怕 苦

---

① 李福印：《语义学概论》（修订版），北京大学出版社，2007，第 70-71 页。
② 周国光：《语义场的结构和类型》，《华南师范大学学报》（社会科学版）2005 年第 1 期。

ɽlɔˀ sɯːn ɽlɔˀ muan 甜言蜜语
话 快乐 话 悦耳

roːm klɔːŋ roːm ŋɯam 齐心
同 心脏 同 心里

二 反义关系

反义关系即四音格前后两个语义项表示事物的性质或动作的状态相反。例如：

ru ru ŋuːt ŋuːt 推推拉拉
拉 拉 推 推

haːn haːn brɯal brɯal 不怕死
死 死 活 活

ga dzur ga dzur 常来常往
上 下 上 下

bɯan vɛi pit̠ vɛi 易得易失
得到 快 丢 快

mah pit̠ taːk pit̠ 挑食
吃 扔 吐 扔

dar guːt dar ʝian 跑进跑出
跑 进 跑 出

lɔŋ dɔˀ lɔŋ kaːl 前前后后
边 后 边 前

pə maːk pə ŋɛˀ 不多不少
不 多 不 少

三 类义关系

类义关系即四音格前后两个语义项表示事物的性质或动作的状态属于同一类别。例如：

kʰap kʰap tɛˀ tɛˀ 手舞足蹈
唱 唱 跳 跳

dzeˀ dzeˀ kɔn kɔn 子子孙孙
孙 孙 孩子 孩子

mah sih mah sih 懒惰
吃 睡 吃 睡

gaːŋ ləˀ tɕə ˀoˀ ləˀ 温馨之家
房 好 棚 好

maːk tai maːk hɛːm 大户人家
多 哥、姐 多 弟、妹

jɛːŋ mɔŋ jɛːŋ sər meŋ̠ 盼望
看 月亮 看 星星

pə tʰɯk tiˀ pə tʰɯk dzɯaŋ 笨手笨脚
笨 手 笨 脚

sroˀ bɯan lau bɯan 敢说敢讲
说 敢 讲 敢

第三节 四音格的表义特征

作为一种独特的语言单位，四音格在表义方面亦有其独特性，已有的四音格研究都对此进行了较为详实的研究。[①]在前述相关研究的基础上，结合搜集到的语料，将克木语曼蚌索话四音格的表义特征归纳为以下五个方面。

一 整体性

四音格作为一个整体所表示的意义，不是各构成成分意义的单纯叠加或机械堆积，而是各构成成分意义的有机融合，主要表现在以下两个方面。

（一）单纯词类四音格的各个音节不可拆开，否则不表义，见于一些拟声词、拟态词及其他四音格单纯词中

例如：

veŋ veŋ vɛːŋ vɛːŋ 蜂叫嗡嗡　　　　　du du di di 健步如飞
蜜蜂嗡嗡声　　　　　　　　　　　健步如飞

tɕiu ʔjau ləŋ vaŋ 噼里啪啦　　　　　gɔr gɔr ger ger 敏捷、灵活
噼里啪啦　　　　　　　　　　　　敏捷、灵活

sok lok sok lak 高高低低　　　　　ŋɛːn ŋɔːn kən ʔne 坚固的
高高低低　　　　　　　　　　　　坚固的

（二）四音格拆开后语义改变，因为四音格的语义概括了各构成成分的意义，而且在一定程度上有所引申

---

① 余金枝：《吉首苗语四音格词研究——兼与吉首汉语四音格词比较》，湖南师范大学硕士学位论文，2007；刘劲荣：《拉祜语四音格词研究》，南开大学博士学位论文，2008；许雁：《大新三湖壮语四音格词研究》，中央民族大学硕士学位论文，2011；李倩倩：《布依语四音格研究》，中央民族大学硕士学位论文，2012。

例如：

den den rəh rəh 坐立不安
坐　坐　立　立

mah sih　mah sih 懒惰
吃　睡　吃　睡

mah dzi? mah ?jia 大吃大喝
吃　愚蠢　吃　蠢

pi:ŋ si:m pi:ŋ pʰrɔ:k 打猎
打　鸟　打　松鼠

keŋ sə ?ɔ:ŋ mah sə ?ɔ:ŋ 打针吃药
打针 树　吃　树

?ah ?ah ?om ?om 事实
有　有　水　水

?ɛh pit ?ɛh pit 废弃
做　扔　做　扔

?ah tu:t ?ah riah 有根有据
有　根　有　芽

dɔ:m dah sai mat 和颜悦色
靓丽　里 线 眼

tɛ:ŋ kʰi　tə lɔ:t ŋai 忙忙碌碌
做　这边　闯　那边

二　口头性

四音格大量见于人们的日常交流中，而且是熟练使用一种语言的重要标志，这必然决定其表义特征方面具有明显的口头性特征。例如：

sro? sro? bɔr　bɔr 唠唠叨叨
说　说　唠叨 唠叨

ja:m hɛ:t ja:m hɛ:t 哭哭喊喊
哭　喊　哭　喊

lau　?nɛ　kʰrah ?nɛ 有说有笑
说　又　笑　又

ve:k jɔh ve:k gai 歪歪扭扭
歪　去　歪　来

pʰi nɔ:ŋ　tai　hɛ:m 亲朋好友
亲友　哥、姐 弟、妹

mah plɔh ?ɯak plɔh 白吃白喝
吃　白白地 喝　白白地

tʰuŋ tʰuŋ tʰɯ:ŋ tʰɯ:ŋ 哐哐当当
哐哐当当

pər li pər li 磨磨蹭蹭
磨蹭 磨蹭

?ɛh muh ?ɛh mat 鼻青脸肿
肿　鼻　肿　眼

lot　leu　kɔk kɔk 车行蜿蜒
车　拐弯　弯　弯

siaŋ sro? tʰot tʰot 叽叽喳喳
声 说话　摹声

puh grua pə sɛŋ 马马虎虎
洗　物品 不 干净

三 增量性

四音格与其构成成分相比，表示量的增加，这在各种重叠式四音格中表现尤为显著。名词性四音格可表达构成成分上义词（hypernym）的含义；动词性四音格可表达动作的频度加强；形容词性及副词性四音格可表达性质或状态程度的强化。

（一）名词性四音格

例如：

ʔjiak ʔjiak nuːm nuːm 屎尿　　　dzaːŋ tɛʔ dzaːŋ təːm 演员
屎　屎　尿　尿　　　　　　　　匠　跳　匠　唱

ɻlɔʔ suːn ɻlɔʔ muan 甜言蜜语　　pa tɕʰuk pa sə ʔɔːŋ 树林
话　高兴　话　悦耳　　　　　　林　竹　林　树

（二）动词性四音格

例如：

hɛːt hɛːt ʔoːr ʔoːr 叫叫嚷嚷　　jaːm hɛːt jaːm hɛːt 哭哭喊喊
叫　叫　嚷　嚷　　　　　　　　哭　喊　哭　喊

sə mɔːt dzaʔ jɛːŋ dzaʔ 远眺　　　ŋuːt jɔh ŋuːt gai 挪来挪去
　望　远　看　远　　　　　　　挪　去　挪　来

mɔːt gai plɔh plɔh 白白拿来　　maːŋ riʔ maːŋ tɕiaŋ 盘问
拿　来　白白地 白白地　　　　　问　仔细　问　清楚

（三）形容词性及副词性四音格

例如：

riːp riːp gaŋ gaŋ 急急忙忙　　　taŋ muɯ taŋ muɯ 整天
急　急　忙　忙　　　　　　　　全　天　全　天

ŋam vɛi dzoŋ vɛi 又高又大
大　快　高　快

taŋ klɔːŋ taŋ ŋuam 全心全意
全 心脏 全 心里

maːk pi maːk nɯɯ 长年累月
多　年 多　年(傣)

klai loŋ beŋ beŋ 非常过分
很 过分 极 极

四 形象性

四音格的中往往含有表示动作、状态、画面、声音等成分，加之单纯的表义成分，使其整体的表义更加直观、生动、形象。例如：

dɔl dɔl del del 歪歪扭扭
歪歪扭扭

kək kək jor jor 结结巴巴
结结巴巴

sih ˀnɛ rəh ˀnɛ 昏昏沉沉
睡　又　醒　又

lau ɱəh məh ɱəh 雷厉风行
说 什么 是　什么

vɛi tiˀ vɛi dzɯaŋ 快手快脚
快　手 快　脚

siaŋ mah ploˀ ploˀ 吧唧吧唧
声　吃　摹声

jɔh　ŋɔːr ŋeːl ŋeːl 屁颠屁颠
走 路　　摹状

dzəˀ dzɤˀ kəl vɛːŋ 脏兮兮的
　　　脏兮兮的

五 主观性

四音格作为一个整体可表达语者的主观感受、心理状态和感情色彩等。例如：

gaŋ gaŋ gɛːn gɛːn 风急火燎
忙　忙　特急 特急

ŋuam de dzaːŋ　 de 固执
心里 自己 做法 自己

pə gaŋ pə　gɛːn 不慌不忙
不　忙　不　特急

sər ˀeːŋ beŋ beŋ 魂牵梦萦
想念　　极　极

tər jɯh klɔŋ tər jɯh ŋuam 心慌意乱
发抖 心脏 发抖 心里

pəˀ ŋuam tɕih tɛːŋ 心灰意冷
无　心里 要　做

以上结合已有的语料对克木语曼蚌索话四音格的表义特征进行了总结和归纳，四音格的这些表义特征是词、句子等其他类型语言单位所不可比拟的，而且有些四音格可能同时兼具两个或多个特征，如：siaŋ mah ploˀ plo^ʔ"吧唧吧唧"同时具有"口头性"和"形象性"的特征；gaŋ gaŋ gɛ:n gɛ:n"风急火燎"兼具"主观性"和"增量性"的特征；den den rəh rəh "坐立不安"则兼具"整体性"和"主观性"的特征等。

　　本章首先分析了克木语曼蚌索话四音格构成中各音节排列的语义动因，语义因素在四音格各音节排列中起一定的作用，但其规定性作用较之语音、语法来说相对较小。接着探讨克木语曼蚌索话四音格内部的语义关系，主要包括近义关系、反义关系和类义关系等。最后一节归纳总结了克木语曼蚌索话四音格表义方面的主要特征，包括整体性、口头性、增量性、形象性、主观性等。

　　此外，语义对四音格的音节形式有一定的选择倾向。用于单纯加强语义，倾向选择 ABAB 型。如：pər li（磨蹭）pər li（磨蹭）"磨磨蹭蹭"。若除了加强语义，还有泛化、引申、抽象等需要，倾向于选择 AABB、ABAC、ABCB 等形式。如 se:t（伤心）se:t（伤心）mɔ:ŋ（寂寞）mɔ:ŋ（寂寞）"郁郁寡欢"，tɕa^ʔ（样式）gi（这）tɕa^ʔ（样式）nai（那）"各式各样"，joŋ（父）ga:ŋ（家）ma^ʔ（妈）ga:ŋ（家）"家庭户主"。表示拟声、拟态的多选择 ABCC 型，也有少数采用 AABB 型。例如：lot（车）leu（拐弯）kɔk（弯）kɔk（弯）"车行蜿蜒"、 tam（打）briŋ（鼓）tʰɯ:ŋ tʰɯ:ŋ（摹声）"打鼓咚咚"；ŋɔ^ʔ ŋɔ^ʔ ŋɛ^ʔ ŋɛ^ʔ"哭声哇哇"等。

第五章 克木语四音格韵律特征实验研究

韵律原为诗词歌赋中的术语，语音学中的韵律特征（prosodic features）又称超音段特征（suprasegmental features），实验语音学上可通过音高、音长、音强等参数来反映。本书第二、三、四章分别对克木语曼蚌索话四音格的语音、语法、语义等结构特征进行了系统的描写，在此基础上，本章旨通过语音声学实验的方法来探讨其韵律特征，以更进一步了解四音格语音的本质特征。具体地，本章主要考察四音格中各音节①的音高、音长、音强的搭配是否有固定模式？如果有，其中最强势的模式是哪种？这种模式对四音格的节奏有无规定性作用？第二章中的声韵和谐、轻重搭配等语音结构特征和韵律搭配模式是否相互呼应？下文首先从实验语料、实验方法、切音规范、声学参数提取与计算方法等方面介绍实验设计，通过音高、音长、音强等参数考察结果进行全方位的讨论，并对比分析了克木语曼蚌索话与老挝克木仍话四音格韵律特征的共性和差异，最后是本章小结。

第一节 实验设计

一 实验语料

本实验所用语料包括两部分：第一部分为文本资料，即附录二中的1089 个四音格。第二部分为这些四音格的录音资料。发音人为两名成年

---

① 前文已经指出由于前加音节的存在，克木语曼蚌索话四音格不以四个音节为限，这里的"音节"有时不是一个独立的音节，可能是一个半音节，也有可能是半个音节，语音地位上相当于一个独立音节，或称一个韵律单位，下同。

女性①，均为云南省西双版纳傣族自治州勐腊县勐满镇曼蚌索村土生土长的克木人，母语为克木乌话，兼用汉语，职业分别是教师和公务员。录音于 2015 年 10 月在勐腊县城景兰大酒店进行，使用"民族语调查录音软件V0.1"②在笔记本电脑上进行录音并保存为.wav 文件，所用麦克风为SONY ECM-CS10，采样率为 16KHz。由于需要录音的词数量较多，为保证录音的自然性及避免发音人的习惯性错误，将所有四音格均置于克木语负载句 joŋ tau（老人）nai（那）lau（说）ˀoˀ（我）deˀ（给）_____ məh（是）ɻloˀ（语言）kəm ɱuˀ（克木）ˀiˀ（我们）。"那个老人对我说_____是我们的克木语。"中进行录音，再一一剪辑。

二　实验方法

实验一，音高考察。此处所说的音高指音节的实际基频，以赫兹为单位。本书第一章"克木语概况"部分提到老挝克木伩话声调产生的来源是声母清浊对立的消失。从语言演化的视角看，无声调的克木语曼蚌索话声母的清浊可能会对音高产生重要的影响。此外，舒韵尾的音节读起来感觉舒缓，促韵尾的音节读起来显得短促③，而且第一章"克木语曼蚌索话音系"中提到该语言促韵尾的习惯音高表现为高平，舒韵尾的习惯音高表现为高降。据此，韵尾的舒促亦可能会对四音格的音高排列有一定的影响。鉴于此，依据各音节声母的清浊搭配及韵尾的舒促搭配将六类四音格分别细分为 36 个小类。其中，AABB 型和 ABAB 型四音格分为"清+浊、浊+清、浊+浊、清+清"及"促+舒、舒+促、舒+舒、促+促"四小类；ABCB 型、ABAC 型、ABCC 型四音格首先依据重复音节声母的清浊及韵尾的舒促分为两类，再进一步在清浊及舒促两类中各分出如前四小类；ABCD 型四音格依据其韵律结构特点及第二、四音节声母的清浊及韵尾的舒促分为如前四小类。各小类分别挑出 2 例进行预实验，并将预实验结果作为确定分类标准的参考依据之一。

---

① 其中之一为依论刚，详见第一章的相关介绍；另一发音人为依甩（ˀi suai），女，38 岁，曼蚌索村人，现在勐腊县妇幼保健院工作，12 岁前一直生活在寨子里，母语为克木语并能熟练使用，兼用汉语、傣语。
② 本录音软件由中央民族大学中国少数民族语言与古籍研究所刘岩教授开发。
③ 万献初：《音韵学要略》（第二版），武汉大学出版社，2012，第 32 页。

囿于篇幅及研究目的①，此处仅从 AABB 型②和 ABAB 型中各举一例粗略呈现初步实验结果。如图 5-1 和图 5-2 所示，示例中声母的清浊及韵尾舒促对各音节音高的影响并不明显。

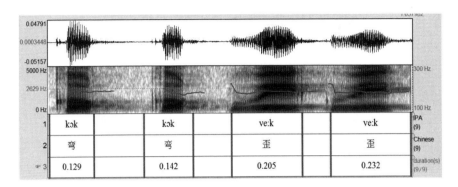

图 5-1 AABB 型清浊示例语图

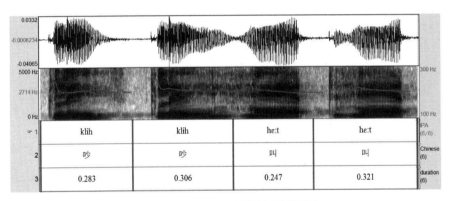

图 5-2 AABB 型舒促示例语图

在确定分类标准时综合考虑以下因素。第一，预实验结果表明，声母的清浊及韵尾舒促对四音格各音节音高的影响不大。第二，实际语料中声母清浊分类标准的各小类均有一定数量的实例，而韵尾舒促分类标准的一部分小类中实例较少，有些甚至无实例。因此，声母清浊分类标准有较强

---

① 此处的研究目的主要是考察四音格音高排列情况，并不在于究竟哪一因素对音高分布情况有明显的影响。

② AABB 型形式上完全重叠，前后两个音节对称，用于考察四音格音高排列情况最具典型性。

的普适性。第三，上述提到的从语言演化视角看，无声调语言声母的清浊可能对音高有一定的影响。综上，这里拟采用声母清浊分类标准来考察克木语曼蚌索

话四音格音高排列情况。①如前所述，依据声母清浊分类标准，理论上可分为 36 个小类，实际语料中共出现 36 个小类（见表 5-1）。

表 5-1　四音格清浊搭配模式分类

ABCD 型	A+清+C+浊 A+浊+C+清 A+浊+C+浊 A+清+C+清	ABAC 型	清+B+清+C	浊+B+浊+C
			清+清+清+浊 清+浊+清+清 清+浊+清+浊 清+清+清+清	浊+清+浊+浊 浊+浊+浊+浊 浊+浊+浊+清 浊+清+浊+清
AABB 型	清+清+浊+浊 浊+浊+清+清 浊+浊+浊+浊 清+清+清+清	ABCC 型	A+B+清+清	A+B+浊+浊
			清+浊+清+清 浊+清+清+清 清+清+清+清 浊+浊+清+浊	浊+浊+清+浊 浊+清+清+浊 浊+浊+浊+浊 清+清+浊+浊
ABCB 型	A+清+C+清	A+浊+C+浊		ABAB 型
	清+清+浊+清 浊+清+清+清 清+浊+清+清 清+清+清+清	清+浊+浊+浊 浊+浊+清+浊 清+浊+浊+浊 浊+浊+浊+浊		清+浊+清+浊 浊+浊+浊+浊 浊+浊+清+浊 清+浊+清+浊

实验二，音长考察。包括两项内容：（1）考察各音节间的间隔。即第一二、第二三、第三四音节之间的间隔以确定它们之间的疏远关系。（2）考察各音节的音长分布模式。即哪个音节最长（短）及相互关系等。声母的清浊及韵尾的舒促对单音节的音长均有可能产生一定的影响。同音高的考察类似，一方面各音节进入四音格这种固定格式后音长是否会得到规整实验前并不清楚；另一方面此处研究的主要目的是考察四音格音长搭配情

---

① 采用何种分类标准并不影响对四音格音高排列情况考察这一实验目的，这里只是依据现有语言事实、相关研究结果及类型学结论等尝试性地采用可能对音高排列情况有影响的分类标准。此外，这里的一些影响因素是单音节时的结论，四音格作为一种固定的格式，各音节进入四音格后上述因素到底是否发挥作用或作用有多大实验前不得而知。

况，而非究竟哪一因素对音长分布情况有明显的影响。同时，为减少机械性的分类工作，这里仍采用实验一中声母清浊的分类标准进行实验。

实验三，音强考察。利用实验一中各类型四音格的音强数据分析音强搭配规律。

三　切音规范

如前所述，本章旨在考察克木语曼蚌索话四音格音高、音长、音强等韵律参数搭配的情况，对切音的准确性和一致性要求较高，需要综合运用听感判断、声波图及语谱图分析等手段最终确定切分的边界。结合克木语曼蚌索话的语音特征及笔者的切音实践，制定出以下几条切音规范，尽可能涵盖本研究中可能出现的所有情况并且具有较强的可操作性，以下操作均在 praat 软件中进行。

第一，实验语音学研究仍离不开传统口耳之学的支持，"听"是切音中首要的也是最有效的判断方法。拿到录音材料后，首先通过反复听目标录音，粗略确定各音节的边界，之后再边听边移动光标对边界进行微调。

第二，通过观察和分析声波图及语谱图进一步确定音节的边界。下面首先介绍一些通用技巧，然后参考 Baart，林焘、王理嘉，孔江平等[①]著作，对元音、塞音、擦音、塞擦音、颤音、鼻音、边音、半元音等作为音节首和音节尾分别进行说明。

（一）切音中的通用技巧

1. 剪切目标录音文件时，可适当切的长一些，以便更准确地判断目标录音的边界点。

2. 为更清晰地观察声波图和语谱图，可选中边界前后的区域点击 sel 或 in 按钮对其放大。

3. 需要观察语谱图中的共振峰参数时，可以微调共振峰的参数设置（formant settings）中的共振峰极大值或显示个数使其更清楚地呈现在语图中。

[①] cf.: Baart, J. "A Field Manual of Acoustic Phonetics," *SIL International*, 2010；林焘、王理嘉：《语音学教程（增订版）》，王韫佳、王理嘉增订，北京大学出版社，2013；孔江平编著《实验语音学基础教程》，北京大学出版社，2015。

4. 两个性质相同或相似的音节连在一起需要切分时，由于很难明确地判断其边界，一般取两者的中点作为边界。例如：前一个音节以鼻音结尾，相邻的后一音节也是一个鼻音，通常就在两者的中间位置切分开。

5. 注意实际语流中的音变现象。如在前一音节以元音结束，后一音节以清辅音起始并后跟元音的情况下，其中的清辅音很有可能被浊化。

（二）与切音有关的元音和辅音声学特征

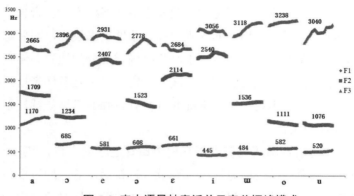

图 5-3 克木语曼蚌索话单元音共振峰模式

1. 元音。元音在声波图上表现为振幅较大的周期性波，在语谱图上表现为深色而清晰的共振峰横杠。克木语曼蚌索话单元音/a/, /ɔ/, /e/, /ə/, /ɛ/, /i/, /ɯ/, /o/, /u/等的前三个共振峰数值要烂熟于心（见图5-3），这对语谱图的识别极为重要。元音的起点通常为周期性波起始的地方，终点通常为第二共振峰（F2）结束的地方，有时亦需参考声波图。

2. 塞音。塞音的发音过程包括成阻（approach）、持阻（hold）和除阻（release）三个阶段。塞音的音长主要包括持阻和除阻两段，后一阶段在语谱图上均表现为冲直条，一般为一条，舌根塞音则不止一条，可能为两条或者三条等①；清塞音中，前一阶段在语谱图上表现为冲直条前的一段空白，声波图上也为空白；浊塞音由于除阻前声带便开始振动，前者在语谱图上表现为冲直条前的一低频横杠，声波图上表现为振幅较小的周期性波。此外，还需说明的是清不送气塞音到冲直条处发音便结束了，而清送

---

① 具体原因可参考孔江平编著《实验语音学基础教程》，北京大学出版社，2015，第106页。

气塞音冲直条后还有一送气段，送气段的实质为喉清擦音/h/，在语谱图上表现为淡淡的、分布较广的乱纹，在声波图上表现为振幅极小的不规则的波。由于本书要考察各音节间的时间间隔，塞音在标注时宜把冲直条前的空白段考虑在内，统一按 30ms 计算。为更直观地说明塞音的组成部分，对其总结如下，其中括号后的时长为约数，可根据实际情况有所变动。

浊塞音：低频横杠（30ms）+冲直条（10ms）。

清不送气塞音：空白段（30ms）+冲直条（10ms）。

清送气塞音：空白段（30ms）+冲直条（10ms）+喉擦音/h/（30ms）。

依据以上说明可比较容易地判断声母位置的塞音起点。塞音处于韵尾位置时不易辨别，可观察到冲直条的以冲直条为准；观察不到冲直条的一般以元音结束的地方算作终点。若欲精确地确定塞音韵尾的位置需使用喉头仪进行测量。

3. 擦音。声波图上，清擦音在表现为振幅较小的不规则的波；浊擦音表现为振幅较小的周期性的波。语谱图上，擦音均表现为雨淅状乱纹，其中浊擦音的低频部分有一较浓的横杠，中高频部分也有不太明显的共振峰，而清擦音均无这两类征象。擦音的始末位置相对容易辨别，可通过声波图上的波纹或语谱图上乱纹的起点和终点来判断。

4. 塞擦音。塞擦音是塞音和擦音的结合，粗略地说语谱图上表现为冲直条加乱纹，要视具体情况综合两者做更详尽地说明。

5. 颤音。声波图上，颤音中间部分连续有几个中等大小振幅的周期性的波，颤音两端的波振幅极小。语谱图上，颤音表现为极细、相距极近的几条冲直条。颤音的始末位置主要通过声波图，同时参考语谱图的特征来判断。

6. 鼻音和边音。鼻音和边音的性质类似于元音，但比元音的能量弱。其声波图和语谱图均和元音相似。声波图上表现为比元音振幅小的周期性波。语谱图上表现为比元音弱、颜色淡一些的共振峰横杠。鼻音的 F2 往往较弱，有时甚至消失；边音 F2 以上的共振峰都比较弱，有时只显示出一个低频的横杠。同元音相似，鼻音和边音的起点通常为周期性波起始的地方，终点通常为 F2 结束的地方。

7. 半元音。半元音/j/, /w/和可分别参考元音/i/, /u/来判断。

四 声学参数提取与计算方法

实验中使用 Xu 开发的 ProsodyPro5.5.2 脚本①在 praat 软件中对所有四音格录音文件进行处理。该脚本程序的工作界面如图 5-4 所示，自上而下共三个窗口，第一个窗口（Pause）用于控制分析的进展；第二个窗口（TextGrid）中是当前声音文件的波形图和语图，可在该窗口底部的 TextGrid 层进行标注；第三个窗口（PointProcess）是该脚本程序提取出的该声音文件的脉冲线，可在该窗口中手工对基频值提取有误的地方进行修改，错误一般出现在音高曲线陡升或陡降处或脉冲线间距不一致的地方。

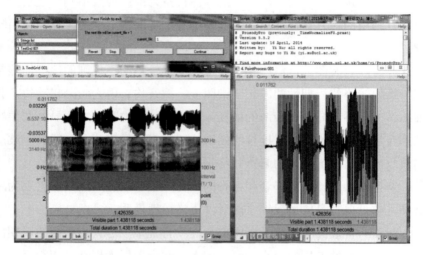

图 5-4 ProsodyPro 脚本在 praat 中运行后的工作界面

提取各音节实际归一化音高值（actutimenormf0）、时长均值（mean duration）及音强均值（mean intensity），再将数据导入 Excel 中求两位发音人的平均数据②，并做出相应图表。此外，还使用 SPSS16.0 对有关数据进行推理性统计检验，主要包括独立样本的 t 检验和单因素方差分析。

---

① Xu, Y. (许毅). "ProsodyPro—A Tool for Large-scale Systematic Prosody Analysis," Proceedings of Tools and Resources for the Analysis of Speech Prosody (TRASP 2013), Aix-en-Provence, France, August, 2013: 7-10.
② 在往 Excel 中导入 F0 数据时，要留意观察有无异常值，异常值通常表明基频提取有误，需重新修改基频再次提取。

第二节　实验结果

一　音高结果

（一）四音格音高排列的总体情况

对六种类型 36 个小类所有清浊搭配的四音格音高数据统计分析后，得到了音高排列的情况（见图 5-5）。

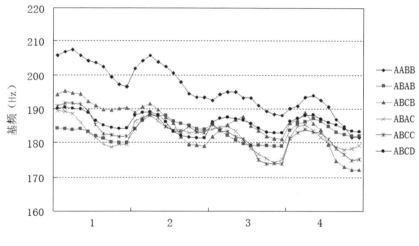

图 5-5　六种类型音高排列的情况

鉴于各类型中四个音节音高走势相似，进一步对六种类型的音高数据进行平均后得到了四音格音高排列的总体情况（见图 5-6）。从以上两图中可以看出，克木语曼蚌索话四音格的音高排列呈总体下降走势，四个音节的音高均有明显的下倾趋势，第二及第四音节音高变化更趋陡急，第一、二音节与第三、四音节分属两个不同的音高域。

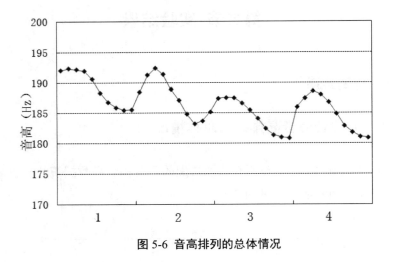

图 5-6 音高排列的总体情况

（二）声母清浊对四音格音高排列的影响

前文已指出"从语言演化的视角看，克木语曼蚌索话中声母的清浊可能会对四音格各音节的音高排列产生一定的影响"。为进一步探讨该问题，这里挑选最能说明该问题的四音格形式"清+清+浊+浊"及"浊+浊+清+清"进行分析。这两种形式在 AABB 型和 ABCC 型中各有一小类，对所有例子进行实验后，分别得出如图 5-7、图 5-8 所示的音高排列情况。

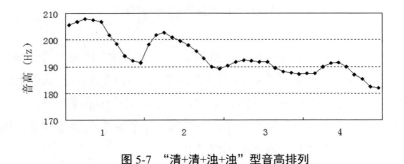

图 5-7 "清+清+浊+浊"型音高排列

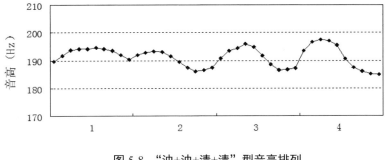

图 5-8 "浊+浊+清+清"型音高排列

图 5-7 中清声母音节的音高明显高于浊声母音节，可视为前一部分中"四音格音高排列的总体情况"的加强版。图 5-8 中清声母音节的音高也略微高于浊声母的，而且音高域较之浊声母也更宽一些。这些事实均说明声母清浊对四音格的音高排列有一定的影响，但作用非常有限，主要还是受四音格之格律的制约。

（三）声母四清或四浊搭配的四音格音高排列

为排除清浊对音高排列的影响，挑选出所有"清+清+清+清"（简称"四清"）或"浊+浊+浊+浊"（简称"四浊"）小类的四音格进行实验。AABB 型、ABAB 型、ABCB 型、ABAC 型及 ABCC 型中各包含一小类"四清"或"四浊型"的四音格，"四清"及"四浊"的五小类例语各音节音高参数提取汇总后分别得出其音高排列情况，如图 5-9、图 5-10 所示。

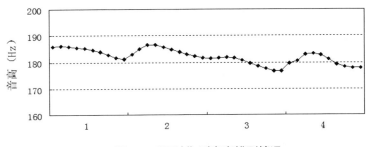

图 5-9 "四浊"型音高排列情况

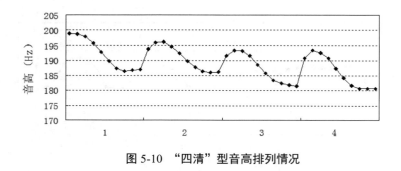

图 5-10　"四清"型音高排列情况

从图 5-9 和图 5-10 中可以看出，"四清"或"四浊"型的四音格音高排列情况与前文中"四音格音高排列的总体情况"类似，区别在于"四清"型音高域比"四浊"型的宽，这从一个侧面也表明声母的清浊搭配对四音格的音高排列有一定的影响。

二　音长结果

（一）四音格各音节间的间隔

从发音人母语语感直觉、笔者的听感判断及本节第一部分音高排列情况看，克木语曼蚌索话四音格为 2+2 的节奏模式。音节间隔对这种节奏模式的产生是否有贡献力，为此笔者做了如下考察。从 6 类四音格中随机各挑出 30 个例子统计出它们第一二、第二三、第三四音节之间的间隔（分别记作 d1、d2、d3），发现总体数据的平均值显示：$\overline{d1}<\overline{d2}>\overline{d3}$，但例外约占 1/3，进一步的单因素方差分析结果表明，d2 与 d1、d3 之间的差别无显著性差异（$p=0.863>0.05$）。可见，音节间隔并非造成 2+2 式语感的稳定因素。后文将对该问题进一步展开讨论。

（二）　四音格各音节音长分布的总体情况

对六种类型 36 个小类所有清浊搭配克木语曼蚌索话四音格各音节音长及前后两个音节音长之和数据统计分析后，分别做出了如图 5-11 和图 5-12 所示的音长分布的总体情况。

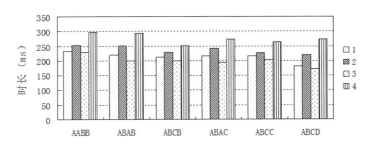

图 5-11 四个音节音长分布

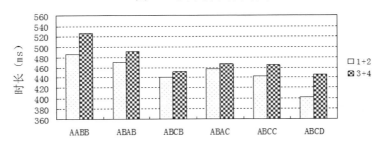

图 5-12 前后两个音节音长之和分布

图 5-11 表明四音格中，各音节音长分布的总体情况是：（1）第二音节长于第一音节，第四音节长于第三音节，（2）第四音节最长，第二音节次长，第三音节最短。这里附带说明一下第四音节音长与停顿前延音效应（the effect of pre-pause lengthening）的关系。[1]李晓华、陈玉东、邹煜的研究发现普通话新闻播音四音节词在非重音、非轻音、非词尾位置的音长分布情况是：第四音节最长，第一音节次长，中间第二、三音节较短[2]；邓丹、石锋、吕士楠研究了普通话朗读语料中不同等级停顿边界四音节韵律词的音长分布，发现有少许停顿边界（韵律词边界）的四音节韵律词中第四音节最长，第一音节次之，第二音节最短，并且停顿会造成其前音节延长，停顿等级与延音程度成反比关系。[3]这两项研究中停顿边界相似且都很小，停顿造成的延音也很小，结论都是第四音节最长，即类似情况的

---

① Klatt, D. H. "Linguistic uses of segmental duration in English: acoustic and perceptual evidence," *Journal of the Acoustical Society of America*, 1976(5).

② 李晓华、陈玉东、邹煜：《普通话四音节组合音高和音长分析》，第七届中国语音学学术会议暨语音学前沿问题国际论坛，北京，2006。

③ 邓丹、石锋、吕士楠：《普通话四音节韵律词的时长分析》，《世界汉语教学》2007年第4期。

停顿对实验结果无实质性影响。本研究中，四音格被置于负载句中，其停顿等级与上述两项研究相似，第四音节音长与停顿前延音效应的关系可以忽略。

对于规律（2），每种类型中都有少数例外，但几乎所有例子都至少遵循规律（1），下文将结合实例对其进行分析。例如：pə（不）kɔˀ（等）hɛi（已经）rɔːt（到）"突然"中，第三音节长于第一音节，但仍遵循第二音节长于第一音节，第四音节长于第三音节；又如：gət（想）bɯan（敢）lau（说）bɯan（敢）"敢想敢说"、 jɛt（住）m̥əˀ（哪）mah（吃）ŋ̊iˀ（哪）"四海为家"等。

四音格的结构形式可视为是语音、语义、语法等各种动因交互竞争而产出的最优形式。极少数违反规律（1）的往往是语法或语义作用强于语音作用。语法作用强于语音作用的例子如：ŋkoˀ（穿）tɛːp（衣服）wan（穿）teu（裤子）"穿衣服"中"动词+宾语"的语法作用凸显；语义作用强于语音作用的例子如：briˀ（森林）kɯt（茂密）briˀ（森林）kɛ（老）"深山老林"，"茂密→老"符合人们的直观判断，首先映入眼帘的是"茂密"，然后才推理出其拥有"古老"的历史，语义作用强于语音。可见，语法和语义在一定范围内有对四音格的排列有规定性作用。

图 5-12 表明四音格中，后两音节音长之和大于前两音节音长之和。以上有关音长分布的规律说明音长是四音格中较为稳定的韵律调节因素。

此外，配音式四音格如：taŋ（全）lɔːh（身体）taŋ（全）lit（配音）"全身"、 kʰrah（笑）dɔːm（非常美）dzum（微笑）jɔ（配音）"笑嘻嘻"、 vɔːk（勾）vɔːk（勾）vɔi（配音）vɔi（配音）"久盼不归"等，第四音节作为配音通常不表义，但其音长也是最长的，这更进一步说明了音长对四音格韵律调节的稳定作用。

上述提到的少数违背音长分布规律（2）的四音格一方面是由于一些音节的固有音长较长（含有擦音/s/，塞擦音/tɕ/、/dz/，鼻音/m/、/n/、/ŋ/，边音/l/，颤音/r/，清化的音/ɣ̊/、/l̥/，半元音/j/，双元音、三合元音、长元音等，或包含前加音节等），尽管在四音格中其音长受到规整变短了一些，但尚不符合四音格标准格式的音长分布，另一方面是由于语法或语义的作用强于语音的作用而被迫屈从于前者，或两方面兼有。如：kək kək jɔr jɔr

"结结巴巴"中第三、四音节同时含有半元音/j/和颤音/r/，第三音节长于第一音节；pok（咬）pok（咬）miaŋ（嚼）miaŋ（嚼）"嚼东西的样子"中第三、四音节同时有鼻音/m/、/ŋ/和双元音/ia/，第三音节长于第一音节；si:n（熟）si:n（熟）ʔaŋ（生）ʔaŋ（生）"半生不熟"中第一、二音节中同时含有擦音/s/、鼻音/n/和长元音/i:/，第二音节长于第四音节；pok（咬）ɣa:ŋ（牙）ga:t（切齿）huɯl（齿龈）"咬牙切齿"中，第二音节同时含有清化的颤音/ɣ/、鼻音/ŋ/及长元音，固有音长长于第四音节，在四音格中规整后仍略长于第四音节。ļian（出）tum（疮）ļian（出）pleʔ（痘）"出水痘"中，第一、三音节同时含有清化的边音/ļ/、双元音/ia/及鼻音/n/，固有音长长于第二、四音节，同时"动词+宾语"的语法限制强于语音的作用；siaŋ（声音）tə:m（唱歌）ləvaŋ ləvaŋ（摹声）"引吭高歌"中第一音节同时包含擦音/s/、双元音/ia/和鼻音/ŋ/，固有音长长于第二音节，同时"中心语+定语"的语法限制强于语音的作用；tɛ:ŋ（做）ʔnɛ（又）mah（吃）ʔnɛ（又）"边吃边做"中第二、四音节的固有音长短于第一、三音节，在四音格中规整后仍然如此，这里"…ʔnɛ…ʔnɛ"作为一种固定结构，语法的作用强于语音的作用。语义与语音交互竞争的例子如：ʔmak（打）ja:m（哭）ʔmak（打）ja:m（哭）"打哭"中 ja:m 处在ʔmak 后面，其语义为常规意义，语音上也符合音长分布规律；但 ja:m（哭）ʔmak（打）ʔmak（打）ja:m（哭）"边哭边打"中，语音上违背音长分布规律的原因在于其语义表达的是非常规意义，即语义的作用强于语音的作用。又如：kʰron（收缩）tiʔ（手）kʰron（收缩）dzɯaŋ（脚）"全身收缩"中，第二音节固有音长短于第一音节，四音格中规整后依旧如此，违背上述音长分布规律（1），这主要是由于语义上的制约"手→脚"强于语音的作用。

（三）四音格之格律对音长的规整

从上一小节可知，不论四音格各音节的固有音长如何，只要进入四音格中，其音长可被延长，亦可被缩短，即四音格之格律对音长有一定的规整作用，亦可形象地称其为"格式化"。这里通过比较同一音节在四音格中不同位置时音长的变化来进一步验证该现象。具体包括以下四个方面。

1. 对第一、二音节音长的规整

这里通过考察 AABB 型四音格中第一、二音节的音长来看格律对第一、二音节音长的规整。统计数据结果显示，所有 AABB 型四音格的第二音节均长于第一音节，而且独立样本 t 检验的结果也表明第一、二音节的音长之间存在显著性差异（$p=0.018<0.05$），即其他条件相同时，四音格之格律有使第二音节音长变长、第一音节缩短的趋向。

2. 对第三、四音节音长的规整

这里通过考察 AABB 型和 ABCC 型中第三、四音节的音长来看格律对第三、四音节音长的规整。统计数据结果显示，所有 AABB 型和 ABCC 型四音格的第四音节均长于第三音节，而且独立样本 t 检验的结果也表明第三、四音节的音长之间存在显著性差异（$p=0<0.05$），即其他条件相同时，四音格之格律有使第四音节音长变长、第三音节缩短的趋向。

3. 对第二、四音节音长的规整

这里通过考察 ABAB 型及 ABCB 型中第二、四音节的音长来看格律对第二、四音节音长的规整。统计结果显示，所有 ABAB 型和 ABCB 型四音格的第四音节均长于第二音节，而且独立样本 t 检验的结果也表明第二、四音节的音长之间存在显著性差异（$p=0.039<0.05$），即其他条件相同时，四音格之格律有使第四音节音长变长、第二音节缩短的趋向。

4. 对第一、三音节音长的规整

这里通过考察 ABAB 及 ABAC 型中第一、三音节的音长来看格律对第一、三音节音长的规整。统计数据结果显示，所有 ABAB 型和 ABAC 型四音格的第一音节均长于第三音节，而且独立样本 t 检验的结果也表明第一、三音节的音长之间存在显著性差异（$p=0.033<0.05$），即其他条件相同时，四音格之格律有使第一音节音长变长、第三音节缩短的趋向。

以上四音格之格律对音长规整的结论也在一定程度上进一步支持了前文得出的四音格音长总体分布情况的规律，即"第二音节长于第一音节，第四音节长于第三音节，第四音节最长，第二音节次长，第三音节最短"。

三　音强结果

六种类型 36 个小类四音格各音节的音强搭配如图 5-13 所示，各小类四个音节的音强搭配趋于均衡，没有哪一音节的音强较为凸显。此外，对六种类型四音格各音节音强进行了单因素方差分析检验，结果也表明各音节的音强间无显著性差异（$p=0.777>0.05$）。这些证据均说明音强对克木语曼蚌索话四音格韵律的调节作用很小。

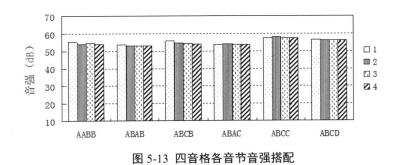

图 5-13 四音格各音节音强搭配

第三节 讨论

对克木语曼蚌索话四音格韵律特征的实验语音学研究发现，克木语曼蚌索话四音格有完整而稳定的韵律模式，具体表现如下。

一 四音格的韵律模板

克木语曼蚌索话四音格的实际音高模式为：四个音节的音高排列呈总体下降走势，且均有明显的下倾趋势，第二及第四音节音高变化更趋陡急，第一、二音节与第三、四音节分属两个不同的音高域。基本音长模式为：第二音节长于第一音节，第四音节长于第三音节；第四音节最长，第二音节次长，第三音节最短。各个音节的音强趋于均衡。总体看来，稳定的音高、音长规则加上分布均衡的音强搭配就像一个三维韵律模板，把克木语曼蚌索话四音格的韵律框住。克木语曼蚌索话四音格中，声母的清浊搭配对音高排列进而对韵律模式有一定的影响，但作用很小，主要还是受"三维韵律模板"的支配。

二　四音格的节奏模式

广义上，"节奏是宇宙中自然现象的一个基本原则"，例如：寒往暑来、昼夜更替、朝代更迭、秋收冬藏等。[①]语言学中"节奏"的概念一般指"音节轻重交替的序列"。[②]前文已指出克木语曼蚌索话四音格母语人语感及听感判断上为 2+2 的节奏模式，这里通过对整个实验结果的分析、配音式四音格及含有前加音节的四音格的结构特征等三个方面来论证这一初步判断。

第一，从整个实验结果综合来看，这一节奏模式的形成并非主要体现在音节间的间隔上，而主要体现在第二、四音节的音长分布和音高走势变化及四个音节音高域的区分上。具体地，第四音节最长、第二音节次长，使四音节整体具有"短长短长"的节奏模式；音高方面第二、四音节走势陡急，使这两个音节音高表现最为凸显，且第一、二音节与第三、四音节分属两个不同的音高域内。

第二，在以双音节为基础加配音构成四音格时，后两个音节也是根据前两个音节的语音形式来和谐的，具体表现为第三音节完全重复第一音节，第四音节与第二音节部分和谐，这一事实也是 2+2 节奏模式的有力证据。

第三，sər ʔeːŋ（想念）kloːŋ（心脏）ŋɯam（心里）"惦念、挂念"等前加音节在格首位置的四音格，前加音节和主音节均为独立音节，而且合在一起是一个联绵词，自然是一个整体，也符合 2+2 的节奏模式。前加音节在其他位置的四音格，如 sih（睡）m̩ poʔ（梦）pə（不）roːt（到）"始料未及"，ʔuːn（留）kə muːl（钱）kʰroːn（堆积）kə muːl（钱）"存钱"等，节奏模式以格律所要求的四个音节为基础，也呈现 2+2 的节奏模式。

三　四音格的重音模式

重音的概念及其相关影响因素在本书第二章第三节已经提及。克木语曼蚌索话四音格为右重结构，首要表现在韵律特征中音长分布和音高搭配

---

① 朱光潜：《诗论》，国民图书出版社，1943，第 155 页。
② 端木三：《音步和重音》，北京语言大学出版社，2005，第 4 页。

上，其次表现在语音结构特征的音节轻重搭配上，呈现出[轻中轻重]的基本重音模式。

韵律特征中，音长方面右重具体表现为音长分布的稳定性：在 2+2 的节奏模式中，第二音节长于第一音节、第四音节长于第三音节，且后两个音节之和长于前两个音节之和；音高方面右重具体表现为音高排列的凸显性：在 2+2 的节奏模式中，第二、四音节走势比较陡急，且前后两个音高域的最低点分别位于这两个音节上。

语音结构特征中，右重具体表现为一些类型四音格音节轻重搭配上：在 2+2 的节奏模式中，AABB 型、ABAB 型及 ABAC 型前后音节的元音总体上呈现出前单后双、前短后长、前暗后响的特征等，尽管有少部分例外。前单后双的，如：lɛh（疾）lɛh（疾）vɛi（快）vɛi（快）"迅速地"，la:k（骗）gi（这）la:k（骗）nai（那）"骗这骗那"①；前短后长的，如：trɔʔ（漂亮）trɔʔ（漂亮）dɔ:m（靓丽）dɔ:m（靓丽）"漂漂亮亮"，ʔəh（做）ʔu:n（留）ʔəh（做）ʔu:n（留）"留存"，pəʔ（无）mah（饭）pəʔ（无）m̥a:r（盐）"食不果腹"；前暗后响的，如：ru（拉）ru（拉）raʔ（抢）raʔ（抢）"拉拉扯扯"，kəh（倒）ʔom（水）kəh（倒）la（茶）"端茶倒水"，pən（每）kʰan（层）pən（每）kʰan（层）"一层层"。

此外，克木语曼蚌索话四音格中，各音节音强的分布趋于均衡，结合本部分的结论，可以推知音强对克木语曼蚌索话重音基本不起作用，该语言重音的声学相关物主要是音高和音长。此外，由于音长受固有音节长短及停顿前延音等因素的影响，有一定的误差且不够稳定，相比而言，音高对重音的作用更大。这与英语、汉语等大多数语言的重音情况相似。

---

① ABAC 型四音格中通过考察非重叠的第二、四音节语音结构特征来判断其轻重搭配，下同。

第四节 曼蚌索话与老挝克木仍话四音格韵律特征比较

一 老挝克木仍话四音格韵律特征的实验研究

为更全面地认识克木语各方言中四音格的本质特征，本节以博乔老挝克木仍话四音格为语料，采用第一节的实验设计来考察其音高、音长和音强的搭配情况，并与克木语曼蚌索话四音格进行对比。[1]录音由笔者完成，发音人为两名成年男性，均为老挝南塔县土生土长的克木族人，母语为克木仍话。[2]音高考察包括：（1）音高搭配规律考察。为排除声调的影响，挑选四个音节声调全部相同的词，考察实际音高搭配规律。（2）类型考察。三个声调在四个音节中共有 79 种搭配关系，从中挑选例词最多的三类进行考察。音长方面主要考察四个音节中哪个音节最长（短）及相互关系等。音强方面考察各音节的音强的分布情况。

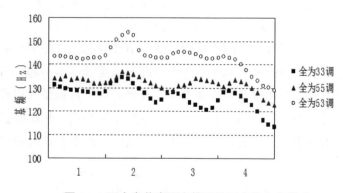

图 5-14 四个音节声调全相同的四音格音高模式

音高考察的结果分别从以下两方面来阐述。第一，四个音节声调全部相同的例词的音高模式如图 5-14 所示，全为 33 调、55 调及 53 调的三类四音格音高曲线变化趋势均相同，即四个音节的最高点在第二音节、最低

---

① 博乔：《老挝克木语四音格词研究》，中央民族大学硕士学位论文，2014。
② 两位发音人的姓名分别是：Mr. Chanhsouk Xaysudasy 及 Mr. Thongvanhxay Manpadith.

点在第四音节，且总体看来四个音节有明显的下倾趋势。

第二，声调搭配类型例词最多的三类四音格分别是 33+55+33+33、33+55+33+55、33+53+33+55，它们音高变化的总体趋势与前一考察结果相同，如图 5-15 所示。

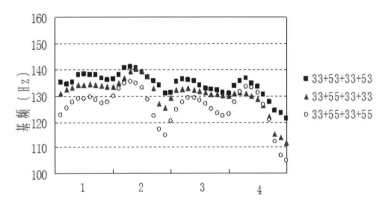

图 5-15 声调搭配类型数量最多三类的四音格音高模式

音长结果考察结果发现，在 34 个小类中，有 32 个小类都符合第四音节最长，第二音节次长；第二音节长于第一音节，第四音节长于第三音节（见图 5-16），只在 ABCC 型中有 2 个小类例外，是由语义因素造成的。

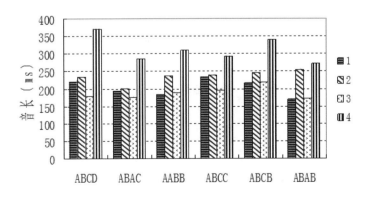

图 5-16 克木仿话四音格各音节音长分布

　　而关于第一二音节和与第三四音节音长之和的关系，34 个小类及六种类型的四音格词的平均数据都符合"3+4＞1+2"的规律（见图 5-17）。

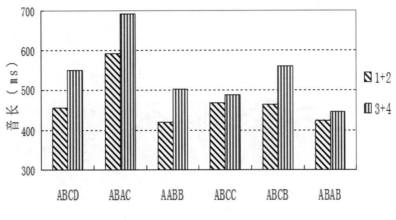

图 5-17 克木仍话四音格前后两音节音长之和分布

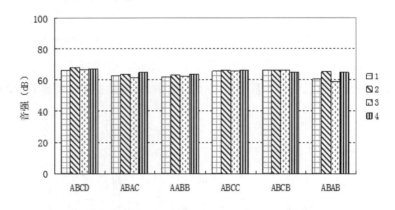

图 5-18 克木仍话四音格各音节音强搭配

　　关于音强考察结果，六种类型 34 个小类四音格的音强平均数据（见图 5-18）显示，四个音节的音强搭配分布均衡。而且所有小类中四个音节的音强数据单因素方差分析检验的结果也表明各类间无显著性差异（p=0.411＞0.05）。这说明音强在老挝克木仍话四音格排列中的作用很小。

二　克木语曼蚌索话与老挝克木仍话四音格韵律特征比较

（一）四音格韵律模板的比较

如前所述，克木语曼蚌索话四音格在韵律上主要受音高、音长和音强组成的三维韵律模板的支配。在老挝克木仍话四音格中，稳定的音高、音长和音强也组成一个三维韵律模板，把老挝克木仍话四音格的韵律框住，但音高、音长在具体表现上有所不同。

音长方面，老挝克木仍话四音格的音长模式只在 ABCC 型四音格的一些小类中有例外存在，是由于语义作用在这些小类中作用超过语音而造成的。克木语曼蚌索话四音格的音长模式则有分层性，"第二音节长于第一音节，第四音节长于第三音节"是恒定的规则，所有四音格无一例外地遵循之；而"第四音节最长，第二音节次长，第三音节最短"在每一大类中都有例外，原因在前面已经详细说明过，这里不再赘述。

音高方面，老挝克木仍话四音格的第二、四音节分别为四音格音高的上下限，音高表现最为突显。克木语曼蚌索话四音格的音高模式则更为复杂，音高主要通过音高域区别及走势的陡缓来凸显。这些差异也在一定程度上反映出声调处于萌芽状态的老挝克木仍话比无声调的克木语曼蚌索话语言系统更加成熟，韵律表现手段的更具简约性和经济性。

（二）四音格节奏模式的比较

前述研究表明克木语曼蚌索话四音格呈现 2+2 的节奏模式，主要体现在母语人的语感和听感判断、音高及音长的搭配、配音式及含有前加音节的四音格的构成特点等方面。老挝克木仍话四音格的节奏模式与此相同，也表现为 2+2 的节奏模式，而且归为此种节奏模式的理据也大致相同，不同点仅表现在音高的具体实现方式不同，老挝克木仍话四音格的音高排列表现为第二、四音节分别为其音高的上下限，使这两个音节最为凸显，并无克木语曼蚌索话四音格前后两个音节分别处于两个不同音高域的表现。

值得注意的是，与克木语曼蚌索话四音格稍有不同，老挝克木仍话四音格中的前加音节和主音节与其他独立音节的语音地位一样，往往作为一个独立的音节而存在，这是由于萌芽期的声调增强了前加音节的独立性，如：kə³³ ta:m⁵³（螃蟹）kaˀ⁵⁵（鱼）ˀom⁵³（水）"水生动物"。声调的存在巩固了前加音节的语音地位，使其总是作为一个独立的音节；而克木语曼蚌索话中由于没有声调，致使前加音节的语音地位不够固定。因此，在含有前加音节的四音格中，老挝克木仍话的情况是前加音节和其他独立音节的语音地位一样，符合 2+2 的节奏模式；而克木语曼蚌索话则以格律所要求的四个音节为基础，呈现 2+2 的节奏模式。

（三）四音格重音模式的比较

前文已经指出克木语曼蚌索话呈现出[轻中轻重]的基本重音模式，体现在韵律特征中音高和音长的搭配上及语音结构特征的音节轻重搭配上。老挝克木仍话四音格也表现为[轻中轻重]的基本重音模式，而且促成这种韵律模式的韵律特征和语音结构特征也基本相同，不同点仅在于两种方言四音格的音高排列模式稍有不同，前文已经提及，此处从略。

本章采用语音实验的方法对克木语曼蚌索话四音格各音节间的音高、音长、音强等声学参数进行提取，并从四个音节的音高排列、声母清浊对音高排列的影响、音节间的间隔、音长分布、四音格对各音节音长的规整及音强搭配等六个方面对实验结果进行呈现。在此基础上，结合第二、三、四章对四音格结构描写的有关分析重点讨论了克木语曼蚌索话四音格的韵律模板、节奏模式、重音模式，并顺带讨论了四音格中前加音节的语音地位、语义和语法作用与语音作用的竞争等问题，即克木语曼蚌索话四音格中呈现出稳定的"三维韵律模板"、2+2 节奏模式、[轻中轻重] 右重型的基本重音模式，前加音节在四音格中有相对灵活的语音地位，语义、语法在一定范围内对四音格有规定性作用。

此外，本章还对老挝克木仍话四音格的韵律特征进行了实验研究，并对比分析了克木语两种方言四音格的共性和差异。两种语言在基本词汇方面大体相同，主要差异在于声母清浊及声调有无，各自方言中的四音格的韵律特征的共性较多，也有一定的差异。就差异来说，较为原始的无声调的克木语曼蚌索话四音格韵律表达手段更为烦琐且例外较多，而较为现代的有声调老挝克木仍话四音格韵律表达手段略有简化且例外较少。这些发现为语言类型学研究尤其是四音格的理论研究提供了重要线索。

通过以上研究可知克木语曼蚌索话四音格之所以称为"格"的主要原因在于语音中音长、音高、音强构成了稳定且制约性强的"三维韵律模板"，与声母清浊形式关系不大。而韵母长短、元音开口度、语音配音和谐等组合关系，都是语言使用表层构成成分对这个"三维韵律模板"的配合表现。四音格这种完整而稳定的韵律模式对语言信息处理极为重要，母语人一开始说四音格就按照一个完整的韵律模式处理，有鲜明的可预见性，有利于其高效率地表达明确而完整的语义。另外，在四音格研究中，把语音韵律特征和语音结构特征结合起来分析，有利于了解因音节结构不同、声调系统发展情况不同而造成的不同语音外显特征与内部特征的关系，厘清本末，从而加深对四音格本质特征的认识。

第六章 克木语四音格的韵律形态学分析

第二至五章的研究发现克木语曼蚌索话四音格有如下一些基本特点：形式上均由四个韵律单位组成，语音上遵循一定的声韵和谐规律及[轻中轻重]的基本重音模式，语法上结构紧密，语义上表达一个整体含义，是一种相对独立的语言单位。然而，上述发现并未回答"它究竟是如何产生的""为什么它可以成为一种独立的语言单位"等问题。为此，本章拟运用韵律形态学理论来尝试回答这两个问题。下文首先介绍韵律形态学的基本原理，接着结合具体语料和相关理论来确定该语言的"音步和韵律词"，在此基础上从韵律形态学的角度对该语言的四音格的部分类型进行分析。

第一节 韵律形态学要义

一 形态学与韵律形态学

从词源学的角度看，"形态学"（morphology）一词中，morph 的希腊语词源意为"形式、形状"之意，-ology 则表示"对某一学科的研究"，即"形态学"是指对形式、形状的研究。一般认为"形态学"这一术语为德国著名作家和哲学家歌德（Goethe）于 19 世纪初所创造，且首先用于生物学中，指对有机体形状和结构的研究。[1]19 世纪后半叶，德国历史比较语言学家施莱赫尔（Schleicher）将这一术语正式引入语言学领域，指屈折变化（inflection）和构词（word-formation）两部分内容。[2]语言学形

---

[1] Aronoff, M. and Fudeman, K. *What Is Morphology (2nd edition)*, Wiley-Blackwell, 2011: 1-2.
[2] 叶起昌：《导读》，载斯宾塞、茨威克编《形态学研究指南》，北京大学出版社，2007，第 F2 页。

态学（linguistic morphology）是语言学的一个分支，亦称"词法学"，主要研究词的内部结构与构词两方面的内容。

词处于音系学、句法学及语义学三者接口研究的位置上。[①]一方面，形态学毫无疑问是语言学的核心内容；另一方面，同时又与上述诸学科之间均存在接口研究的可能。其中，音系学与形态学的接口主要研究形态操作过程中语音的制约作用，即韵律形态学（prosodic morphology）。

二　韵律形态学理论

韵律形态学研究源于麦卡锡（McCarthy）、马兰茨（Marantz）、伊普（Yip）、布罗兹洛（Broselow）等学者对阿拉伯语、希伯来语等闪含语系语言非连续性（nonconcatenative）构词现象[②]的研究。[③]这些研究中引入了"韵律模版"（prosodic template）的概念，使用莫拉（mora，μ）、音节（syllable，σ）、音步（foot，Ft 或 Σ）、韵律词（prosodic word，PrWd 或 ω）等韵律单位而非先前的元音、辅音、X 空位等对其进行界定。之后，麦卡锡、普林斯（Prince）提出了韵律形态学理论的三个基本命题[④]，即韵律形态学假说（prosodic morphology hypothesis）、模版满足条件（template satisfaction condition）和韵律边界范域（prosodic circumscription of domains）。优选论产生后，麦卡锡、普林斯在此框架下对上述三个基本命题进行了修订，提出了新韵律形态学理论[⑤]，同样包括

---

① Spener, A. and Zwicky, A. M. "Introduction" in *The Handbook of Morphology*, Peking Universtiy Press, 2007: 1.

② 这些语言中，词根通常由 3 个辅音组成，元音中缀添加于其中。例如：希伯来语中，有一组词根为 M-L-K 的词，元音添加于这些辅音模式中来构词，这种现象在形态学上被称为"词根和模式形态学"（root-and-pattern morphology）。

③ cf.: McCarthy, J. *Formal Problems in Semitic Phonology and Morphology*, Ph.D. Dissertation, Massachusetts Institute of Technology, 1979; McCarthy, J. "A prosodic theory of nonconcatenative morphology," *Linguistic Inquiry*, 1981(3); Marantz, A. "Re Reduplication," *Linguistic Inquiry*, 1982(3); Yip, M. "Reduplication and CV-skeleta in Chinese secret languages," *Linguistic Inquiry*, 1982(4); Broselow, E. and McCarthy, J. "A theory of internal reduplication," *The Linguistic Review*, 1983(1).

④ cf.: McCarthy, J. and Prince, A. S. *Prosodic Morphology* (manuscript), University of Massachusetts, Amherst, MA and Brandeis University, Waltham, MA, 1986; McCarthy, J. and Prince, A.S. "Prosodic Morphology and Templatic Morphology" in M. Eid and J. McCarthy, eds, *Perspectives on Arabic Linguistics: Papers from the Second Symposium*, Benjamins, 1990: 1-54.

⑤ cf.: McCarthy, J. and Prince, A. S. *Prosodic Morphology I: Constraint Interaction and Satisfaction* (manuscript), University of Massachusetts, Amherst, MA and Rutgers University, New Brunswick, NJ, 1993.

三个基本命题，即新的韵律形态学假说、新的模版满足条件和排序图式（ranking schema）。此外，麦卡锡、普林斯还提出了优选论框架下分析叠音的对应理论。①下文首先简要介绍莫拉、音节、音步、韵律词等韵律层级单位，然后依次论述韵律形态学的核心理论：韵律形态学理论的三个基本命题、新韵律形态学理论及叠音的对应理论。

（一）韵律层级单位

音系学中，韵律形态学理论以韵律层级为基础。麦卡锡、普林斯构建了如图 6-1 所示的韵律层级。

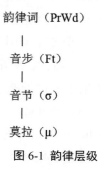

韵律层级（Prosodic Hierarchy）

韵律词（PrWd）

|

音步（Ft）

|

音节（σ）

|

莫拉（μ）

图 6-1　韵律层级

资料来源：McCarthy, J. and Prince, A. S. *Prosodic Morphology I: Constraint Interaction and Satisfaction* (manuscript), University of Massachusetts, Amherst, MA and Rutgers University, New Brunswick, NJ, 1993: 45.

莫拉是韵律层级中最低层的韵律单位，用于计量音节重量。通常情况下，节首辅音不计莫拉，短元音或韵尾辅音计一个莫拉，长元音或双元音计两个莫拉。轻音节（light syllable）只包含一个莫拉，重音节（heavy syllable）包含两个或两个以上个莫拉。

---

① McCarthy, J. and Prince, A.S. "Faithfulness and reduplicative identity" in J. Beckman, L. W. Dickey, and S. Urbanczyk, eds., *University of Massachusetts Occasional Papers in Linguistics 18*. GLSA Publications, 1995: 249–384; McCarthy, J. and Prince, A.S. "Faithfulness and identity in Prosodic Morphology,". in R. Kager, H. v. d,Hulst, and W. Zonneveld, eds., *The Prosody–Morphology Interface*, Cambridge University Press, 1999: 218–309.

　　语音学上，音节是自然语流中可辨别的最小的语音单位，包括节首（onset）和韵部（rhyme）两大部分，后者又分为音节核（nucleus）和韵尾（coda）两部分，如图 6-2 所示。韵律层级中，音节由莫拉构成，用莫拉来表示音节的结构如图 6-3 所示。

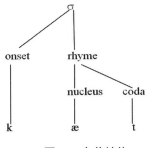

图 6-2　音节结构

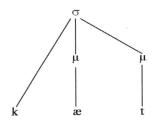

图 6-3　音节莫拉结构

　　音步的概念源于古典诗律分析中的抑扬格、扬抑格等概念。韵律音系学中，音步是韵律层级系统中处于音节之上、韵律词之下的一个重要韵律层级单位。节律音系学中，音步是节律结构的最小成分，不论是语言还是在诗文、音乐中，任何有节律的地方都有音步，本质上音步均表现为一种二元的相对凸显（relative prominence）①，任何语言中都存在音步，只不过二元凸显的方式或所用的术语不同而已，如陈源泉使用"最小节律单位

① cf.: Liberman, M. *The Intonational System of English*, Ph.D. Dissertation, Massachusetts Institute of Technology, 1975; Liberman, M. and Prince, A. S. "On stress and linguistic rhythm," *Linguistic Inquiry*, 1977(2); Hayes, B. P. *Metrical Stress Theory: Principles and Case Studies*, University of Chicago Press, 1995: 8.

（Minimal Rhythmic Unit，MRU）"来指通常所说的汉语中音步的概念。①

　　韵律词是从韵律学的角度来界定词的概念。根据韵律层级的要求，韵律词由音步来实现。此外，音步的二分属性（foot binarity）要求任何音步都必须由双音节或双莫拉组成。因此，一个韵律词至少是由双音节或双莫拉组成的。②

（二）韵律形态学理论

1. 韵律形态学理论的三个基本命题

　　麦卡锡、普林斯提出了韵律形态学理论的三个基本命题，或称韵律形态学理论的基本原则。③（1）韵律形态学假说。韵律模板通过实际存在的韵律单位来界定，如：莫拉、音节、音步、韵律词等。（2）模版满足条件。对韵律模板制约条件的满足是强制性的，而且由人类语言韵律的普遍原则和特定语言的个别韵律原则来决定。（3）韵律边界范域。形态运作的范域既受韵律边界的限制，也受形态标准的限制。值得指出的是，最小词（minimal word）的韵律边界可亦可作为其形态运作的边界。该理论框架可对诸如菲律宾的 Agta 语及澳洲的 Yidiny 语中的叠音现象给予统一的解释。④

2. 新韵律形态学理论

　　麦卡锡、普林斯在优选论框架下基于以上三个基本命题提出了新韵律形态学理论。⑤（1）新的韵律形态学假说。模板是关于韵律与形态接口的一系列制约条件，这以形态成分和韵律成分之间的一致为前提。（2）新的模版满足条件。模板制约条件要遵循优选论的一般原则。具体地，当模

---

① Chen, M.Y(陈源泉). *Tone Sandhi: Patterns Across Chinese Dialects*, Cambridge University Press, 2000: 366-379.

② McCarthy, J. and Prince, A.S. "Prosodic Morphology" in A.Spencer and A. M. Zwicky, eds, *The Handbook of Morphology*, Peking University Press, 2007: 285.

③ cf.: McCarthy, J. and Prince, A. S. *Prosodic Morphology* (manuscript), University of Massachusetts, Amherst, MA and Brandeis University, Waltham, MA, 1986; McCarthy, J. and Prince, A.S. "Prosodic Morphology and Templatic Morphology" in M. Eid and J. McCarthy, eds *Perspectives on Arabic Linguistics: Papers from the Second Symposium*, Benjamins, 1990: 1-54.

④ Kager, R. and Zonneveld, W. "Introduction" in R. Kager, H. van der Hulst and W. Zonneveld, eds., *The Prosody-Morphology Interface*, Cambridge University Press, 1999: 12.

⑤ McCarthy, J. and Prince, A. S. *Prosodic Morphology I: Constraint Interaction and Satisfaction*, ms. University of Massachusetts, Amherst, MA and Rutgers University, New Brunswick, NJ, 1993: 138.

板制约条件处于非支配地位时，它们要得到最大程度的满足；当模板制约条件处于支配地位时，它们要得到最大程度的违反。（3）排序图式。韵律制约条件优先于形态制约条件。该理论框架可有效地解决前一理论框架无法解释的诸如秘鲁 Axininca Campa 语等语言中的叠音现象。

3. 叠音的对应理论

麦卡锡、普林斯在韵律形态学的框架下阐述叠音中忠实性制约条件的关系时提出了叠音的对应理论，认为输入项—输出项忠实性（IO-Faithfulness）与词基—重复音一致性（BR-Identify）是普遍的对应关系，并构建了叠音对应理论基本模型（见图 6-4）。[①]

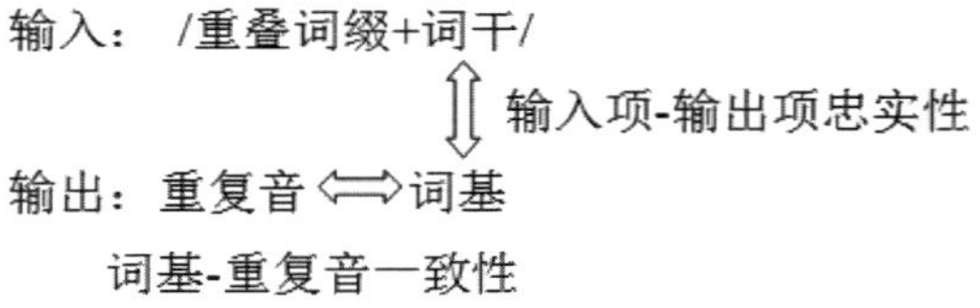

输入： /重叠词缀+词干/

⇕ 输入项-输出项忠实性

输出：重复音 ⟺ 词基

词基-重复音一致性

图 6-4 叠音对应理论基本模型

资料来源：Kager, R. *Optimality Theory*, Cambridge University Press, 1999: 201.

通过对叠音特征的分析，麦卡锡、普林斯指出世界上不同类型的叠音现象可通过以下四种制约条件的交互作用来解释。（1）合格性制约条件（well-formedness constraints），表层输出项，即重复音和词基满足一定的非标记性结构特征。（2）输入项—输出项忠实性制约条件：输入项中的词干形式与表层输出项的词基一致（MAX-IO）。（3）词基—重复音一致性制约条件：词基和重复音在音系结构上的一致性，例如：完全叠音的此类制约条件为：MAX-BR。（4）边界对齐制约条件（alignment constraints）：表层输出项的形态边界与韵律边界对齐，例如：RED=σ 要求重复音的尺度为一个音节，而且必须有一个音节。

---

① McCarthy, J. and Prince, A.S. "Faithfulness and reduplicative identity" in J. Beckman, L. W. Dickey, and S. Urbanczyk, eds., *University of Massachusetts Occasional Papers in Linguistics 18*, GLSA Publications, 1995: 249–384; McCarthy, J. and Prince, A.S. "Faithfulness and identity in Prosodic Morphology,". in R. Kager, H. v. d,Hulst, and W. Zonneveld, eds., *The Prosody–Morphology Interface*, Cambridge University Press, 1999: 218–309.

第二节　克木语的音步和韵律词

本节以克木语曼蚌索话为研究对象，重点探讨该语言中基本韵律层级单位——音步和韵律词的确定，为克木语曼蚌索话四音格的韵律形态学分析奠定基础。具体内容主要包括：从音步的基本概念出发根据语言事实初步确定该语言的音步类型，以海斯的音步类型理论为基础结合该语言的词重音模式推导该语言的音步类型，依据该语言中特殊的语言事实确定其自然音步、标准音步和标准韵律词。

一　克木语音步类型的初步判定

如前所述，音步本质上都表现为一种或长短、或轻重、或高低等方面的二元相对凸显。在元音区分长短的克木语曼蚌索话中，其固有词汇尤其是双音节单纯词等固化程度高的词汇中元音既有前长后短也有相反的情况。该语言双音节单纯词中元音前短后长的例词，如：nam taːn（糖）、lek koːn（钉子）、tɔk haːŋ（灶台）等；前长后短的例词，如：laːl lah （分散）、tlɛːŋ tɛŋ（蜻蜓）、gɔːŋ goʔ（鱼篓）等。该语言双音节复合词中元音前短后长及前长后短的例词更是枚不胜举，如：lɔŋ（边）nɔːk（外）"外边"、ʔom（水）jaːŋ（胶）"胶水"及 tɛːp（衣服）juɯt（有弹性的）"背心"、gaːŋ（房）dʑɔŋ（高）"楼房"、klɔːŋ（珠）mat（眼）"眼珠"等。

上述语言事实说明克木语曼蚌索话中元音长短不具有区分韵律重量的作用，该语言为重量不敏感型语言，即该语言为音节型音步。顺便提及，此处不使用四音格作为证据，原因在于其韵律特征已受到格律的规整，前后元音的长短作用力被大大消弱。

二　海斯音步类型理论与克木语的音步类型

海斯在对世界上 150 多种语言词重音模式考察的基础上，系统地提出了他的音步类型理论（foot inventory theory）[1]。本小节拟以该理论为基础，借助母语人听感与实验语音学的方法来分析克木语曼蚌索话的词重音模式，并据此推导其音步类型。

（一）海斯的音步类型理论

海斯的音步类型理论是在前人有关重音、节律及音步研究及其本人前期相关研究的基础上提出的。节律音系学中对音步较早的研究见于哈勒、韦尼奥（Halle & Vergnaud）、麦卡锡，但其中最具影响力的研究当属海斯的博士论文《重音规则的节律理论》（*A Metrical Theory of Stress Rules*），他在利伯曼（Liberman）、普林斯节律树重音分析的基础上，提出了如下有关音步的 6 项参数。[2]①中心性（headedness），音步中的指定终端成分（重读成分）在左还是在右？②二分性（boundedness），音步是二分的还是多分的？二分音步语言的主重音一般处于词的倒数或正数第一或第二音节上，且次重音所在音节与其他重读音节间隔相同；③方向性（directionality），音步是由左向右还是由右向左建构的？④重复性（iterativity），音步的建构是否是重复的？⑤重量敏感性（quantity-sensitivity），存在三种类型的音步，重量敏感型（quantity-sensitivity，QS），弱节点不可支配重音节、重量非敏感型（quantity-insensitivity，QI），与音节重量无关、强制分叉型（obligatory-branching，OB），强节点必须支配重音节而弱节点可能不支配；⑥音节重量（syllable weight），重量敏感型音步中，对整个韵部敏感还是只对音节核敏感？[3]

在上述研究的基础上，海斯进一步提出了二分音步（bounded feet）语言三种基本的音步类型[4]：音节扬抑型音步（syllabic trochee）、抑扬型

① Hayes, B. P. *Metrical Stress Theory: Principles and Case Studies*, University of Chicago Press, 1995: 62-85.
② cf.: Halle, M. and Vergnaud, J.-R. *Metrical Structures in Phonology*, MIT Press, 1978; McCarthy, J. *Formal Problems in Semitic Phonology and Morphology*, Ph.D. Dissertation, Massachusetts Institute of Technology, 1979; cf.: Hayes, B. P. *A Metrical Theory of Stress Rules*, Ph.D. Dissertation, Massachusetts Institute of Technology, 1980; Liberman, M. and Prince, A. S. "On stress and linguistic rhythm," *Linguistic Inquiry*, 1977(2).
③ Hammond, M. "The foot" in M. V. Oostendorp, C. J. Ewen, E. Hume and K. Rice, eds., *The Blackwell Companion to Phonology*, Wiley-Blackwell, 2011: 956.
④ Hayes, B. P. *Metrical Stress Theory: Principles and Case Studies*. University of Chicago Press, 1995: 62-70.

音步（iamb）和莫拉扬抑型音步（moraic trochee），并以语言事实匹配及节律结构的基本法则——"抑扬/扬抑法则"为依据等两个方面进行了充分论证，形成了他的音步类型理论。

　　1. 音节扬抑型音步[①]

$$(× \quad . \;)$$
$$σ \; σ$$

图 6-5　音节扬抑型音步

　　该音步类型语言词重音的模式相对比较简单（见图 6-5），无须考虑音节重量(syllable weight)因素，主重音通常位于词的倒数或正数第一、第二音节上，次重音在其他音节上交替出现，通过观察奇数音节个数词的重音模式便可推导出该语言音步系统建构的方向。

```
第三行  词  (×                    )
第二行  音步 (×.) (× .) (× .)
第一行  音节  ó σ  ð σ  ð  σ  σ
            tí li  rì  ŋu  làm pa tʰu²
        （因我们的缘故而）起火
```

图 6-6　Pintupi 语音步系统建构

　　下面以宾都皮语（Pintupi）为例，演示该语言音步系统的建构过程。宾都皮语已有的语料表明该语言中词的主重音落在第一个音节上，次重音在其后相隔一个音节上交替出现[②]，如图 6-6 第一行所示。如前所述，音步表现为一种二元相对凸显，图 6-6 第二行中，第一、二音节，第三、四音节，第五、六音节各组成一个强弱的相对凸显，自左向右分别构成三个音步。此外，由于音步的二分属性（foot binarity），音节音步语言的单个

---

① （ ）表示音步边界，×表示重读音节（strong syllable），. 表示弱读音节（weak syllable），σ表示音节。
② ´表示主重音（main stress or primary stress），ˋ表示次重音（secondary stress）。

音节不能构成一个音步，故第七音节不参与音步的建构。由此可推导出该语言为音节扬抑型音步，音步建构方向为自左向右。

2. 抑扬型音步①

$$(. \times) \quad 或者 \quad (\times)$$
$$\smile \; \sigma \qquad\qquad\quad \bar{}$$

图 6-7 抑扬型音步

该音步类型语言词汇中轻重音节的存在会影响该语言的词重音模式（见图 6-7），分析时需要区分轻音节、重音节、超重音节（superheavy syllable）②等音节重量因素来归纳该语言重音的分布规律，然后综合考虑词重音模式、特定语言的抑扬/扬抑规律、音步系统建构方向、音步的二分属性等因素来推导该语言的音步类型。下面以莫斯格基语（Muskogean）为例，演示该语言音步系统的建构过程。如图 6-8 第一行所示，前两个例词 apataká、amapatáka 均由轻音节组成，该语言中这类词的重音处于最后一个音节或倒数第二音节。例词 ta:shokíta 含有重音节，且在词的前部，该语言中这类词的重音处于最后一个音节或倒数第二音节。该语言音步系统的构建过程如下所述。例词 apataká 包含四个轻音节，依据音步的二分属性，第一、二音节，第三、四音节各构成一个音步，由于其词重音在第四音节，第三、四音节构成抑扬型音步，推而广之该语言为抑扬型音步。例词 amapatáka 中，重音在第四音节，依据音步的二分属性并保证其同样构成抑扬型音步，其音步建构方向必须为自左向右，推而广之该语言音步系统建构方向为自左向右。例词 ta:shokíta 中，重音在第三音节，为保证其为自左向右的抑扬型音步，第一音节（双莫拉重音节）构成一个音步，第二、三音节（均为轻音节）构成一个音步，第四音节（单莫拉轻音节）无法构成一个音步而不参与音步的建构。由此可推导出该语言为莫拉抑扬型音步，音步建构方向为自左向右。

---

① ⌣表示轻音节（light syllable）， ˉ表示重音节（heavy syllable）。
② ＝表示超重音节。

```
第三行 词   (      ×)   (        ×  )   (      ×  )
第二行 音步 (. ×)(. ×)   (. ×)(. ×)        (×)(. ×)
第一行 音节 ⌣⌣ ⌣⌣    ⌣⌣ ⌣⌣ ⌣     —  ⌣⌣
          a pa  ta ká   a ma pa tá ka   ta:  shokí ta
           月饼          我的月饼              跳
```

图 6-8 Muskogean 语音步系统建构

3. 莫拉扬抑型音步

```
    (× .)   或者  (×)
     ⌣⌣           —
```

图 6-9 莫拉扬抑型音步

该音步类型的推导思路同抑扬型音步语言（见图 6-9），此处不再赘述。下面以科里尼语（Cairene）为例，演示该语言音步系统的建构过程。如图 6-10 第一行所示，前两个例词 katabítu、šajarátuhu 均不含重音节，这类词的重音规律为：奇数音节个数词的重音落在倒数第三音节上；偶数音节个数词的重音落在倒数第二音节上。例词ʔinkásara 含有重音节，这类词的重音规律为：重音节后有奇数个音节时，重音在倒数第三音节上；重音节后有偶数个音节时，重音在倒数第二音节上。该语言音步系统的构建过程如下所述。例词 katabítu 包含四个轻音节，依据音步的二分属性，第一、二音节，第三、四音节各构成一个音步，由于其词重音在第三音节，第三、四音节构成扬抑型音步，推而广之该语言为扬抑型音步。例词 šajarátuhu 中，重音在第三音节，依据音步的二分属性并保证其同样构成扬抑型音步，其音步建构方向必须为自左向右，推而广之该语言音步系统建构方向为自左向右。例词ʔinkásara 中，重音在第二音节，为保证其为自左向右的扬抑型音步，第一音节（双莫拉重音节）构成一个音步，第二、三音节（均为轻音节）构成一个音步，第四音节（单莫拉轻音节）无法构成一个音步而不参与音步的建构。由此可推导出该语言为莫拉扬抑型音步，音步建构方向为自左向右。

第三行 词　（　　×　）　（　　　×　　　）　（　　　×　　　）
第二行 音步（×.）（×.）　　（×.）（×.）　　　（×）　（×.）
第一行 音节 ⏑⏑ ⏑ ⏑　　⏑⏑ ⏑⏑　　 － ⏑⏑

　　　　　　 ka ta　bí tu　　ša ǰa rá tu hu　　ʔin　ká sa ra
　　　　　　 她写了它（阳性）他的树（主格）　　它坏了

图 6-10　Cairene 语音步系统建构

（二）克木语曼蚌索话的词重音模式

任何语言都存在词重音现象，尽管世界上诸多语言中词汇层面的重音不具有区分意义的作用，但对一种语言词重音的研究是进行其他方面研究的前提和基础。节律音系学的一个核心观点是一种语言的节律结构通过其词重音模式得以体现，音步是节律结构的最小成分。[①]因此，一种语言音步系统的建构自然而然有赖于该语言词重音模式的类型。为此，本部分主要探讨克木语曼蚌索话的词重音模式。

如前所述，该语言的词汇形式有单音节、双音节词、三音节和四音节等四种。其中，单音节无相对凸显的音节可比较，无所谓重音模式；双音节多以"前加音节+主音节"一个半音节形式存在[②]，自然属于[轻重]右重型的重音模式；基于笔者的语言调查，四音节词数量极少且均属于四音格，本书第五章已有定论，即 [轻中轻重]右重型的重音模式。

下面采用实验语音学的方法并结合母语者的直觉判断及笔者的听感判断来确定克木语曼蚌索话三音节词的重音模式。本次的实验设计除实验语

---

① Hayes, B. P. *Metrical Stress Theory: Principles and Case Studies*, University of Chicago Press, 1995: 1-2.
② 李道勇：《我国克木语的一些语音特征》，载中央民族学院民族学系、中央民族学院民族研究所编《民族・宗教・历史・文化》，中央民族学院出版社，1993，第 524 页。

料及提取的声学参数不同外与，其他第五章第一节完全相同。此外，第五章的研究发现克木语曼蚌索话中声母清浊对音高和音长影响不大且重音的声学相关物主要为音高和音长，因此本实验不再按清浊分出小类①且不再提取音强参数进行分析。克木语曼蚌索话中三音节词极个别单纯词，如：hɔh tɕi luk "蝗虫"、 daːŋ sai hәːn "壁虎"、 rɯm dɯm kuaːŋ "一种低矮绿叶树的名称"等，其余多为名词性复合词且包括两种结构"1+2"型与"2+1"型，前者如：glaːŋ（石头）tәr lɛŋ（磨刀）"磨刀石"、 kʰuːl（皮毛）hә ʔjiar（鸡）"鸡毛"、plɛʔ（球）plɔk plɛk（乒乓声）"乒乓球"等；后者如：tɕә ʔoʔ（棚子）liːŋ（粮）"粮仓"、 rәŋ koʔ （稻米）lәʔ（粘的）"糯米"、 kәl mek（甘蔗）jim（红的）"红糖"等。实验例词也包括以上三类，单纯词共 18 个，名词性复合词则随机挑出 60 个（"1+2"型与"2+1"型各 30 个），均为笔者语言调查所得。录音资料的制作与第五章的四音格相同。

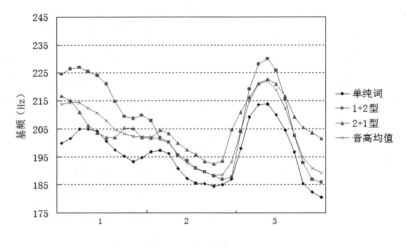

图 6-11　三音节词音高排列情况

克木语曼蚌索话三音节词各音节音高排列情况如图 6-11 所示，单纯词、"1+2"型复合词、"2+1"型复合词的音高走势大致相同，故对这三

---

① 另外，这里主要考察三音节词各音节音高和音长的总体分布情况，故不作更详细的分类。

类的音高值进行平均，从而得到其音高排列的总体走势：音高的最高点和
最低点均在第三音节上，且这一音节的音高走势陡急、变化幅度最大、音
高域最宽；第一、二音节的音高整体呈下倾趋势且前者比后者下倾趋势明
显。基于此，克木语曼蚌索话三音节词的重音分布情况是：第三音节最重、
第一音节次重，第二音节最轻。

克木语曼蚌索话三音节词各音节音长分布情况如图 6-12 所示，单纯
词、"1+2"型复合词、"2+1"型复合词及这三种类型的音长均值整体上
都表现为：第三音节最长、第一音节次之、第二音节最短，但亦有例外情
况。

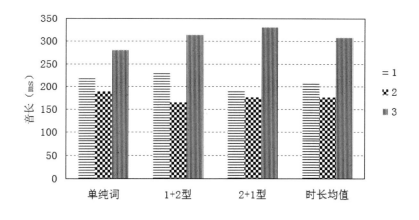

图 6-12 三音节词音长分布情况

例外多由于第一音节固有音长较短造成，典型的情况见于第一音节为
半个音节的情况，如：m braːŋ（马）çaːŋ（母）"母马"， kə doːŋ（无义）
seʔ（虱子）"虮子"等。此外，受停顿前延音效应的影响，第三音节的音
长值有一定的误差。综合以上两点，该语言中音长参数对重音的贡献力弱
于音高。尽管如此，音长对重音也有一定的贡献，而且现有的音长分布情
况也支持上述由音高排列得到的重音分布情况。

上述音高和音长的实验结果表明，克木语曼蚌索话三音节词的基本重
音模式为[中轻重]，而且这一模式也符合本实验发音人的直觉判断及笔者
的听感判断。

（三）基于海斯音步类型理论的克木语曼蚌索话音步类型的推导

在推导克木语曼蚌索话音步系统的过程中，首先根据前一部分词重音模式的研究结果证明该语言属于二分音步语言，接着在海斯音步类型理论的指导下来推导其音步类型。

如前所述，克木语曼蚌索话双音节、三音节和四音节词重音的模式分别为[轻重]、[中轻重]和[轻中轻重]。下面，分别以 tə jaːk（鹿）、ʔom（水）m bɔːt（蜜蜂）"蜂蜜"和 kək kək jor jor"结结巴巴"为例来演示该语言音步类型的推导过程（见图6-13）。

```
第三行 词  （ ×）    （    ×）   （        ×）

第二行 音步(. ×)        (. ×)    (. ×) (. ×)

第一行 音节 σ ό      ὸ σ ό    σ ὸ  σ ό

         tə  jaːk    ʔom m bɔːt   kək kək jor jor
```

图 6-13 克木语曼蚌索话音步类型推导示意图

该语言的重音模式中，三者的主重音都处在倒数第一音节上，后两者中存在两个重音，且次重音所在的音节与主重音所在音节间隔相同，符合前述二分音步语言的重音要求。从该重音模式还可推知该语言为音节重量不敏感（quantity-insensitive）语言，因此在音步推导过程中无须考虑音节重量因素。如前所述，音步表现为一种相对凸显，例词 kək kək jor jor 中，前后两个音节各组成一个轻重的相对凸显，分别构成了两个音步；例词 ʔom m bɔːt 中，后两个音节组成一个轻重的相对凸显，构成了一个音步，而第一音节由于音步二分属性的限制不能构成一个音步；例词 tə jaːk 作为一个轻重相对凸显，构成了一个音步。通过奇数音节个数例词ʔom m bɔːt 音步系统的构建还可推知，该语言音步构建的方向为自右向左。简言之，克木语曼蚌索话属于音节抑扬型音步（syllabic iamb），方向为自右向左。这一结论与前一节中根据音步的定义及该语言双音节词中长短元音分布的事实推导的结果相同。

三　克木语的自然音步、标准音步及标准韵律词

分析克木语曼蚌索话的音步特点，当应首先考虑其自然音步。"自然音步是指不受语义、句法、语用等干扰、可反映其本质属性的音步。"[①]可通过观察不包含语义或句法结构的音译外来词、拟声单纯词、并列词串（含数字串）等在自然语流中的内部停顿来判断该语言的自然音步。例如（以下采用冯胜利的做法，使用"＃"表示停顿；"/"表示间歇，比停顿的时间短[②]）：

双音节：mɔ tʰɔ（摩托车）、tɕɯŋ sɔ（中学）、tɛːn jin（电影）、tʰot tʰot（叽喳声）、tʰɯːŋ tʰɯːŋ（咚咚声）、woh woh（汪汪声）。

三音节：*tɛːn sɯ＃tʰai[③]、*tɛːn＃sɯ tʰai（电视台）、*faŋ pɛn＃mɛn、*faŋ＃pɛn mɛn（方便面）、*kuŋ saːŋ＃taŋ、*kuŋ＃saːŋ taŋ（共产党）、*moːi si＃ha、*moːi＃si ha（一四五）。

四音节：sə hui/tɕu ji（社会主义）、sip sɔːŋ/pan na（西双版纳）、puʔ puʔ/tɛȵ tɛȵ（噗噗噔噔）、tʰuŋ tʰuŋ/tʰɯːŋ tʰɯːŋ（哐哐当当）、klok klok/klak klak（敲木梆梆）、tɕiu ʔjau/lɛŋ vaŋ（瓣里啪啦）、moːi si/ha tɕet（一四五七）、joŋ maʔ/tai hɛːm（父老乡亲）、tɕɔm guːt/ʐəi ȵian（闷水）、kəŋ trɔʔ/blia dɔːm（合身漂亮）。

显而易见，双音节词自成一个音步。三音节的音译外来词和数字串不允许内部停顿，说明三个音节在一起是一个韵律单位。因此，三音节同双音节一样也组成一个自然音步。四音节的音译外来词、拟声单纯词、并列词串和数字串在第二、三音节之间允许有间歇，说明 2+2 是四音节组合最自然的形式。通过以上分析可知，单音节不可组成独立的音步，双音节和三音节均可组成一个独立音步，克木语曼蚌索话的自然音步可为双音节或三音节形式。

---

① 冯胜利、王丽娟：《韵律构词学和韵律句法学的研究》，载王志洁、陈东东主编《语言学》，中国人民大学出版社，2013，第 176 页。
② 冯胜利：《论汉语的"自然音步"》，《中国语文》1998 年第 1 期。
③ *表示为非法形式。

　　上述例子中，双音节可以单独使用、三音节亦可单独使用、四音节则分为两个双音节形式，这也说明双音节是克木语曼蚌索话最基本的音步形式，即该语言的标准音步是双音节音步。单音节音步是"残缺音步"（degenerate foot），三音节音步是"超音步"（super foot）。这里需要补充说明一点，克木语曼蚌索话中的"一个半音节"由于可以区分轻重，符合音步定义的基本要求，在音步操作中同样视为标准音步。

　　如前所述，韵律词是韵律层级单位中音步之上韵律单位，它们之间是实现与被实现的关系。克木语曼蚌索话的标准音步由双音节组成，同时这一标准音步又实现为一个标准韵律词。

第三节 四音格的韵律形态学分析

一 克木语的复合韵律词

　　传统语言形态学中，词与词之间通过复合构词的方法构成复合词。同样地，"在韵律形态学中，韵律词亦可与韵律词通过复合的方法构成复合韵律词"。①音步实现为韵律词，单音节的缺失音步不足一个音步，无法实现为韵律词。双音节的标准音步和三音节的超音步实现为韵律词后分别对应双音节的标准韵律词和三音节的超韵律词。据此，该语言的复合韵律词既可以是可以是标准韵律词之间的组合，也可以是超韵律词之间的组合，还可以是两者的组合，而且还可以调换前后位置，故有以下四种可能形式：2+2、2+3、3+2、3+3。在这四种可能组合中，标准韵律词之间的组合是最基本的形式，它们是最标准的韵律构词部件，它们之间的组合是最佳选择。"选择在任何系统中都遵循优胜略汰的原则，因此标准韵律词之间复合构成的复合韵律词是最优选择，因此，复合韵律词通常由两个标准韵律词复合而成"（见图6-14）。②

---

① 冯胜利：《汉语的韵律、词法与句法》，北京大学出版社，1997，第31页。
② 冯胜利：《汉语的韵律、词法与句法》，北京大学出版社，1997，第31页。

图 6-14 复合韵律词

二 四音格与复合韵律词

本书第三章从传统形态学的视角详细论述了克木语曼蚌索话四音格的构成方式，分别是联绵式、组合式、意合式、重叠式、配音式和待嵌式等六种方式，其中采用数量最多、范围最广、最基本的方式是组合式①，可称之为"基本形式的四音格"。此外，前文已经指出由于一个半音节的存在，曼蚌索克木语四音格不宜四音节为限。其中，依据前文关于"一个半音节"组成的音步的性质，三音节四音格由两个"一个半音节"构成，在韵律形态学操作中构成两个标准音步，又实现为两个标准韵律词；四音节四音格，在韵律形态学操作中自然构成两个标准音步，又实现为两个标准韵律词；其他三个半音节、四个半音节及五个音节的四音格由于一个半音节在四音格中的韵律性质难以确定，本书不将其视为"基本形式的四音格"。下文从韵律形态学的角度来分析克木语曼蚌索话基本形式的四音格，从根本上揭示其产生机制，进而回答本章之初提出的问题。

克木语曼蚌索话四音格的基本形式在结构上有四分式的、三分式的、二分式的，且各组成成分之间的句法关系有并列、偏正、主谓、动宾、介宾和述补等，但在韵律上都是 2+2 的结构，本书第五章对此已经论证。这种形式的四音格在传统形态学中是通过组合法（即"复合法"）构成的，在韵律系统中则是标准韵律词复合的产物，即"一个标准韵律词"。

并列-并列：ŋam（大）vɛi（快）dzoŋ（高）vɛi（快）"又高又大"。

偏正-并列：ʔom（水）muh（鼻）ʔom（水）mat（眼）"眼泪"。

---

① 这里的"组合式"与"复合式"相似（Bauer, L. *Introducing Linguitic Morphology (2nd edition)*,
Edinburgh University Press, 2003: 40)，前者用于构语层面，后者用于构词层面。

主谓-并列：haʔ（烫）klɔːŋ（心脏）haʔ（烫）ŋuam（心里）"心急如焚"。

动宾-并列：tshɔʔ（堵）rəmɛi（耳）bit（蒙）mat （眼）"不闻不问"。

介宾-并列：jɔːr（为）kɔːn（孩）jɔːr（为）dzeʔ（孙）"为了子孙"。

述补-并列：jɛt（住）ləʔ（好）bəʔ（吃）laːm（香）"生活美满"。

不能如此分析的四音节形式，如：rəh（从）muuaŋ la（勐腊）rɔt（来）"从勐腊来"不能读成"rəh muuaŋ/la rɔt"，不是复合韵律词，因而也不是四音格。韵律上满足了 2+2 的结构是否就一定是复合韵律词，如：joŋ thau（爷爷）/laʔ（玩）briʔ（森林）"爷爷打猎"韵律上为 2+2 的结构，是否就可将其视为复合韵律复合词？答案是否定的。"复合韵律词是一个独立的单位，保证其所以独立的一个重要条件就是它自身的语音条件"。①克木语曼蚌索话四音格的基本形式之所以是复合韵律词，还在于其固定的重音格式[轻中轻重]这一语音条件的限制。因此，克木语曼蚌索话中，将四音格的基本形式界定为"复合韵律词"就可以排除那些非四音格的三音节形式或四音节形式。

克木语曼蚌索话基本形式的四音格中有这样一些例子，他们在句法上不能分析为 2+2 的结构。例如：

1+3] ʎian（出来）kɔːn tɛuur kɛh（鸡皮疙瘩）"毛骨悚然"。

1+[1+2] ga（费用）guːt（进入）pər loŋ（门）"门票"。

2+[1+1] phi nɔːŋ（亲友）tai（哥、姐）hɛːm（弟、妹）"亲朋好友"。

尽管这些例子句法上不是 2+2 的结构，但韵律上都是 2+2 的结构，而且也都遵循[轻中轻重]的重音模式。这两点表明，此类四音格中韵律条件和句法条件相互竞争的过程中前者强于后者，是韵律优先于句法的重要例证。

以上分析了克木语曼蚌索话基本形式的四音格在韵律系统中的运作。这与冯胜利对汉语四字格的韵律形态学研究结论相似，但冯先生的研究更加全面，不仅分析了复合式的四字格，还分析了填补式的四字格。他认为汉语四字格本质上是一个复合韵律词，上述两种构成方式对应两种重音模式，分别是[轻中轻重]和[中轻轻重]。②就四字格的分布和功能而言，前者

---

① 冯胜利：《汉语的韵律、词法与句法》，北京大学出版社，1997，第 34 页。
② 冯胜利：《汉语的韵律、词法与句法》，北京大学出版社，1997，第 26-53 页。

是汉语四字格的主要构成方式且多用于正式场合和庄重词汇中，而后者数量较少且常用于一般口语形式中。然而，由于笔者对克木语曼蚌索话本身及韵律形态学理论认识的局限性，三音节及四音节组合式之外剩余的那一小部分四音格暂且未能从韵律形态学的角度给予合理的分析，这不得不说是一个遗憾，希冀在后续的研究中得到进一步完善。

　　尽管本书第三章使用较大的篇幅从语言形态学的角度论述了克木语曼蚌索话四音格的构成方式，但并未从本质上解释其构成机制，以及何以成为一种独立的语言单位而在该语言中广泛存在。本章就这些问题对克木语曼蚌索话第三、四音节组合式四音格进行了一些初步尝试。首先，就其构成机制而言，不仅从形态学的角度看是通过组合法构成的，而且从韵律学的角度看必须是两个标准音步实现为两个标准韵律词继而构成一个复合韵律词。其次，它之所以是该语言中一种独立的语言单位，主要在于韵律形式，即韵律上它的构成成分——标准韵律词是最基本、最自然的形式且可以独立存在。最后，以上结论还可推知三、四音节组合式四音格必须是两个标准音步的组合，单音节残缺音步与三音节超音步组合及两个单音节残缺音步与双音节音步的组合均不合格，韵律形态学理论为判断四音格提供了一个崭新的视角。

第七章 结语

第一节 主要研究发现

本书从结构描写、实验语音学研究及韵律形态学分析三大模块对克木语曼蚌索话四音格进行了较为系统的研究。模块一（第二至第四章）分别从语音、语法和语义三个维度对克木语曼蚌索话四音格的音节形式、声韵搭配、轻重搭配、构成方式、词类属性、句法功能、语义排列、语义关系和表义特征等九个方面进行了描写和初步分析。模块二（第五章）在前面三章结构描写和分析的基础上，采用实验语音学的方法考察了克木语曼蚌索话四音格的韵律特征，即音高、音长和音强的搭配情况，并分析了声母清浊对四音格音高搭配的影响及四音格之格律对各音节音长的规整。根据这些实验结果及语音、语法和语义描写探讨了克木语曼蚌索话四音格的韵律模板、节奏模式和重音模式。同时，还对老挝克木仿话四音格的韵律特征进行了实验研究，并对比分析了克木语两种方言四音格的共性和差异。模块三（第六章）为语音与语法的接口研究，即韵律形态学研究。在模块一和模块二的基础上，探究了克木语曼蚌索话四音格构成过程中语音的制约作用。首先以海斯的音步类型理论为基础，根据克木语曼蚌索话的重音模式推导出其音步类型。其次，结合克木语曼蚌索话的相关语言事实确定该语言的自然音步、标准音步及标准韵律词。最后是对克木语曼蚌索话四音格的韵律形态学分析。本书的研究发现可概括为以下十五个方面。

第一，根据音节形式组合方式，克木语曼蚌索话四音格可分为 AABB、ABAB、ABAC、ABCB、ABCC 及 ABCD 型六大类。其中 ABAC 型和 ABCD 型为最能产的两种形式，分布占总量的 53.17% 和 24.88%，这与大多数汉藏语系语言的分布相似。

第二，克木语曼蚌索话四音格各音节间有明显的声韵和谐，声韵和谐手段包括双声、叠韵、谐韵等，遵循"存异和谐"的原则，这使得配音的构成规则也比较简单。

第三，声韵和谐以格律所要求的四个单位为基础的，音节数量不仅限于四个，包括三音节、三个半音节、四音节、四个半音节，五音节等类型，这是克木语及其他存在丰富一个半音节的南亚语系语言四音格的独特特点。前加音节出现在"格"首时，通常被看作是一个独立的单位，其他位置则往往与其后的主音节一起被看成一个单位。

第四，从克木语曼蚌索话四音格的语音结构特征看，它们总体上呈现出右重倾向，主要表现在 ABAC 型、AABB 型及 ABAB 型中前后音节元音的长短、单双及开口度等方面，而同为对称重叠型的 ABCB 型各音节轻重搭配并无明确的规律性，ABAC 型和 ABCB 型在轻重搭配规律性方面的差异表明第二、四音节在轻重排列中的作用更大；由于一个半音节的存在，右重倾向还表现在一个半音节常置于后面。

第五，克木语曼蚌索话四音格的语法特征主要包括构成方式、词类属性及句法功能三个方面。在惯用语的框架下，它们的构成方式主要有联绵式、组合式、意合式、重叠式、配音式和待嵌式，其中组合式占绝大多数。组合式中两个词组构成的二分并列组合式在数量上占据绝对优势，这其中又以偏正—并列式和动宾并列式居多。不同类型四音格倾向采用的构成方式与分布也有所差异，数量最多的 ABAC 型和 ABCD 型采用的构成方式最为丰富。同其他单、双音节词相比，四音格的词类属性句法功能受到了一定的压制。主要词类属性包括动词性、副词性、名词性和性形容词性；句法功能主要特点有三，作主语或宾语的名词性四音格一般不再带有修饰性的定语；作谓语的动词性四音格本身就自带宾语，因而很少再带宾语；作定语或补语的形容词性四音格及作状语或补语的副词性四音格也很少再受其他成分修饰。

第六，语义特征首先表现为语义动因在一些四音格中起主导作用；其次是具有整体性、口头性、增量性、形象性、主观性等表义功能；此外，四音格的组成成分之间还具有近义、反义、类义等语义关系。

第七，克木语曼蚌索话四音格排序遵循语音、语义、语法三个方面的规则，其中语音规则覆盖词汇较多。这三个规则各自为政，也表现出相互竞争的关系。当语义语法规则与语音规则出现冲突时，往往是语义语法的因素占上风，对排序起决定性作用。

第八，语义、语法对语音组合类型有选择性倾向，但不绝对。克木语曼蚌索话四音格的语义是由原核心语素延展的，倾向选择 ABAB、AABB、ABAC、ABCB 型；拟声、拟态的选择 ABCC 型；表复杂的语义语法关系的用 ABCD 型。

第九，克木语曼蚌索话四音格各音节的音高、音长及音强的搭配情况如下所述。音高排列情况是：呈总体下降走势，第二及第四音节音高变化更趋陡急；第一、二音节与第三、四音节分属两个不同的音高域；清浊对音高排列有一定的作用，但非常有限。音长分布的总体情况是：第二音节长于第一音节，第四音节长于第三音节；第四音节最长，第二音节次长，第三音节最短；后两音节音长之和大于前两音节音长之和；四音格之格律有使各音节的音长趋于以上音长分布的规整作用。音强搭配的总体情况是：各音节音强分布趋于均衡，没有哪一音节较为凸显。

第十，语音声学实验研究的结果还表明，克木语曼蚌索话重音的声学相关物主要是音高和音长，音强基本不起作用，这与英语、汉语等大多数语言的重音情况相似。

第十一，基于克木语曼蚌索话四音格各音节的音高、音长及音强的搭配情况及模块一的描写和分析，可将其韵律模板归纳为：稳定的音高、音长规则加上音强的均衡分布构成一个"三维韵律模板"；节奏上呈现出2+2 节奏模式；轻重搭配上表现为[轻中轻重]的基本重音模式。

第十二，与有声调的老挝克木仍话相比，无声调的克木语曼蚌索话相对比较原始。两种方言中都有丰富的前加音节，它们在各自方言四音格中的语音地位不同，前一种方言中声调的在巩固了前加音节的语音地位，使其总是作为一个独立的音节；而克木语曼蚌索话中由于没有声调，致使前加音节的语音地位不够固定。两种方言中四音格的韵律特征共性较多，都表现为稳定三维韵律模板、2+2 的节奏模式和[轻中轻重]的重音模式，但具体表现手段有所差异，克木语曼蚌索话韵律表达手段更为烦琐且例外较多，而较为现代的有声调老挝克木仍话四音格韵律表达手段略有简化且例外较少。

第十三，根据音步的定义与克木语曼蚌索话中双音节词长短元音分布的事实对其音步类型的初步判断以及基于该语言重音模式与海斯音步类型理论对其音步类型推导的结果均表明：克木语曼蚌索话属于音节抑扬型音步，构建方向为自右向左。双音节音步为其标准音步，又进一步实现为标准韵律词。克木语曼蚌索话中的"一个半音节"由于可以区分轻重，符合音步定义的基本要求，在音步操作中视为标准音步。

第十四，克木语曼蚌索话四音格的韵律形态学研究表明，第三、四音节组合式四音格本质上是一个复合韵律词，复合韵律词由两个标准韵律词构成，回答了"它究竟是如何产生的？以及为什么它可以成为一种独立的语言单位？"等理论问题。根据韵律形态学特征，还可排除那些非四音格的四音节串。

第十五，克木语曼蚌索话四音格之所以为"格"的首要动因在于其语音上的特征：第三、四音节组合式四音格必须是由两个标准音步构成，包含残缺音步或超音步结构均不合格；音长、音高、音强构成的稳定且制约性强的"三维韵律模板"；有一定程度的重叠、双声、叠韵、谐韵等语音和谐；听感上有抑扬顿挫、铿锵悦耳的音感。其次是语法和语义的约束，语法上一般应有固定的内部结构；语义上表达一个整体的含义。

第二节 主要研究不足及未来研究展望

本书以笔者的田野调查为基础，分别运用结构描写、语音声学实验、类型比较、音系分析等研究方法，由浅入深，环环相扣，对克木语曼蚌索话四音格的语音结构特征、语法特征、语义特征、韵律特征、构成机制等进行了较为全面系统的研究。然而，由于各种原因，本书的不足之处在所难免，下文首先指出其中的不足，并简要阐明未来研究的方向。

第一，除四音格外，克木语曼蚌索话中还存在大量的双音节复合词。有些四音格是以双音节复合词为基础构成的，如：四音格ʔoːr ʔoːr hɛːt hɛːt和 hɛːt hɛːt ʔoːr ʔoːr 均可表示"叫叫嚷嚷"之意，但双音节时只能用 hɛːt

ʔoːr，无ʔoːr　hɛːt 的形式；又如：ʔmak jaːm ʔmak jaːm 与对应的双音节ʔmak jaːm 都表示"打哭"的意思，jaːm ʔmak jaːm ʔmak 与对应的双音节 jaːm ʔmak 均表示"边哭边打"之意。对四音格及其对应的双音节复合词构成形式、语义特征和构成机制等方面区别和联系的研究有助于深化对四音格的本质特征的认识，后续可专门调查该语言中的双音节复合词，并将其与四音格进行对比研究。

第二，克木语曼蚌索话中带喉塞音的音节听感上有紧（tense）的感觉，如：la（茶叶）与 laʔ（玩）、　nɔːŋ（池塘）与 ʔnɔːŋ（亲家）这两组词中后者听感上更紧。四音格各音节间的松紧搭配规律值得探讨，但对该问题准确地回答的前提是通过语音生理实验采集喉头信号进而确定松紧音的性质。本书在语音实验部分仅做了声学实验考察音高、音长和音强的搭配规律，未来研究中可进一步开展语音生理实验来考察四音格中各音节的松紧搭配情况。此外，语音生理实验还有助于确认声学实验语图中一些不能确定的语音现象，如：tə nɔh（嘴）一词的韵尾究竟是喉塞音/ʔ/和喉擦音/h/等。

第三，类型比较是语言研究中的一种基本方法，通过比较可以发现所比较语言之间的共性和差异，深化对其本质的认识，促进语言研究的深入。尽管本书在实验研究部分与克木语的另一方言——老挝克木仡话的四音格进行了简要比较，但尚未与克木语的一些亲属语言（如：布朗语、佤语等）进行比较，今后的研究中可进一步开展克木语亲属语言四音格的比较研究。

第四，本书第六章尝试性地从韵律形态学的视角初步分析了比重最大的第三、四音节组合式四音格的韵律制约因素。除此之外，其他音节数量的组合式及联绵式、意合式、重叠式、配音式及待嵌式四音格构成过程中韵律制约因素未有分析，这些都是下一步研究中需要深入探讨的问题。

附录一 克木语曼蚌索话 600 个常用词汇表

	汉语	克木语
1	动物	to
2	水牛	tra:k
3	黄牛	ləm boʔ
4	牛犊	kɔ:n tra:k
5	公牛	tra:k tloh
6	母牛	tra:k ça:ŋ
7	牛奶	ʔom buʔ tra:k
8	牛角	tɕin drɯ:ŋ
9	蹄	ki:p
10	（牛、人等的）皮、皮肤	m pu:r
11	（牛、人等的）毛	kʰu:l
12	屎、粪	ʔjiak
13	尿	nu:m
14	尾巴	n taʔ
15	马	m bra:ŋ
16	马驹	kɔ:n m bra:ŋ
17	公马	m bra:ŋ tloh
18	母马	m bra:ŋ ça:ŋ
19	羊	bɛʔ
20	羊羔	kɔ:n bɛʔ
21	羊毛	kʰu:l bɛʔ
22	猪	sɯaŋ
23	公猪	sɯaŋ tloh

	汉语	克木语
24	母猪	suɯaŋ ça:ŋ
25	猪崽	kɔ:n suɯaŋ
26	狗、猎狗	sɔʔ
27	公狗	sɔʔ tloh
28	母狗	maʔ sɔʔ或 sɔʔ ça:ŋ
29	狗崽	kɔ:n sɔʔ
30	猫	meu
31	喵（猫叫）	mɛu
32	兔子	kə dai（傣）
33	鸡	hə ʔjiar
34	公鸡	hə ʔjiar tloh
35	母鸡	maʔ hə ʔjiar 或 hə ʔjiar ça:ŋ
36	小鸡	kɔ:n hə ʔjiar
37	鸡冠	suɯŋ dʑi:r
38	翅膀	pə nɯr
39	鸡翅	pə nɯr hə ʔjiar
40	鸡毛	kʰu:l hə ʔjiar
41	鸭	pat
42	鹅	ŋa:n
43	鸽子	si:m ka kɛ
44	老虎	rə vai
45	狮子	siŋ
46	龙	pər jɔ:ŋ
47	爪子	təm m̥ɔ:ŋ
48	猴子	faʔ
49	大象	sə tɕa:ŋ
50	豹子	sɔʔ briʔ
51	熊	hual
52	野牛	keh

	汉语	克木语
53	野猪	sɯaŋ briˀ
54	鹿	tə jaːk
55	麂子	puah
56	穿山甲	kəm buar
57	老鼠	kə neˀ
58	松鼠	pʰrɔːk
59	豺、狼	m brok
60	鸟	siːm
61	鸟窝	m pui siːm
62	老鹰	klaːŋ
63	猫头鹰	boːk
64	燕子	sər ˀiːl
65	野鸡	kɔŋ kɔi
66	（山上的）麻雀	siːm tɛər lɔi
67	（家里的）麻雀	siːm tɛak
68	蝙蝠	n tɯar
69	乌鸦	kəl ˀak
70	啄木鸟	siːm tok sə ˀɔːŋ
71	布谷鸟、杜鹃	təm pɯr
72	乌龟	təm paˀ
73	蜘蛛	səŋ vaˀ
74	蛇	mar
75	壁虎	sai həːn
76	青蛙	kop 或 kən drɔːl
77	蝌蚪	kʰruak
78	鱼	kaˀ
79	鱼鳞	klep kaˀ
80	（体形大、黑色的）泥鳅	tər lɔi
81	（体形细小、带白边的）泥鳅	pa kʰɔ

	汉语	克木语
82	虾	tɕin tah
83	虫	kɔːk
84	弯的	kɔk
85	笔直的	sə gaːr
86	湿的	sə kɔʔ
87	真地	sər məʔ
88	一样的	sə mə
89	跳蚤	tə maʔ
90	虱子	seʔ
91	虮子	kə doːŋ seʔ
92	苍蝇	rɔi
93	蛆	m brai
94	蚊子	səm pok
95	蜈蚣	kə ʔiːp
96	蚯蚓	vaːk
97	旱蚂蝗	pləːm
98	水蚂蝗	pliːŋ
99	蟋蟀	tɕi lik
100	蚂蚁	m̩uit
101	蚂蚱	hɔːh
102	蝴蝶	tlaːm paːm
103	蜜蜂	m bɔːt
104	蝗虫	hɔh tɕi luk
105	（山上的）螳螂	tok tə ŋol
106	蜻蜓	tlɛːŋ tɛŋ
107	毛毛虫	kɔːk kʰuːl
108	螃蟹	kə taːm
109	螺丝	ŗoit
110	蚌	blaʔ

	汉语	克木语
111	长臂猿	hər jo:l
112	蛤蟆	rok
113	黄鳝	ble:k
114	鳗鱼	l̪a:ŋ
115	白蚁	druiŋ
116	树	sə^ʔ ɔ:ŋ
117	树皮	m pur sə ^ʔɔ:ŋ
118	树枝	pʰrɛh sə ^ʔɔ:ŋ
119	树梢	ɹɔl sə^ʔ lɔ^ʔ
120	树根	tu:t sə^ʔ ɔ:ŋ
121	树桩	tɯn kɯ:l
122	花	ra:ŋ
123	牙齿	ɹa:ŋ
124	花蕾	lok ra:ŋ
125	花芯	ra:ŋ li:ŋ
126	果子	ple^ʔ
127	果核、心脏	klɔ:ŋ
128	芽	ŋɔ^ʔ
129	叶	l̪a^ʔ
130	叶芽	ŋɔ^ʔ l̪a^ʔ
131	桃树	tu:t m pʰu:ŋ
132	李树	tu:t m man
133	桃子	m pʰu:ŋ
134	李子	m ma:n
135	松树	pʰɛ:k
136	松籽	ple^ʔ pʰɛ:k
137	粗竹	ɹə ha:ŋ
138	细竹	dza:k
139	竹笋	tə baŋ

	汉语	克木语
140	竹子	tɕʰuk
141	刺儿	tɕər laʔ
142	苹果	pʰiŋ ko
143	葡萄	pleʔ kəl puːn briʔ
144	芭蕉	tlɔi
145	甘蔗	kəl meʔ
146	莲花	raːŋ ʔmo
147	水稻	ŋɔʔ
148	稻杆	tuːt ŋɔʔ
149	稻米	rəŋ koʔ
150	糯米	rəŋ koʔ ləʔ
151	种子	səm lah
152	穗	pər leʔ
153	玉米	sa li
154	棉花	pʰai
155	蔬菜	təm briʔ
156	菜	tlɔʔ
157	白菜	tlɔʔ klɔːk
158	白色的	klɔːk
159	萝卜	pʰak brək（傣）
160	茄子	ləm daːŋ
161	花椒	dzɔːŋ
162	辣椒	pʰriʔ
163	葱	səŋ ʔɯr
164	蒜	kə tʰiam（傣）
165	姜	rə veʔ
166	红薯	kuai kɛu 或 kuai
167	镜子	kɛu
168	西瓜	kial ʔom

	汉语	克木语
169	冬瓜	m piːr klək
170	黄瓜	kial
171	葫芦	si koʔ或 səm loi
172	黑豆	pleʔ çaŋ
173	黑色的	çaŋ
174	豌豆	pleʔ tʰo nɔi（傣）
175	花生	sə bai
176	扁芝麻	lə ŋaʔ bom
177	芝麻	lə ŋaʔ
178	草	hiuʔ biːt
179	杂草	vaŋ
180	茅草	sər lɯaŋ
181	皂角	sə leːŋ
182	蘑菇、菌	tih
183	木耳	tih dur
184	烟叶	l̥aʔ ʔja
185	糯米饭	mah ləʔ
186	熟的	siːn
187	生的	ʔaŋ̊
188	饭；吃	mah
189	喝	ʔɯak
190	睡	sih
191	面条	khau（傣）；mian（汉）
192	（圆）馒头	mah bɔːŋ
193	（糯米做的）粑粑	mah tɕɯːn
194	菜，饭菜	səŋ mah
195	藤	blɔːŋ
196	肉	ʔah
197	伤口	ʔoh

	汉语	克木语
198	血	maːm
199	动物油	məi
200	肥肉	ʔah məi
201	瘦肉	ʔah ŋɔk
202	牛肉	ʔah traːk
203	干巴	ʔah hɛu
204	猪肉	ʔah suɯaŋ
205	羊肉	ʔah bɛʔ
206	朵生（肉末做的一道克木菜）	bla
207	醋	ʔom tɕɛt
208	糖	nam taːn
209	蔗糖、红糖	kəl mek jim
210	甘蔗	kəl mek
211	白糖	kəl vaːn
212	蛋	kə doŋ
213	鸡蛋	kə doŋ hə ʔjiar
214	鸭蛋	kə toŋ pat
215	蜂蜜	ʔom m bɔːt
216	粽子	mah gɯp
217	汤	səŋ
218	煮	gɔːŋ
219	酒	buit̪
220	白酒	buit̪ gem
221	水	ʔom
222	开水	ʔom haʔ
223	茶叶	la 或 ɲiaŋ la
224	茶水	ʔom la
225	鸦片	ʔjia pʰin（汉）
226	药材	sə ʔɔːŋ es 或 sə ʔɔːŋ ʔjia es

	汉语	克木语
227	糠	ŋ kaːm
228	米线	kʰau num（傣）
229	卷粉、米干	kʰau sɔi（傣）
230	碎肉	ah muːn
231	酸菜	tloˀ tɕɛt
232	物品、衣物	grua
233	绳子	tɕə məˀ
234	布	pik
235	衣服	tɛːp
236	穿（衣服）	ŋ koˀ
237	上衣	tɛːp ɰuːt
238	领子	kʰɔ jɔi
239	衣领	kʰɔ jɔi tɛːp
240	衣襟	guaŋ tɛːp
241	衣袖	tuˀ tiˀ tɛːp
242	口袋	tɕaːn
243	毛线	mau sɛn（汉）
244	棉衣	tɛːp mau sɛn
245	（男）背心	tɛːp ɰuɯ
246	（女）胸衣	tɛːp hɛt
247	扣子	tɔːm tɛːp
248	补丁	təm baːl
249	裤子	m̥uar 或 teu（傣）
250	穿（裤子等下身衣服）	wan
251	短裤	teu gɔt
252	裙子	kʰon
253	（女）头巾	m poŋ
254	毛巾、手绢、抹布	pʰa dzet
255	帽子	klup 或 m̥uak（傣）

	汉语	克木语
256	皮带	sai ˀɛu
257	细线	sai（汉）
258	袜子	wa（汉）
259	鞋子	kʰɛp
260	皮鞋	kʰɛp m puːr
261	拖鞋	kʰɛp tɔp tɛp
262	雨鞋	kʰɛp toŋ
263	梳子	tɕin drɯah
264	珍珠	sɛːŋ
265	土地	pə təˀ
266	石头	glaːŋ
267	玉石	glaːŋ sriːl
268	金子	sriːl
269	耳朵	rə məi
270	耳环	sə ˀɔːŋ rə məi
271	项圈	səŋ kloi
272	手镯	sər ŋak
273	背包	rə jaˀ
274	被子	pʰa mɛːn（傣）
275	褥子	təŋ sih 或 səŋ sih
276	床单	pʰa lop
277	枕头	kər nɯah
278	（棉）垫子	pʰa mɔːn
279	（塑料）雨衣	pʰa jaːŋ
280	蓑衣	kən dɔˀ
281	房子、家	gaːŋ
282	忙	gaŋ
283	急	riːp
284	房顶	tɔk gaːŋ

	汉语	克木语
285	（用于晒谷子）阳台	rən tah
286	厕所、茅坑	kʰum ʔjiak
287	坑	kʰum
288	厨房	ga:ŋ kʰua
289	菜	sɯŋ mah
290	楼房	ga:ŋ dʑoŋ
291	火塘	təm braʔ
292	灶台	tɔk ha:ŋ
293	火	pʰrɯa
294	（水田里）棚子	tu:p （傣）
295	（旱地里，可住宿）棚子	tɕə ʔoʔ
296	水田	rə na
297	旱地	ɽeʔ
298	粮仓	tɕə ʔoʔ li:ŋ
299	牛圈	gɔ:k tra:k
300	猪圈	gɔ:k sɯaŋ
301	羊圈	gɔ:k bɛʔ
302	鸡圈	ɭok hə ʔjiar
303	砖	ʔni:n tɕi （傣）
304	佤族	rɔ:k
305	木墙	pɛ:n
306	篱笆、篱笆墙	dʑaŋ
307	木头	gloh sə ʔɔ:ŋ
308	柱子	tɕən drɛŋ
309	门	per loŋ
310	门板	ŋ kɯr
311	门栓、门闩	lɛi
312	房梁	pɛ ga:ŋ
313	椽子	kʰɯ ju

	汉语	克木语
314	楼梯、台阶	rəŋ dɔːŋ
315	院子	kən tiːŋ
316	园子	suan
317	路	ŋɔːr
318	东西、工具、武器	kən drɯaŋ
319	（藤篾）饭桌	pʰɯan blɔːŋ
320	（木）桌	tɔʔ
321	木椅、木凳	sən den sə ʔɔːŋ
322	椅子、凳子	sən den
323	床	tʰaːn
324	箱子	lim
325	盒子	kap
326	脸盆	ma la
327	肥皂	nam siat
328	香皂	nam hɔːm
329	洗衣粉	nam soːk
330	镜子	kɛu
331	刷子	səŋ huk
332	牙刷	səŋ huk ɻaŋ
333	扫帚	səm pɔʔ
334	灯	ten tɯŋ （汉）
335	蜡烛	la tɕu（汉）
336	（烧的）香	pʰrəŋ
337	手电	kɔŋ fɛi（傣）
338	柴火	hə ʔeʔ
339	木炭	kən sah
340	火柴	tər nɛh
341	火石	glaːŋ tər nɛh
342	垃圾	təm m̥ər

	汉语	克木语
343	灰尘	bɔh
344	油漆	ha:ŋ
345	锅	tər lɔh
346	铁锅	tər lɔh tɕin droh
347	铝锅	tər lɔh si tuˀ
348	盖子	tɕɛn druɯp
349	刀	vɛk
350	尖刀	mi:t
351	锅铲	pa:k
352	勺子	pa:k vəi mah
353	小勺子	rə ni:p
354	碗	sən dɛh
355	碟子	sən dɛh la
356	盘子	sən dɛh phɛ lɛ
357	（装汤）大碗	sən dɛh ŋam
358	杯子	glək
359	筷子	tʰu（傣）
360	瓶子	kɔ:ŋ（傣）
361	水缸	ˀɛ:ŋ（傣）
362	水桶	tʰuŋ he:k
363	（量米用）竹杯	glə:k
364	竹节桶	ˀom gɔk
365	篮子	sa rɛ
366	扇子	pər nəi
367	（杆）秤	taˀ ˀniaŋ təm paˀ
368	乌龟	təm paˀ
369	钱、银	kə mu:l
370	克木人	kəm m̥uˀ
371	人	m̥uˀ或 gon

	汉语	克木语
372	孩子	kɔːn
373	孙子	dzeˀ
374	脏的；坏的	dzəˀ
375	兄、姐	tai
376	弟、妹	hɛːm
377	男	brɔˀ
378	女	kun
379	丈夫	gleˀ
380	妻子	kəm braˀ
381	朋友	jɔˀ
382	我	ˀoˀ
383	你（阳性）	me
384	你（阴性）	ba
385	他（阳性）	gə
386	他（阴性）	na
387	我们	ˀiˀ
388	你们	bɔ
389	他们	nɔ
390	自己	de
391	别人	briaŋ
392	谁	məˀ
393	什么	to məˀ
394	多少	pɯŋ məˀ
395	什么时间	ŋaːm məˀ
396	哪里	lɔŋ məˀ
397	这	gi
398	那	nai
399	上	bəh
400	下	tal

	汉语	克木语
401	左	veʔ
402	右	ham
403	工资、工钱	kə muːl tɕaːŋ 或 kə muːl ŋɯːn
404	尺子	Ta dɛːk 或 sən tɛːʔ
405	针	sə kam
406	锥子	sər nɛ
407	铁	tɕin droh
408	钉子	lek koːn
409	钉（动词）	plak
410	剪刀	mit kɛːp
411	钳子、夹子	sər kɛːp
412	夹、剪（动词）	kɛːp
413	伞	tɕɔːŋ（傣）
414	棍子	kəl meːl
415	车轮	kər moŋ
416	车	lot
417	船	tɕə lɔːŋ
418	筏	bɛ
419	（克木的）小斧头	soʔ
420	（汉族的）大斧头	kʰan ʔmɔːŋ
421	锤子	tər tam
422	锯子(名词)、锯(动词)	lɯa（傣）
423	胶水	ʔom jaːŋ
424	粘（动词）	tak
425	胶	jaːŋ
426	橡皮筋	jaːŋ jɯːt
427	有弹性的	jɯːt
428	犁子	ŋɔːn tʰɛi
429	犁(动词)	tʰɛi

	汉语	克木语
430	锄头	tɕok
431	锄（动词）	mok
432	扁担	kər lam
433	挑	lam
434	车	lot
435	箩筐	sə rɔ:ŋ
436	背	buh
437	石臼	sən dɛh gla:ŋ
438	木臼	sən dɛh gloh
439	大手杵	kən dreʔ
440	小手杵	gla:ŋ luh
441	舂（动词）	luh
442	筛子	tər jə:r
443	筛（动词）	jə:r
444	簸箕	m piar
445	簸（动词）	gu:m
446	矛	bliah
447	枪	sə na:t（缅）
448	子弹	klɔ:ŋ sə na:t
449	箭	kam
450	弓	mɔʔ
451	射（箭等）	pin
452	剑	kə mɔŋ
453	弓	mɔʔ
454	靶子	ta mai
455	盔甲	tɛp
456	铁甲	tɛp tɕin droh 或 tɛp fak
457	（捕兽用的一套机关）套圈	pɔŋ tə va:r
458	火药	ɱɯ

	汉语	克木语
459	网	rəp
460	渔网	rəp kaˀ
461	钩子	sər vək
462	勾（动词）	vɔk
463	娱乐	təŋ hɔːi
464	字	to
465	书信	naːŋ sɯ
466	书本	pɔp
467	纸张	kə ˀnaːt
468	钢笔、水笔	pi ˀom
469	墨水	ˀom pi
470	话、语言	ɻlɔˀ
471	说	lau 或 sroˀ
472	笑	kʰrah
473	哭	jaːm
474	骂	rai
475	喊	hɛːt
476	吵	klih
477	故事	pʰɯɯn ˀuːp
478	唱（歌）	təːm 或 kʰap（傣）
479	跳舞	tɛˀ
480	球	ˀmak loːm
481	打（球）	liːn
482	鼓	briːŋ
483	敲（鼓）	tam
484	（克木的）铜鼓	jaːn
485	（克木的）锣	rə baːŋ
486	钗	tɕʰeiŋ
487	笛子	tɔːt 或 pi（傣）

	汉语	克木语
488	铃	kər lɛ:ŋ
489	鞭炮	ʔmak tɕa:ŋ
490	声音	siaŋ
491	旗	tʰi
492	公主	na:ŋ（傣）
493	鬼	ɽoi
494	妖精	ŋiak
495	龙王	joŋ pər jɔ:ŋ
496	森林	bri?
497	灵魂	m ma:l
498	命运	dzua
499	运气	ʔmun
500	罪	tʰo:t（傣）
501	坐牢	tʰam tʰo:t
502	力气	rɛ:ŋ
503	心里、脾气	ŋɯam
504	名字	dzɯ
505	梦	m̩ po?
506	天	lə va:ŋ
507	地方	hɛ:ŋ 或ʔmɔ:n（傣）
508	（小）山	mok
509	大山	rəŋ kɔ:ŋ
510	进入	gu:t
511	出来	ʝian
512	想	gət
513	变成、发生	kə:t
514	堆积（动词）	kɔ:ŋ
515	东西、事情	sɯŋ
516	样式	tɕa?

	汉语	克木语
517	才能、才干	ka:n
518	活儿	viak
519	做、干	tɛ:ŋ 或 ʔəh
520	太阳	mat briʔ
521	月亮、月份	moŋ
522	星星	sər meŋ̱
523	风	ŋ drəi
524	雨	kə maʔ
525	雨季	ŋa:m kə maʔ
526	日、天；白天	mɯ
527	夜	pə sɯam
528	年	nɯm 或 pi（傣）
529	零	vɔ
530	一半	grəŋ
531	一	kən moi 或 nəŋ（傣）
532	二	kə ba:r 或 sɔŋ（傣）
533	三	kə peʔ或 sa:m（傣）
534	百	rɔi
535	千	ban
536	万	m̱ɯn
537	身体	lɔ:h
538	缝	lɔh
539	头	kəm poŋ
540	脸	rəm boh
541	下巴	ka:p
542	鼻	muh
543	眼	mat
544	耳	rə məi
545	嘴	tə nɔh

	汉语	克木语
546	手	tiʔ
547	脚	dzɯaŋ
548	腿	bluʔ
549	肚子	lui
550	屁股	dɔʔ
551	腰部	guaŋ
552	胸部	ʔɔk
553	运气	ʔmun
554	红色的	jim
555	多的	maːk
556	大的	ŋam
557	小的，少的	ŋɛʔ
558	长	vaːŋ
559	短	liat
560	远	dzaʔ
561	近	leh
562	高的	dzoŋ
563	矮的	n̩ deʔ
564	早的	sruat
565	晚的	kʰuai
566	难的	jaːk
567	易的	ŋai
568	新的	m̩ meʔ
569	旧的	m̩aŋ
570	死的	haːn
571	活的	brɯal
572	昏沉的	tər vər
573	好	ləʔ
574	漂亮的	blia

	汉语	克木语
575	靓丽、非常漂亮的	dɔːm
576	舒服的	səm ˀmai
577	胖	gul
578	瘦	ŋ dzɔˀ
579	看	jɛːŋ
580	望	sə mɔːt
581	看见	guːŋ
582	听见	met
583	来	gai
584	走；去	jɔh
585	环绕	liap
586	买	vɛːt
587	卖	tet
588	杀	pʰaːn
589	流动	kɔːr
590	学习	rian
591	教育	ˀmɔːk
592	敢、能；得到	bɯan
593	斤（重量单位）	kiŋ
594	两（重量单位）	ɽoːŋ
595	知道	nəːŋ
596	休息	ɽluˀ
597	忘记	ɭoŋ
598	疼	tɕɯˀ
599	等待	kɔˀ
600	骗	laːk

说明：带括号的汉、傣、缅的，分别表示该词为汉语、傣语、缅甸语借词。

附录二 克木语曼蚌索话四音格列表

（一）AABB 型（86个）

1. mah mah ʔɯak ʔɯak   吃吃喝喝
   吃   吃   喝   喝

2. mah mah hɯal hɯal   吃吃吐吐
   吃   吃   吐   吐

3. hɛ:t hɛ:t ʔo:r ʔo:r   叫叫嚷嚷
   叫   叫   嚷   嚷

4. klih klih hɛ:t hɛ:t   吵吵嚷嚷
   吵   吵   叫   叫

5. klih klih tʰiaŋ tʰiaŋ   吵嘴
   吵   吵   顶嘴 顶嘴

6. lau lau kʰrah kʰrah   说说笑笑
   说   说   笑   笑

7. lau lau ti:n ti:n   劝说
   说   说   劝   劝

8. lau lau rai rai   训斥
   说   说   骂   骂

9. ja:m ja:m tɕər tɕər   哭哭闹闹
   哭   哭   闹   闹

10. kʰrah kʰrah ja:m ja:m   极度好笑
   笑   笑   哭   哭

11. sroʔ sroʔ lau lau   啰啰嗦嗦
   说   说   说   说

12. sroˀ sroˀ bɔr bɔr 唠唠叨叨
    说 说 唠叨 唠叨

13. bɔr bɔr rai rai 骂骂咧咧
    唠叨 唠叨 骂 骂

14. gɔr gɔr ger ger 敏捷、灵活
    敏捷、灵活

15. kʰap kʰap tɛˀ tɛˀ 载歌载舞
    唱 唱 跳 跳

16. tɛˀ tɛˀ ter ter 活蹦乱跳
    跳 跳 蹦 蹦

17. duˀ duˀ gai gai 逃逃回回
    逃 逃 回 回

18. duˀ duˀ veːt veːt 逃逃回回
    逃 逃 回 回

19. dar dar duˀ duˀ 逃跑
    跑 跑 逃 逃

20. jɔh jɔh gai gai 来来回回
    去 去 来 来

21. lɔːk lɔːk baːt baːt （黑暗中）摸索前行
    摸 摸 抓 抓

22. gɔr gɔr graːt graːt 挠痒
    挠 挠 抓 抓

23. sɔːk sɔːk sɔːr sɔːr 捉迷藏
    找 找 藏 藏

24. kat kat ru ru （牙咬着）扯开
    咬 咬 拉 拉

25. pok pok ru ru 咬碎
    咬 咬 拉 拉

26. ru ru raˀ raˀ 拉拉扯扯
    拉 拉 抢 抢

27. ru　　ru　　raːt　raːt　　　　　　扯开
　　 拉　　拉　　撕　　撕

28. ru　　ru　　ŋuːt　ŋuːt　　　　　　推推拉拉
　　 拉　　拉　　推　　推

29. ŋuːt　ŋuːt　ŋɯr　ŋɯr　　　　　　摇摇晃晃
　　 推　　推　　晃　　晃

30. lɔh　　lɔh　　taːp　taːp　　　　　　缝缝补补
　　 缝　　缝　　补　　补

31. tʰuk　tʰuk　ʔɔːt　ʔɔːt　　　　　　擦擦抹抹
　　 擦　　擦　　抹　　抹

32. ra　　ra　　ʔɔːt　ʔɔːt　　　　　　洗洗抹抹
　　 洗　　洗　　抹　　抹

33. tiap　tiap　ban　ban　　　　　　　捆包起来
　　 包　　包　　捆　　捆

34. kɔk　kɔk　veːk　veːk　　　　　　　弯来弯去
　　 弯　　弯　　歪　　歪

35. siːn　siːn　ʔaŋ　ʔaŋ　　　　　　　半生不熟
　　 熟　　熟　　生　　生

36. sih　　sih　　rəh　rəh　　　　　　时睡时醒
　　 睡　　睡　　醒　　醒

37. riːp　riːp　gaŋ　gaŋ　　　　　　　急急忙忙
　　 急　　急　　忙　　忙

38. riːp　riːp　vɛi　vɛi　　　　　　　快速地
　　 急　　急　　快　　快

39. lɛh　　lɛh　　vɛi　vɛi　　　　　　迅速地
　　 疾　　疾　　快　　快

40. gaŋ　gaŋ　gɛːn　gɛːn　　　　　　风急火燎
　　 忙　　忙　　特急　特急

41. bau　bau　biu　biu　　　　　　　慌慌张张
　　 慌　　慌　　配音　配音

42. trɔˀ trɔˀ dɔːm dɔːm　　　漂漂亮亮
　　漂亮 漂亮 靓丽 靓丽

43. ləˀ ləˀ blia blia　　　　漂漂亮亮
　　好　 好　 漂亮 漂亮

44. muan muan sɯːn sɯːn　　高高兴兴
　　悦耳 悦耳 高兴 高兴

45. ŋɛˀ ŋɛˀ ŋɛːr ŋɛːr　　　　细小低矮
　　小　 小　 细小 细小

46. ŋɛˀ ŋɛˀ ŋam ŋam　　　　大大小小
　　小　 小　 大　 大

47. ŋam ŋam dzoŋ dzoŋ　　　高高大大
　　大　 大　 高　 高

48. haːn haːn brɯal brɯal　生死无惧
　　死　 死　 活　 活

49. seːt seːt mɔːŋ mɔːŋ　　　郁郁寡欢
　　伤心 伤心 寂寞 寂寞

50. deˀ deˀ pit pit　　　　　（男女）花心的
　　要　 要　 丢　 丢

51. ɱan ɱan nim nim　　　　稳稳当当
　　牢　 牢　 稳　 稳

52. de de briaŋ briaŋ　　　大家的
　　自己 自己 别人　 别人

53. ŋɔːt ŋɔːt ŋaːt ŋaːt　　　斑斑点点
　　点　 点　 斑　 斑

54. den den rəh rəh　　　　坐立不安
　　坐　 坐　 立　 立

55. bəh bəh tal tal　　　　　杂乱无章
　　上　 上　 下　 下

56. moːŋ moːŋ maːŋ maːŋ　　雾蒙蒙的
　　雾蒙蒙的

57. ʔəh ʔəh tɛːŋ tɛːŋ   勤劳
    做   做   做   做

58. kiŋ̱ kiŋ̱ ɾoːŋ ɾoːŋ   吝啬的
    斤   斤   两   两

59. ʔah ʔah ʔom ʔom   事实
    有   有   水   水

60. dzeʔ dzeʔ kɔːn kɔːn   子子孙孙
    孙   孙   孩子 孩子

61. ʔjiak ʔjiak nuːm nuːm   屎尿
    屎   屎   尿   尿

62. ŋaʔ ŋaʔ ŋɛʔ ŋɛʔ   闲聊的样子
   闲聊的样子

63. ɾəi ɾəi tɕom tɕom   一沉一浮
    浮   浮   沉   沉

64. paːŋ paːŋ tɕə rɯp tɕə rɯp   一开一合
    开   开   合   合

65. klɛːm klɛːm jah jah   啃东西的样子
    啃   啃   撕   撕

66. pok pok miaŋ miaŋ   嚼东西的样子
    咬   咬   嚼   嚼

67. gul gul tuʔ tuʔ   胖嘟嘟的样子
    胖   胖   摹状

68. ŋuk ŋuk ŋəːl ŋəːl   快走的样子
   快走的样子

69. dɔl dɔl del del   歪歪扭扭
   歪歪扭扭

70. du du di di   健步如飞
   健步如飞

71. ŋɔʔ ŋɔʔ ŋɛʔ ŋɛʔ   哭声哇哇
   哭声哇哇

72. sar sar soːr soːr 　　　　　　　梦呓声
　　梦呓声

73. soːp soːp siap siap 　　　　　　咕哝咕哝
　　咕哝咕哝

74. loʔ loʔ lol lol 　　　　　　　　吞吞吐吐
　　吞吞吐吐

75. kək kək jor jor 　　　　　　　　结结巴巴
　　结结巴巴

76. koŋ koŋ mel mel 　　　　　　　磕磕绊绊
　　磕磕绊绊

77. pʰruŋ pʰruŋ pʰriaŋ pʰriaŋ 　　　噼里啪啦
　　噼里啪啦

78. puʔ puʔ tɛɳ tɛɳ 　　　　　　　噗噗噔噔
　　噗噗噔噔

79. tʰuŋ tʰuŋ tʰɯːŋ tʰɯːŋ 　　　　哐哐当当
　　哐哐当当

80. veŋ veŋ vɛːŋ vɛːŋ 　　　　　　蜂叫嗡嗡
　　蜂叫嗡嗡

81. weu weu wɛu wɛu 　　　　　　车行哒哒
　　车行哒哒

82. tʰɯt tʰɯt tʰat tʰat 　　　　　　车行嗖嗖
　　车行嗖嗖

83. klok klok klak klak 　　　　　　敲木梆梆
　　敲木梆梆

84. klok klok klɔk klɔk 　　　　　　敲竹叮叮
　　敲竹叮叮

85. laʔ laʔ leːŋ leːŋ 　　　　　　　游山玩水
　　玩　玩 配音 配音

86. vɔːk vɔːk vɔi vɔi 　　　　　　久盼不归
　　勾　　勾 配音 配音

（二）ABAB 型（29 个）

1. mah sih mah sih　　　　　　懒惰
   吃　睡　吃　睡

2. ʔmak jaːm ʔmak jaːm　　　打哭
   打　哭　打　哭

3. jaːm ʔmak jaːm ʔmak　　　　边哭边打
   哭　打　哭　打

4. rai jaːm rai jaːm　　　　　骂哭
   骂　哭　骂　哭

5. jaːm rai jaːm rai　　　　　　边哭边骂
   哭　骂　哭　骂

6. lau jaːm lau jaːm　　　　　说哭
   说　哭　说　哭

7. jaːm lau jaːm lau　　　　　边哭边说
   哭　说　哭　说

8. jaːm hɛːt jaːm hɛːt　　　　　哭哭喊喊
   哭　喊　哭　喊

9. ga dzur ga dzur　　　　　　常来常往
   上　下　上　下

10. ʔəh pit ʔəh pit　　　　　　废弃
    做　扔　做　扔

11. ʔəh ʔuːn ʔəh ʔuːn　　　　留存
    做　留　做　留

12. puɯat buɯat puɯat buɯat　　按摩
    按　踩　按　踩

13. kiau teːn kiau teːn　　　　　收割
    割　打　割　打

14. maŋ jaŋ maŋ jaŋ　　　　　　摇摇摆摆
    摇　摆　摇　摆

15. kiŋ ɹo:ŋ kiŋ ɹo:ŋ   吝啬的
    斤 两 斤 两

16. si:n ʔaɳ si:n ʔaɳ   半生不熟
    熟 生 熟 生

17. sə kɔʔ   sə kɔʔ   湿乎乎的
    湿的   湿的

18. sə ga:r   sə ga:r   笔直的
    直的   直的

19. pər li   pər li   磨磨蹭蹭
    磨蹭   磨蹭

20. taŋ mɯ taŋ mɯ   整天
    全 天 全 天

21. dʑɯ mɯ dʑɯ mɯ   每天
    每 天 每 天

22. dʑɯm dʑɛn dʑɯm dʑɛn   每一步
    每   步骤 每 步骤

23. pən dʑɛn pən dʑɛn   一步步
    每   步骤 每 步骤

24. pən tɕə nɔ:r pən tɕə nɔ:r   一行行
    每   竖行   每   竖行

25. pən bɔ:r pən bɔ:r   一排排
    每 排   每 排

26. pən kʰan pən kʰan   一层层
    每 层 每 层

27. pən kəm loʔ   pən kəm loʔ   一块块
    每   块   每   块

28. tɯl kɯ:l   tɯl kɯ:l   水上漂浮的样子
    浮在水上 浮在水上

29. sɔk sɛ:k sɔk sɛ:k   悄悄走动声
     悄悄走动声

（三）ABCB 型（69个）

1. bɯan vɛi pit vɛi　　　　　　易得易失
　 得到 快 丢 快

2. bɯan ŋai pit ŋai　　　　　　容易得到
　 得到 容易 丢 容易

3. tɛ:ŋ dzə' bɯan dzə'　　　　　恶有恶报
　 做 坏 得到 坏

4. tɛ:ŋ lə' bɯan lə'　　　　　　善有善报
　 做 好 得到 好

5. tɛ:ŋ ŋɛ' bɯan ŋɛ'　　　　　少劳少得
　 做 少 得到 少

6. tɛ:ŋ ma:k bɯan ma:k　　　　多劳多得
　 做 多 得到 多

7. rian ŋɛ' nə:ŋ ŋɛ'　　　　　学识浅薄
　 学 少 知道 少

8. rian ma:k nə:ŋ ma:k　　　　学识渊博
　 学 多 知道 多

9. jɔh sruat vet sruat　　　　　早去早回
　 去 早 回 早

10. jɔh kʰuai vet kʰuai　　　　晚去晚回
　 去 晚 回 晚

11. jɔh lə' vet lə'　　　　　　慢走
　 走 好 回 好

12. jɔh ja:k gai ja:k　　　　　进退两难
　 去 难 来 难

13. jɔh ja:k vet ja:k　　　　　进退两难
　 去 难 回 难

14. klih jɔ' tʰiaŋ jɔ'　　　　　吵嘴
　 吵 相互 吵 相互

15. bɯp jɔˀ guːŋ jɔˀ　　　　　会见
　　遇见 相互 看见 相互

16. sə mɔːt dzaˀ jɛːŋ dzaˀ　　远眺
　　　 望　 远　 看　 远

17. mah ŋam bəˀ ŋam　　　　　隆重庆祝
　　吃　 大　 吃　大

18. mah dziˀ ˀɯak dziˀ　　　　大吃大喝
　　吃　 愚蠢 喝　愚蠢

19. mah plɔh ˀɯak plɔh　　　　白吃白喝
　　吃　 白白地 喝　白白地

20. jɔh plɔh gai plɔh　　　　　白去一趟
　　去　 白白地 来　白白地

21. ˀan plɔh dzɔi plɔh　　　　无偿援助
　　给 白白地 帮助 白白地

22. keŋ sə ˀɔːŋ mah sə ˀɔːŋ　　打针吃药
　　打针 树　 吃　 树

23. kʰrɔːn jɔˀ poˀ jɔˀ　　　　团聚
　　堆积 朋友 和　朋友

24. dzɔi jɔˀ jɛːŋ jɔˀ　　　　　帮忙
　　帮助 朋友 看　朋友

25. ˀɯak buːt baːŋ buːt　　　　喝醉
　　喝　 酒 醉　酒

26. ˀuːn kə muːl kʰrɔːn kə muːl　存钱
　　留　 钱　　 堆积　 钱

27. tɛːŋ ɺlɔˀ laːŋ ɺlɔˀ　　　　造谣
　　做　 话 编造　话

28. sroˀ bɯan lau bɯan　　　　能说敢说
　　说　 敢 讲　敢

29. gət bɯan lau bɯan　　　　敢想敢说
　　想　 敢 说　敢

30. lau bɯan tɛːŋ bɯan　　　　　　说到做到
　　 说　 能　 做　 能

31. ʔan bɯan kɔit bɯan　　　　　　识字
　　 读　 能　 写　 能

32. mah ʔnɛ taːk ʔnɛ　　　　　　　挑食
　　 吃　 又　 吐　 又

33. təːm ʔnɛ tɛʔ ʔnɛ　　　　　　　载歌载舞
　　 唱　 又　 跳　 又

34. kʰap　　　 ʔnɛ tɛʔ ʔnɛ　　　　载歌载舞
　　 唱（傣语）又　 跳　 又

35. mah ʔnɛ lau ʔnɛ　　　　　　　边吃边说
　　 吃　 又　 说　 又

36. tɛːŋ ʔnɛ mah ʔnɛ　　　　　　　边吃边做
　　 做　 又　 吃　 又

37. mah ʔnɛ mɔːt ʔnɛ　　　　　　　连吃带拿
　　 吃　 又　 拿　 又

38. lau ʔnɛ kʰrah ʔnɛ　　　　　　有说有笑
　　 说　 又　 笑　 又

39. jaːm ʔnɛ hɛːt ʔnɛ　　　　　　又哭又喊
　　 哭　 又　 喊　 又

40. jɔh ʔnɛ jɛːŋ ʔnɛ　　　　　　　边走边看
　　 走　 又　 看　 又

41. sih ʔnɛ rəh ʔnɛ　　　　　　　混混欲睡
　　 睡　 又　 醒　 又

42. guɳ ʔnɛ met ʔnɛ　　　　　　　耳闻目睹
　　 看见　 又　 听见　又

43. jaːm ʔnɛ tɕər ʔnɛ　　　　　　又哭又闹
　　 哭　 又　 闹　 又

44. deʔ ʔnɛ pit ʔnɛ　　　　　　　三心二意
　　 要　 又　 扔　 又

45. kuŋ gə ga:ŋ gə   他乡
    村寨 他 家 他

46. joŋ ga:ŋ maˀ ga:ŋ   家庭户主
    父 家 妈 家

47. ga:ŋ ləˀ tɕɛˀ ˀoˀ ləˀ   温馨之家
    房子 好 棚 好

48. joŋ tʰau maˀ tʰau   （姥）爷（姥）奶
    爷 奶

49. klɔ:ŋ mat sɛ:ŋ mat   眼珠
    珠子 眼 小珠 眼

50. ŋam vɛi dzoŋ vɛi   又高又大
    大 快 高 快

51. mah ləˀ jɛt ləˀ   丰衣足食
    吃 好 住 好

52. ruai piʈ plɔi piʈ   扔掉
    放下 扔 放下 扔

53. mah piʈ ta:k piʈ   挑食
    吃 扔 吐 扔

54. jɛt sih mah sih   懒惰
    住 睡 吃 睡

55. ŋɯam de dza:ŋ de   固执己见
    心里 自己 做法 自己

56. ga lot dʑur lot   上车下车
    上 车 下 车

57. sroˀ muan lau muan   悦耳动听
    说 悦耳 说 悦耳

58. tɛ:ŋ viak ˀəh viak   干活
    做 活儿 做 活儿

59. ɽɯan ˀu:n mian ˀu:n   保存
    收拾 留 整理 留

60. kuːp kaˀ kaːr kaˀ   包烧
    包烧 鱼 烤 鱼

61. pɔːk kaˀ ˀɛp kaˀ   烧烤
    烧 鱼 烘 鱼

62. pɯat lɔːh bɯat lɔːh   按摩
    按 身体 踩 身体

63. kiau ŋɔˀ teːn ŋɔˀ   收割
    割 稻谷 打 稻谷

64. ruŋ mah tɕau mah   做饭
    蒸 饭 煮 饭

65. tʰuk lɔːh ˀɔːt lɔːh   洗澡
    搓 身体 擦 身体

66. ɣɛːn jɛːŋ pɛːl jɛːŋ   视察
    监督 看 巡视 看

67. jɛt ˀmaːp mah ˀmaːp   贫困
    住 困苦 吃 困苦

68. mah loit ˀɯak loit   吃光喝光
    吃 完 喝 完

69. lau ɱəh məh ɱəh   雷厉风行
    说 什么 是 什么

（四）ABAC 型（579个）

1. sai muh sai mat   视线
   线 鼻 线 眼

2. ˀom muh ˀom mat   眼泪
   水 鼻 水 眼

3. ˀɛh muh ˀɛh mat   鼻青脸肿
   肿 鼻 肿 眼

4. glaːt muh glaːt mat   颐指气使
   过分 鼻 过分 眼

5. lɯak muh lɯak mat　　　　翻白眼
　　翻转　鼻　翻转　眼

6. mɛːn muh mɛːn mat　　　　顺眼
　　满意　鼻　满意　眼

7. bit　muh bit　mat　　　　遮脸
　　遮　鼻　遮　眼

8. glaʔ muh glaʔ mat　　　　洗脸
　　洗　鼻　洗　眼

9. ra　muh ra　mat　　　　给面子
　　洗　鼻　洗　眼

10. dah muh dah mat　　　　当面
　　在　鼻　在　眼

11. dzi muh dzi mat　　　　当面指出
　　指向　鼻　指向　眼

12. kleʔ muh kleʔ mat　　　　出头露脸
　　露　鼻　露　眼

13. jɛːŋ muh jɛːŋ mat　　　　端详相貌
　　看　鼻　看　眼

14. kə naːŋ muh kə naːŋ mat　　　　当面
　　面前　鼻　面前　眼

15. dzaʔ muh dzaʔ mat　　　　遥远
　　远　鼻　远　眼

16. tet̪ muh tet̪ mat　　　　出卖
　　卖　鼻　卖　眼

17. bɯan deʔ bɯan mah　　　　得到很多物品
　　得到 用品 得到　饭

18. sɯŋ bɯan sɯŋ pit　　　　挣挣花花
　　东西 得到 东西 扔掉

19. sɯŋ ʔah sɯŋ rə maːŋ　　　　积金累玉
　　东西 有 东西 财产

20. sɯŋ kə:t sɯŋ jɛ:r　　　　意外
　　事情 发生 事情 事实

21. sɯŋ gaŋ sɯŋ gɛ:n　　　　急事
　　事情 忙 事情 特急

22. sɯŋ rak sɯŋ pʰɛ:ŋ　　　　珍爱之物
　　东西 爱惜 东西 爱惜

23. sɯŋ bɯp sɯŋ gu:ɳ　　　　所见所闻
　　事情 遇见 事情 见到

24. sɯŋ mah sɯŋ ʔɯak　　　　食物
　　东西 吃 东西 喝

25. sɯŋ tet sɯŋ vɛ:t　　　　贸易
　　东西 卖 东西 买

26. ʔah ɳi ʔah tɕa:ŋ　　　　负债
　　有 债 有 账

27. pəʔ ɳi pəʔ tɕa:ŋ　　　　无债
　　无 债 无 账

28. sai ɳi sai tɕa:ŋ　　　　还债
　　归还 债 归还 账

29. dzoh ɳi dzoh tɕa:ŋ　　　　讨债
　　讨要 债 讨要 账

30. maɳ ɳi maɳ tɕa:ŋ　　　　问债
　　询问 债 询问 账

31. bɯan klɔ:ŋ bɯan ŋɯam　　　　深入人心
　　得到 心脏 得到 心里

32. tər jɯh klɔ:ŋ tər jɯh ŋɯam　　　　心慌意乱
　　发抖 心脏 发抖 心里

33. haʔ klɔ:ŋ haʔ ŋɯam　　　　心急如焚
　　烫 心脏 烫 心里

34. ŋar klɔ:ŋ ŋar ŋɯam　　　　冷静
　　冷 心脏 冷 心里

35. hu:t klɔ:ŋ hu:t ŋɯam　　　冷静
　　冰 心脏 冰 心里

36. graŋ klɔ:ŋ graŋ ŋɯam　　　靠谱
　　沉稳 心脏 沉稳 心里

37. pɔ:n̩ klɔ:ŋ pɔ:n̩ ŋɯam　　　安慰
　　安慰 心脏 安慰 心里

38. ro:m klɔ:ŋ ro:m ŋɯam　　　同心协力
　　同 心脏 同 心里

39. ha:n klɔ:ŋ ha:n ŋɯam　　　不抱希望
　　死 心脏 死 心里

40. mɛ:n klɔ:ŋ mɛ:n ŋɯam　　　顺心
　　满意 心脏 满意 心里

41. bɔ mah bɔ deʔ　　　丰衣足食
　　够 饭 够 用品

42. bɔ klɔ:ŋ bɔ ŋɯam　　　心满意足
　　足够 心脏 足够 心里

43. ŋɛʔ klɔ:ŋ ŋɛʔ ŋɯam　　　担心
　　小 心脏 小 心里

44. sruk klɔ:ŋ sruk ŋɯam　　　放心
　　放心 心脏 放心 心里

45. ḷa klɔ:ŋ ḷa ŋɯam　　　改变主意
　　改变 心脏 改变 心里

46. ʔah klɔ:ŋ ʔah ŋɯam　　　感兴趣
　　有 心脏 有 心里

47. pə sroʔ pə ḷian　　　不声不响
　　不 说 不 出来

48. pəʔ klɔ:ŋ pəʔ ŋɯam　　　不感兴趣
　　无 心脏 无 心里

49. rɔʔ klɔ:ŋ rɔʔ ŋɯam　　　专心致志
　　用心 心脏 用心 心里

50. gai klɔːŋ gai ŋɯam　　　回心转意
　　 回　心脏　回 心里

51. ʔuːn klɔːŋ ʔuːn ŋɯam　　 放心
　　 留　心脏　留　心里

52. jaːn ŋɛʔ jaːn muan　　　 美妙的铜鼓声
　　 铜鼓 小 铜鼓 悦耳

53. tam jaːn　 tam rə baːŋ　 敲锣打鼓
　　 敲打 铜鼓 敲打 锣（克木语）

54. tam briːŋ tam poːŋ　　　敲锣打鼓
　　 敲打 鼓　敲打 锣（傣语）

55. tʰɛːm ʔom tʰɛːm pʰrɯa　 火上加油
　　 添加 水 添加 火

56. tʰɛːm ʔma tʰɛːm rɛːŋ　　 加油
　　 添加 力量 添加 力量

57. loit̪ ʔma loit̪ rɛːŋ　　　 精疲力尽
　　 完 力量 完　力气

58. rɔʔ　 ʔma　 rɔʔ　 rɛːŋ　 用力
　　 放置 力量 放置 力气

59. pəʔ ʔma　 pəʔ rɛːŋ　　　瘦弱
　　 没　力量 没 力气

60. ʔah　ʔma　ʔah rɛːŋ　　　 强壮
　　 有　力量 有 力气

61. pa tɕʰuk pa rə haːŋ　　　竹林
　　 林 竹 林 刺竹

62. pa tɕʰuk pa sə ʔɔːŋ　　　树林
　　 林 竹 林 树

63. l̪aʔ tɕʰuk l̪aʔ sə ʔɔːŋ　　 树叶
　　 叶 竹 叶 树

64. prɛh tɕʰuk prɛh sə ʔɔːŋ　 树枝
　　 枝 竹 枝 树

65. dɔŋ ʔom dɔŋ la　　　　　烧茶
　　　烧　水　烧　茶

66. ʔɯak ʔom ʔɯak la　　　　喝茶
　　　喝　水　喝　茶

67. kəh ʔom kəh la　　　　　端茶倒水
　　　倒　水　倒　茶

68. ge:t ʔom ge:t la　　　　端茶倒水
　　　倒　水　倒　茶

69. ba:k ʔom ba:k la　　　　端茶倒水
　　　倒　水　倒　茶

70. ba:ŋ bu:t ba:ŋ la　　　醉酒醉茶
　　　醉　酒　醉　茶

71. ba:ŋ bu:t ba:ŋ ʔja　　醉酒醉烟
　　　醉　酒　醉　烟

72. tʰɔ:k jɔh tʰɔ:k gai　　倒来倒去
　　翻倒　去 翻倒　来

73. ve:r jɔh ve:r gai　　　丢手绢
　　周围　去 周围　来

74. lau jɔh lau gai　　　　喋喋不休
　　说　去　说　来

75. ru jɔh ru gai　　　　　拉来拉去
　　拉　去　拉　来

76. ŋu:t jɔh ŋu:t gai　　　挪来挪去
　　挪　去　挪　来

77. liap jɔh liap gai　　　绕来绕去
　　绕　去　绕　来

78. leu jɔh leu gai　　　　拐来拐去
　　拐弯　去 拐弯　来

79. kʰɯɛh jɔh kʰɯɛh gai　　夹来夹去
　　夹　　去　夹　来

80. ver jɔh ver gai   翻来覆去
     翻 去 翻 来

81. ve:k jɔh ve:k gai   歪歪扭扭
     歪 去 歪 来

82. vi:k jɔh vi:k gai   过来过去
     穿过 去 穿过 来

83. lɛʔ jɔh lɛʔ gai   反复推辞
     推辞 去 推辞 来

84. kɔk jɔh kɔk gai   弯来弯去
     弯 去 弯 来

85. pə jɔh pə gai   半途而费
     不 去 不 回

86. gaŋ jɔh gaŋ gai   忙忙碌碌
     忙 去 忙 来

87. hak jɔh hak gai   独来独往
     独立 去 独立 回

88. hak jɔh hak veṭ   独来独往
     独立 去 独立 回

89. gaŋ jɔh gaŋ veṭ   速去速回
     忙 去 忙 回

90. ri:p jɔh ri:p veṭ   急去急回
     急 去 急 返回

91. lau pər jɔh lau pər gai   反悔
     说 使 去 说 使 回

92. pih jɔh pih gai   牵来牵去
     牵 去 牵 来

93. ʐi:n jɔh ʐi:n gai   扶来扶去
     扶 去 扶 来

94. mɔ:t jɔh mɔ:t gai   拿来拿去
     拿 去 拿 来

95. tuk jɔh tuk gai   拴线叫魂
    拴   去   拴   来

96. trəh jɔh trəh gai   拔了又拔
    拔   去   拔   来

97. grəh jɔh grəh gai   挖来挖去
    挖   去   挖   来

98. rɯ   jɔh rɯ gai   挪来挪去
    挪   去   挪   来

99. ŋai jɔh ŋai gai   搬来搬去
    搬   去   搬   来

100. bak jɔh bak gai   骑来骑去
    骑   去   骑   来

101. kɔʔ jɔh kɔʔ gai   左等右等
    等待 去 等待 来

102. ləŋ jɔh ləŋ tɛːŋ   暗度陈仓
    偷   去   偷   做

103. jɔh laʔ jɔh həp   访友
    去   玩   去   看望

104. jɔh laʔ jɔh puaŋ   去闲聊
    去   玩   去   聊天

105. jɔh mah jɔh ʔɯak   去做客
    去   吃   去   喝

106. jɔh dzɔi jɔh dzəh   帮助进步
    去 帮助 去 提高

107. jɔh baːr jɔh jɛːŋ   卜卦
    去 卜卦 去   看

108. ʔah pʰeːt ʔah vaːt   正经
    有   正经 有 形象

109. pəʔ pʰeːt pəʔ vaːt   无趣
    无   正经 无 形象

110. ʔah koːn ʔah hɛːm　　　　　儿孙绕膝
　　有　孩子有　弟、妹

111. pəʔ koːn pəʔ hɛːm　　　　　无亲无故
　　无　孩子无　弟、妹

112. ʔah rəm boh ʔah kə naːŋ　　有头有脸
　　有　　脸　有　面子

113. ʔuːn rəm boh ʔuːn kə naːŋ　讲情面
　　留　　脸　留　面子

114. ʔan rəm boh ʔan kə naːŋ　　给面子
　　给　　脸　给　面子

115. pit rəm boh pit kə naːŋ　　　丢脸
　　丢　　脸　丢　面子

116. ʔah ʔmak ʔah ʔmɔːn　　　　有条有理
　　有　一致　有　地方

117. ʔah tuːt ʔah riah　　　　　　有根有据
　　有　根　有　芽

118. ʔah dʑɯ ʔah siaŋ　　　　　　著名的
　　有　名字　有　声音

119. ʔah pə tʰuʔ ʔah rə maːŋ　　　富有
　　有　遗产　有　财产

120. pə ŋɔʔ pə l̪aːp　　　　　　　重蹈覆辙
　　不　怕　不　悔改

121. pə nɔːm pə pian　　　　　　　固执己见
　　不　认错不　改变

122. pə bɯp pə nəːŋ　　　　　　　不经历便不知道
　　不　经历不　知道

123. pə lɯa　pə dʑut　　　　　　相差无几
　　不　超过不　少于

124. pə hoit pə kən　　　　　　　锲而不舍
　　不　完成不　停

125. pəʔ joŋ pəʔ maʔ　　　　　孤儿
　　　无　父　无　母

126. pəʔ mah pəʔ m̥aːr　　　　食不果腹
　　　无　饭　无　盐

127. pə met pə nəːŋ　　　　　一无所知
　　　不　听见 不　知道

128. pə guːŋ̥ pəʔ nəːŋ　　　　一无所知
　　　不　看见 不　知道

129. pə met pə maːŋ　　　　　不闻不问
　　　不　听见 不　问

130. pə nəːŋ pə maːŋ　　　　漠不关心
　　　不　知道 不　问

131. pə ləʔ pə trɔʔ　　　　　不漂亮
　　　不　好　不　美

132. pə ləʔ pə dɔm　　　　　不漂亮
　　　不　好　不　靓丽

133. pə kəŋ pə trɔʔ　　　　　不合适
　　　不　合适 不　美

134. pə gaŋ pə gɛːn　　　　　不慌不忙
　　　不　忙　不　特急

135. pə r̥luʔ pə kən　　　　　一鼓作气
　　　不　休息 不　停

136. pə guːŋ̥ pə kən　　　　　不见不散
　　　不　看见 不　停

137. pə vaːŋ pə liat　　　　　不长不短
　　　不　长　不　短

138. pə kʰɯan pə dzuːr　　　不增不减
　　　不　增加　　不　减少

139. pə jɛːŋ pə pɛːl　　　　　不理不看
　　　不　看　不　巡视

140. pə　ŋam pə　ŋɛˀ　　　　　　　不大不小
　　　不　大　不　小

141. pə　maːk pə　ŋɛˀ　　　　　　不多不少
　　　不　多　不　少

142. pə　dzuːt pə　lua　　　　　　不多不少
　　　不　缺少 不　超过

143. pə　ruai　pə　plɔi　　　　　紧抓不放
　　　不　放开 不　放开

144. pə　l̩oŋ　pə　laːŋ　　　　　念念不忘
　　　不　忘　不　消失

145. pə　tɕuˀ　pə　m̩ur　　　　　身体健康
　　　不　痛　不　痒

146. pə　ˀah　pə　ˀoh　　　　　　不理不睬
　　　不　肉　不　伤口

147. pə　ˀoh　pə　maːm　　　　　不理不睬
　　　不　伤口 不　血

148. pə　loit　pə　ɹ̩ɔːŋ　　　　　数不胜数
　　　不　完　不　完全

149. pə　hoit　pə　klah　　　　　没完没了
　　　不　完成 不　结束

150. tɛːŋ　kʰi　tɛːŋ ŋai　　　　忙忙碌碌
　　　做　这边 做　那边

151. guːt　kʰi　guːt ŋai　　　　东逛西逛
　　　进　这　进　那

152. guːt　kʰi　guːt tʰoˀ　　　　东逛西逛
　　　进　这　进　那

153. laˀ　kʰi　laˀ　ŋai　　　　　到处游玩
　　　玩　这　玩　那

154. jɛːŋ　kʰi　jɛːŋ ŋai　　　　左顾右盼
　　　看　这　看　那

155. sə mɔːt gi sə mɔːt nai　　东张西望
　　 望　　这望　　那

156. kɔˀ　gi　kɔˀ　nai　　左等右等
　　 等待 这 等待 那

157. tɕaˀ　gi　tɕaˀ　nai　　各式各样
　　 样式 这 样式 那

158. ŋut gi　ŋut nai　　推来推去
　　 推　 这　推　那

159. hɔi gi　hɔi nai　　玩这玩那
　　 玩　 这　玩　那

160. gə　gi　gə　nai　　这个那个
　　 个　 这　个　那

161. lau gi　lau nai　　说东说西
　　 说　 这　说　那

162. mah gi　mah nai　　吃这吃那
　　 吃　 这　吃　那

163. buɯr gi　buɯr nai　　碰这碰那
　　 碰　　这　碰　那

164. tɕɔːp gi　tɕɔːp nai　　东哄西骗
　　 哄　 这　哄　那

165. laːk gi　laːk nai　　骗这骗那
　　 骗　 这　骗　那

166. tɕɔːp bəh tɕɔːp tal　　东哄西骗
　　 哄　 上　哄　下

167. laːk bəh laːk tal　　骗这骗那
　　 骗　 上　骗　下

168. tɕɔːp mah tɕɔːp ˀuɯak　　骗吃骗喝
　　 哄　 吃　哄　喝

169. laːk mah laːk ˀuɯak　　骗吃骗喝
　　 骗　 吃　骗　喝

170. la:k tʰɛˀ la:k   na   假冒伪劣
　　 假的 真地 假的 特别地

171. ŋɔ:r m̥əˀ ŋɔ:r n̥iˀ   分道扬镳
　　 路   哪   路   哪

172. ga:ŋ m̥əˀ ga:ŋ n̥iˀ   各家各户
　　 家   哪   家   哪

173. kʰron tiˀ kʰron dzɯaŋ   全身收缩
　　 收缩 手 收缩   脚

174. m̥əi tiˀ m̥əi dzɯaŋ   手脚麻木
　　 麻木 手 麻木 脚

175. vɛi tiˀ vɛi dzɯaŋ   快手快脚
　　 快   手 快   脚

176. pə tʰɯk tiˀ pə tʰɯk dzɯaŋ   笨手笨脚
　　　 笨   手 笨   脚

177. ma:k tiˀ ma:k dzɯaŋ   人手充裕
　　 多   手 多   脚

178. ˀoh tiˀ ˀoh dzɯaŋ   身上的伤口
　　 伤口 手 伤口 脚

179. kuan tiˀ kuan dzɯaŋ   碍手碍脚
　　 妨碍 手 妨碍 脚

180. sər van tiˀ sər van dzɯaŋ   碍手碍脚
　　 妨碍   手 妨碍   脚

181. ra tiˀ ra dzɯaŋ   洗漱
　　 洗 手 洗 脚

182. viak ɻeˀ viak rə na   农活
　　 活儿 旱地 活儿 水田

183. ŋ̥a:m ɻeˀ ŋ̥a:m rə na   农忙时节
　　 时候 旱地 时候 水田

184. je:r ɻeˀ je:r rə na   田边地头
　　 边上 旱地 边上 水田

185. sɛ:r ɽeˀ sɛ:r rə na　　　　　地界
　　 边界 旱地 边界 水田

186. jɔh ɽeˀ jɔh rə na　　　　　　下地干活
　　 去 旱地 去 水田

187. pə sɯm ɽeˀ pə sɯm rə na　　种田
　　 种 旱地 种 水田

188. tɛ:ŋ ɽeˀ tɛ:ŋ rə na　　　　　开荒
　　 做 旱地 做 水田

189. liaŋ ɽeˀ liaŋ rə na　　　　　祭田地
　　 养 旱地 养 水田

190. liaŋ tra:k liaŋ ləm boˀ　　　养牛
　　 养 水牛 养 黄牛

191. liaŋ lui liaŋ tə nɔh　　　　　维持生命
　　 养 肚子 养 嘴

192. liaŋ kɔ:n liaŋ hɛ:m　　　　　抚养子女
　　 养 孩子 养 弟、妹

193. liaŋ pat liaŋ hə ˀjiar　　　　饲养家禽
　　 养 鸭 养 鸡

194. nə:ŋ riˀ nə:ŋ tɜɜ:ŋ　　　　　了如指掌
　　 知道 清楚 知道 更清楚

195. ga:ŋ tɛˀ ga:ŋ ju:n　　　　　歌舞厅
　　 房子 跳舞 房子 晃动

196. bu:ŋ ŋɔˀ bu:ŋ mah　　　　　米酒
　　 酒 水稻 酒 饭

197. dzoh ŋɔˀ dzoh mah　　　　　讨饭
　　 讨要 水稻 讨要 饭

198. rip ŋɔˀ rip mah　　　　　　收庄稼
　　 收割 水稻 收割 粮食

199. pɔ ŋɔˀ pɔ mah　　　　　　　打谷子
　　 打 水稻 打 粮食

200. tʰɯ ɤoi tʰɯ riːt　　　　　　　信鬼信神
　　　相信 鬼 相信 风俗

201. maːk tɕa˞ maːk dzɯ　　　　　　多种多样
　　　多 样式 多 名称

202. maːk tɕa˞ maːk nɛu　　　　　　多种多样
　　　多 样式 多 种类

203. dzɯm dzɯ dzɯm nɛu　　　　　各种各样
　　　各 名称 各 种类

204. dzɯm ˞moːn dzɯm ʒɛːŋ　　　　各个地方
　　　各 地方 各 地方

205. ŋaːm riːp ŋaːm gaŋ　　　　　紧急时刻
　　　时候 急 时候 忙

206. ˞om kə ma˞ ˞om kər lɔːk　　　雨水
　　　水 雨 水 地面的

207. lɔh tɛːp lɔh teu　　　　　　缝衣服
　　　缝 衣服 缝 裤子（傣语）

208. lɔŋ dɔ˞ lɔŋ kaːl　　　　　　前前后后
　　　边 后 边 前

209. nap mɯ nap van　　　　　　倒计时
　　　数 日子 数 日子（傣语）

210. lɛi mɯ lɛi van　　　　　　看日子
　　　算 日子 算 日子（傣语）

211. sɔːk mɯ sɔːk van　　　　　看日子
　　　找 日子 找 日子（傣语）

212. tɕɛm mɯ tɕɛm kʰan　　　　定下日子
　　　确定 日子 确定 日期

213. tɕɛm mɯ tɕɛm ŋaːm　　　　定下日子
　　　确定 日子 确定 时候

214. rɔːt mɯ rɔːt ŋaːm　　　　时日已到
　　　到 日子 到 时候

215. jɛŋ jɔh jɛŋ ma:k   越来越多
     越　去　越　多

216. jɛŋ mah jɛŋ loiʈ   越吃越少
     越　吃　越　完

217. jɛŋ ʔəh jɛh ləʔ   越做越好
     越　做　越　好

218. jɛŋ ŋam jɛŋ dzoŋ   越长越高
     越　大　越　高

219. jɛŋ ʔəh jɛŋ təp   变本加厉
     越　做　越　严重

220. ʔmɔ:n mah ʔmɔ:n sih   生活的地方
     地方　吃　地方　睡

221. sɔ:k mah sɔ:k jɛt   求生存
     找　饭　找　住处

222. sɔ:k mah sɔ:k deʔ   求生存
     找　饭　找　用品

223. jɔh kuŋ jɔh ga:ŋ   下村寨
     去　村寨　去　家

224. jɛt kuŋ jɛt ga:ŋ   在寨子里
     在　村寨　在　家

225. joŋ kuŋ joŋ ga:ŋ   村长
     头人 村寨 头人　家

226. laʔ kuŋ laʔ ga:ŋ   走村串寨
     玩　村寨 玩　家

227. leh kuŋ leh ga:ŋ   村头
     近　村寨　近　家

228. klɔŋ kuŋ klɔŋ ga:ŋ   村里
     里面 村寨 里面　家

229. ro:m kuŋ ro:m ga:ŋ   同乡
     同　村寨　同　家

230. jɔˀ kuŋ   jɔˀ ga:ŋ   家乡的朋友
     朋友 村寨 朋友 家

231. kɔ:n kuŋ kɔ:n ga:ŋ   农村的孩子
     孩子 村寨 孩子 家

232. sɔ:k kuŋ sɔ:k ga:ŋ   叫回家
     找 村寨 找 家

233. vet kuŋ vet ga:ŋ   回家
     回 村寨 回 家

234. ma:k kuŋ ma:k ga:ŋ   村寨多的
     多 村寨 多 家

235. ri:t kuŋ   ri:t ga:ŋ   村寨风俗
     风俗 村寨 风俗 家

236. via kuŋ viak ga:ŋ   村里的义务活
     活儿 村寨 活儿 家

237. sriˀ kuŋ   sriˀ ga:ŋ   寨子禁忌
     禁忌 村寨 禁忌 家

238. dʑɯm kuŋ dʑɯm ga:ŋ   村村寨寨
     各   村寨 各   家

239. pɔˀ   ga:ŋ pɔˀ tɕə ˀoˀ   打扫卫生
     打扫 房子 打扫 棚

240. pəˀ   ga:ŋ pəˀ tɕə ˀoˀ   无家可归
     无   房子 无   棚

241. liaŋ ga:ŋ liaŋ tɕə ˀoˀ   养家
     养   家 养   棚

242. dah ga:ŋ dah tɕə ˀoˀ   家里
     在   房子 在   棚

243. klum ga:ŋ klum tɕə ˀoˀ   经营好家庭
     照顾 房子 照顾 棚

244. klum ga:ŋ klum hə:m   经营好家庭
     照顾 家 照顾 弟、妹

245. sɔːk gaːŋ sɔːk tɕə ʔoʔ　　　寻找家园
　　　找　房子　找　棚

246. maːŋ gaːŋ maːŋ tɕə ʔoʔ　　　拆迁房屋
　　　拆　房子　拆　棚

247. maːk gaːŋ maːk tɕə ʔoʔ　　　大村寨
　　　多　房子　多　棚

248. ʔəh gaːŋ ʔəh tɕə ʔoʔ　　　建造房屋
　　　做　房子　做　棚

249. tɛːŋ gaːŋ tɛːŋ tɕə ʔoʔ　　　建造房屋
　　　做　房子　做　棚

250. ŋai gaːŋ ŋai tɕə ʔoʔ　　　搬迁
　　　搬　房子　搬　棚

251. gaːŋ roːŋ gaːŋ tɛʔ　　　宫殿
　　　房子　宫　房子　庙

252. gaːŋ jɛt gaːŋ mah　　　在家吃住
　　　家　住　家　吃

253. ŋaːm ləʔ ŋaːm dzəʔ　　　时好时坏
　　　时候　好　时候　坏

254. ʔmɯt ŋar ʔmɯt haʔ　　　忽冷忽热
　　　时而　冷　时而　热

255. briʔ kɯt briʔ kɛ　　　深山老林
　　　森林　茂密　森林　老

256. pa kɯt pa kɛ　　　深山老林
　　　林　茂密　林　老

257. grua ʔjɔːŋ grua brap　　　妆品饰品
　　　物品　搭配　物品　打扮

258. ʔəh troʔ ʔəh dɔːm　　　化妆
　　　做　漂亮　做　靓丽

259. sə gaːr sə mə　　　直直的
　　　直的　一样

260. nɯm glaːt nɯm moi　　　　　大前年
　　　去年　　后年

261. nɯm baŋ nɯm moi　　　　　　大后年
　　　明年　　后年

262. sə baŋ sə moi　　　　　　　　大后天
　　　明天　后天

263. tɕəm kɯn tɕəm broʔ　　　　　男男女女
　　　女　　　男

264. tə lɛŋ vɛk tə lɛŋ miːt　　　　磨刀干活
　　　磨　刀　磨　尖刀

265. gaŋ viak gaŋ ʐeʔ　　　　　　农忙
　　　忙　活儿 忙 旱地

266. pʰək viak pʰək kaːn　　　　　（小孩）学活
　　　学　活儿 学 劳动

267. lau viak lau kaːn　　　　　　分配活儿
　　　说　活儿 说 劳动

268. pan viak pan kaːn　　　　　　分工
　　　分　活儿 分 劳动

269. tɕʰai rian tɕʰai kɔit　　　　　识字
　　　会　读　会　写

270. tɕaʔ ləʔ tɕaʔ blia　　　　　样式漂亮
　　　样式 好 样式 漂亮

271. daʔ kən daʔ dɯn　　　　　　继续前行
　　　不　停　不　站

272. həp joŋ həp maʔ　　　　　　回娘家
　　　看望 父 看望 母

273. həp tai həp hɛːm　　　　　　串亲戚
　　　看望 兄、姐 看望 弟、妹

274. həp jɔʔ həp bɯːŋ　　　　　　走亲访友
　　　看望 朋友 看望 伙伴

275. ʔah jɔʔ ʔah buːŋ　　　　成群结队
　　　有　朋友　有　伙伴

276. kəːt jɔʔ kəːt buːŋ　　　成为朋友
　　　成为 朋友 成为 伙伴

277. kɔ jɔʔ kɔ buːŋ　　　　交友
　　　结交 朋友 结交 伙伴

278. ʔja pʰin ʔja ma　　　　毒品
　　　鸦片　　大麻

279. mah təm briʔ mah sə ʔɔːŋ　吃素食
　　　吃　蔬菜　吃　　树

280. mah sroʔ mah kuai　　　过玛格乐节
　　　吃　芋头 吃　山药

281. mah pleʔ mah raːŋ　　　吃水果
　　　吃　水果 吃　花

282. tuːt pleʔ tuːt raːŋ　　　花果树木
　　　根　果 根　花

283. loit̪ sə ʔɔːŋ loit̪ ʔja　　医疗落后
　　　无　树　无　药

284. maːŋ riʔ maːŋ tɕiaŋ　　刨根问底
　　　问　仔细 问　清楚

285. maːŋ tuːt maːŋ riah　　刨根问底
　　　问　根　问　芽

286. məh ga məh kə muːl　　昂贵的
　　　是　价格 是　钱

287. ḻoŋ dzɛn ḻoŋ dzua　　　忘本
　　　忘　祖先 忘　家族

288. duaŋ dzɛn duaŋ dzua　家族相像
　　　连接 家族 连接　先辈

289. dzua taʔ dzua jaʔ　　　祖祖辈辈
　　　辈　爷 辈　奶

290. lɔŋ sok lɔŋ jeːr　　　　　周边
　　边 远处 边 旁边（远指）

291. lɔŋ bəh lɔŋ tal　　　　　上方下方
　　边 上 边 下

292. lɔːŋ dzuːr lɔːŋ kʰɯan　　漂流
　　漂 下 漂 上

293. kɔʔ mɯ kɔʔ ŋaːm　　　　等待时机
　　等待 日子 等待 时候

294. kʰum ʔjiak kʰum nuːm　　茅坑
　　坑 屎 坑 尿

295. ser ʔjiak ser nuːm　　　内急
　　内急 屎 内急 尿

296. kə nɔːr kaʔ lɔːk tər ləi　　摸鱼
　　　捞 鱼 摸 泥鳅

297. kə nɔːr kaʔ kə nɔːr tər ləi　　捞鱼
　　　捞 鱼 捞 泥鳅

298. loh kaʔ loh tər ləi　　　捉鱼
　　捉 鱼 捉 泥鳅

299. kə nɔːr kaʔ kə nɔːr tɕən taːh　　捞鱼
　　　捞 鱼 捞 龙虾

300. tɕaːt dʑiʔ tɕaːt paːn　　　愚蠢
　　很 愚蠢 很 傻

301. tɛːŋ dʑiʔ tɛːŋ ʔjia　　　废寝忘食
　　做 愚蠢 做 傻

302. mah dʑiʔ mah ʔjia　　　　大吃大喝
　　吃 愚蠢 吃 蠢

303. kʰrah dʑiʔ kʰrah ʔjia　　捧腹大笑
　　笑 愚蠢 笑 傻

304. kʰrah trɔʔ kʰrah dɔːm　　嫣然一笑
　　笑 美 笑 靓丽

305. kʰrah lə˧ kʰra blia   嫣然一笑
     笑   好   笑 美丽

306. kʰra˧ lot kʰra˧ lɔ   检修车辆
    修   车   修 推车

307. maːk pi maːk nɯm   长年累月
    多   年   多   年

308. maːk tʰɛ˧ maːk na   大量
    多   真   多 特别地

309. maːk ˧mɔːn maːk hɛːŋ   到处
    多   地方 多   位置

310. maːk tai   maːk hɛːm   大户人家
    多   哥、姐 多 弟、妹

311. maːk joŋ   maːk ma˧   多父多母
    多   父   多   母

312. lə˧   rak lə˧ sre˧   天真烂漫
    好   爱   好   天真

313. ljian tum ljian ple˧   出水痘
    长出 疮 长出 痘

314. ljian ŋɛ˧ ljian ŋɛːr   露马脚
    出来 小 出来 微小

315. kle˧ ŋɛ˧ kle˧ ŋɛːr   露马脚
    露   小   露 微小

316. jim   ŋɛ˧ jim ŋɛːr   小时候
    时候 小 时候 幼小

317. ŋɯan ŋɛ˧ ŋɯan ŋɛːr   自幼
    从   小   从 幼小

318. ŋɔːr ŋɛ˧ ŋɔːr ŋɛːr   羊肠小道
    路   小   路 狭小

319. ta˧   siːm ta˧ tə goːk   鸟类姓氏
    姓氏 鸟 姓氏 白头翁

320. loiʈ dʑɯ loiʈ siaŋ　　　　　籍籍无名
　　　无　名　无　声音

321. kə: ban kə:t ɱun　　　　　成千上万
　　　变成 千 变成 万

322. jɔ:m mah jɔ:m deʔ　　　　　缺吃少穿
　　　缺　吃　缺　用品

323. ro:m ha:n ro:m brɯal　　　　同生共死
　　　同　死　同　活

324. ro:m jon ro:m maʔ　　　　　手足
　　　同　父　同　母

325. nə:ŋ dɔʔ nə:ŋ kəm poŋ　　　了如指掌
　　　知道 结尾 知道　开头

326. tɕʰai ʔəh tɕʰai tɛ:ŋ　　　　能干
　　　能　做　能　做

327. sai ʔəh sai tɛ:ŋ　　　　　能干
　　　能 做 能 做

328. bɯp kʰɔʔ bɯp na:m　　　　不期而遇
　　　遇见 意外 遇见 意外

329. guʔ gu:ɳ guʔ nə:ŋ　　　　司空见惯
　　　经常 看见 经常 知道

330. tɕuʔ lui tɕuʔ ɽiaŋ　　　　肚子疼
　　　疼　肚子　疼　肠子

331. hoiʈ ləʔ hoiʈ trɔʔ　　　　圆满完成
　　　完成 好 完成 好

332. rak kɔ:n rak dzeʔ　　　　宠爱子孙
　　　宠爱 孩子 宠爱　孙子

333. kɔ:n ŋɛʔ kɔ:n ŋa:k　　　　小孩儿
　　　孩子 小 孩子 婴儿

334. kɔ:n ro:k kɔ:n dɔ:k　　　　孤儿
　　　孩子 穷 孩子 孤独

335. gon roːk gon ˀmaːp　　　　穷人
　　　人　穷　人　困苦

336. gon kɛ gon tʰau　　　　老人
　　　人　很老　人　不太老

337. gon ŋaːn gon sə man　　　恶人
　　　人　恶　人　凶恶

338. gon dzəˀ gon ŋaːn　　　暴徒
　　　人　坏　人　恶

339. gon ŋai gon ruah　　　慷慨大方
　　　人　容易　人　大方

340. m̥uˀ ˀəh m̥uˀ saːŋ　　　劳动力
　　　人　做　人　劳动

341. m̥uˀ ŋai m̥uˀ ruah　　　慷慨大方
　　　人　容易　人　大方

342. m̥uˀ haːn m̥uˀ brɯal　　　好坏不分
　　　人　死　人　活

343. m̥uˀ tʰɛˀ m̥uˀ na　　　老实人
　　　人　真地　人　特别地

344. lam ləˀ lam tʰɛˀ　　　美味可口
　　　好吃　好　好吃　真

345. bɔˀ kɔːn bɔˀ hɛːm　　　背孩子
　　　背　孩子　背　弟、妹

346. hɛːt kɔːn hɛːt hɛːm　　　叫回孩子
　　　叫喊　孩子　叫喊　弟、妹

347. hɛːt kɔːn hɛːt dzeˀ　　　叫回子孙
　　　叫喊　孩子　叫喊　孙子

348. maːn kɔːn maːn hɛːm　　　怀孕
　　　怀孕　孩子　怀孕　弟、妹

349. məh bɔːr məh tɛə nɔːr　　　成排成行
　　　是　排　是　竖行

350. məh jɔˀ məh mu　　　　　成群结队
　　　是　朋友　是　多

351. məh kə muːl məh sriːl　　　金银财宝
　　　是　银子　是　金子

352. tɛːŋ ˀuːn tɛːŋ kɔˀ　　　　　做好准备
　　　做　留　做　等

353. tɛːŋ ləˀ tɛːŋ blia　　　　　做得好
　　　做　好　做　漂亮

354. məh tʰɛˀ məh na　　　　　真真正正
　　　是　真　是　特别地

355. tɛːŋ tʰɛˀ tɛːŋ na　　　　　踏踏实实
　　　做　真　做　特别地

356. ˀəh ləˀ ˀəh tʰɛˀ　　　　　踏踏实实
　　　做　好　做　真

357. tɛːŋ ləˀ tɛːŋ sər məˀ　　　踏踏实实
　　　做　好　做　真地

358. nap ˀəh nap tɛːŋ　　　　　敷衍了事
　　　胡乱 做 胡乱 做

359. nap tɛːŋ nap ˀəh　　　　　敷衍了事
　　　胡乱 做 胡乱 做

360. nap dok nap tɛːŋ　　　　　敷衍了事
　　　胡乱 做 胡乱 做

361. nap dok nap ˀəh　　　　　敷衍了事
　　　胡乱 做 胡乱 做

362. hak ˀəh hak tɛːŋ　　　　　独立做事
　　　独立 做 独立 做

363. hak dok hak tɛːŋ　　　　　独立做事
　　　独立 做 独立 做

364. guˀ laːk guˀ tɕop　　　　　哄骗
　　　爱　骗　爱　哄

365. sɔːk ˀmɔːn sɔːk hɛːŋ   选址
     找   地方   找   位置

366. lau ˀjɔk lau kʰrah   开玩笑
     说   玩笑   说   笑

367. lau hɔi lau kʰrah   嘲笑
     说   玩   说   笑

368. moi ŋɯam moi ˀmak   协商一致
     一   心里   一   一致

369. maˀ tuːt maˀ tual   大小老婆
     母   根   母   顶

370. lit̪ kə maˀ lit̪ vaːr   风雨无阻
     淋   雨   晒   太阳

371. rɯŋ kə maˀ rɯŋ ŋ drəi   顶风冒雨
     忍耐   雨   忍耐   风

372. bit kə maˀ bit ŋ drəi   遮风挡雨
     遮   雨   遮   风

373. kər vaˀ vɛk kər vaˀ miːt   刀鞘
     盒   刀   盒   尖刀

374. maˀ ˀah maˀ lɔːh   亲妈
     母   生   母   身体

375. tʰoːt nak tʰoːt na   滔天大罪
     罪行   严重   罪行   特别地

376. guːt lim guːt bɛːm   危急关头
     进   箱   进   竹笋

377. vɯl lim vɯl bɛːm   翻箱倒柜
     翻   木箱   翻   竹笋

378. tɛi joŋ tɛi maˀ   邀请父母
     邀请 父   邀请 母

379. ɱaːm mah ɱaːm ˀɯak   贪得无厌
     贪婪   吃   贪婪   喝

380. r̥oi pə teʔ r̥oi lə vaːŋ 鬼神
    鬼　地　鬼　天

381. jin pə teʔ jin lə vaːŋ 对天发誓
    发誓　地　发誓　天

382. dɯh pə teʔ dɯh lə vaːŋ 顶天立地
    顶　地　顶　天

383. kəm loʔ pə teʔ kəm loʔ glaːŋ 一块岩石
    一块　土　一块　石头

384. ʔan pon ʔan kʰaːt 一刀两断
    给　过去给　断开

385. mah siːn mah ʔaːŋ 关系亲密
    吃　熟　吃　生

386. pə siːn pə ʔaːŋ 关系一般
    不　熟　不　生

387. lə vaːŋ klɔːk lə vaːŋ hɛŋ 晴空万里
    天　白色　天　清澈

388. tual miːt tual sə kam 刀尖
    刀尖 尖刀　刀尖　针

389. kɔit ŋɔːr kɔit tɕə nɔːr 带头做事
    带领　路 带领　竖行

390. dzɔːm dɔʔ dzɔːm tɕə nɔːr 参与
    跟随　身后 跟随　竖行

391. puh gləʔ puh kəm poŋ 洗头发
    洗　头发 洗　头

392. puh teu puh tɛːp 洗衣
    洗　裤子 洗　衣服

393. dar guːt dar l̥ian 跑进跑出
    跑　进　跑　出

394. raʔ ʔnɛːn raʔ ʔnin 占领边境
    占领　边境 占领　地方（傣语）

395. raʔ ʔnɛ:n raʔ ʔmɔ:n　　　占领边境
　　占领 边境 占领 地方

396. nə:m tʰɛʔ nə:m na　　　欢天喜地
　　高兴 真地 高兴 特别地

397. sɔ:k tə baŋ sɔ:k blɔ:ŋ　　　寻找野菜
　　找 竹笋 找 藤

398. dɯaŋ tə baŋ dɯaŋ blɔ:ŋ　　　采集野菜
　　采集 竹笋 采摘 藤

399. jɔ:r kɔ:n jɔ:r dzeʔ　　　为了子孙
　　为了 孩子 为了 孙子

400. jɔ:r kɔ:n jɔ:r he:m　　　为了孩子
　　为了 孩子 为了 弟、妹

401. jɛ:ŋ kɔ:n jɛ:ŋ dzeʔ　　　照看子孙
　　看 孩子 看 孙子

402. jɛ:ŋ kɔ:n jɛ:ŋ he:m　　　照看孩子
　　看 孩子 看 弟、妹

403. gai mah gai ʔɯak　　　回来吃饭
　　来 吃 来 喝

404. tɕa:t riʔ tɕa:t tɕe:ŋ　　　清亮
　　很 清楚 很 明亮

405. tɕa:t riʔ tɕa:t tʰɔp　　　面面俱到
　　很 仔细 很 全面

406. tɕa:t lɯ:t tɕa:t ŋiau　　　非常固执
　　很 固执 很 更固执

407. tɕa:t ʔa:m tɕa:t ŋɯ:t　　　很奇怪
　　很 奇怪 很 奇怪

408. tɕa:t ŋam tɕa:t dək　　　高耸入云
　　很 大 很 高大

409. tɕa:t ŋam tɕa:t gul　　　（人）超级肥胖
　　很 大 很 胖

410. tɕa:t dzoŋ tɕa:t gul   （人）高大魁梧
     很 高 很 胖

411. tɕa:t ŋɛˀ tɕa:t ŋ deˀ   （人）矮小
     很 小 很 矮

412. tɕa:t trɔˀ tɕa:t dɔ:m   娇艳如花
     很 漂亮 很 靓丽

413. tɕa:t dzaˀ tɕa:t dzoŋ   遥远的
     很 远 很 高

414. klai dzaˀ klai dzoŋ   遥远的
     太 远 太 高

415. ˀan pon ˀan hai   一笔勾销
     让 过去 让 彻底

416. ˀan pon ˀan klah   一笔勾销
     让 过去 让 结束

417. ˀɯt mah ˀɯt ma:r   食不果腹
     缺 饭 缺 盐

418. ḷian ma:m ḷian pih   血汗淋漓
     出 血 出 胶浆

419. ˀŋɔ:ŋ ˀah ˀŋɔ:ŋ ˀu:n   （物品）存留
     剩余 有 剩余 留

420. bɛi jɔh bɛi diau   断绝关系
     不 去 不 来往

421. biˀ jɔh biˀ sɔ:k   断绝关系
     不 去 不 找

422. mɔ:t loit mɔ:t sɛŋ   拿的精光
     拿 完 拿 光

423. jɛ:ŋ jɔh jɛ:ŋ gai   左看右看
     看 去 看 来

424. jɛ:ŋ veˀ jɛ:ŋ ham   左顾右盼
     看 左 看 右

425. rəp ŋɛˀ rəp ŋaːŋ   小鱼网
   渔网 小 渔网 <u>丝</u>

426. hɛi met̺ hɛi nəŋ   心知肚明
   已经 听见 已经 知道

427. hɛi gəi hɛi lɯt   适应
   已经 适应 已经 适应

428. sok lok sok lak   高高低低
   高高低低

429. guŋ̊ klɔːk gu:ŋ̊ çaŋ   分出高下
   看见 白色 看见 黑色

430. mah klɔːk mah çaŋ   清白不分
   饭 白色 饭 黑色

431. rɛ ˀuːn rɛ kɔˀ   准备
   准备 留 准备 等待

432. kɔːn ŋɛˀ kɔːn ŋ̊um   青少年
   孩子 小 青年

433. təŋ mɔŋ təŋ meŋ   头晕嗡嗡
    头晕嗡嗡

434. pər pɛːm pər sɔːr   躲藏
    躲藏

435. graŋ rɛːŋ graŋ tɕə ˀaːŋ   精神抖擞
   硬朗 力量 硬朗 骨头

436. r̥lɔˀ braːm r̥lɔˀ pər ˀoːm   恶言恶语
   话 坏话 话 脏话

437. jim ˀnək jim pə sɯam   深夜
   时候 深夜 时候 晚上

438. mah ˀah mah bla   吃肉
   吃 肉 吃 朵生

439. kʰrɔ dʑɔi kʰrɔˀ ˀmɔk   求教
   请求 帮助 请求 教给

440. ga　ʔom　ga　pʰrɯa　　　　　　水电费
　　　费用　水　费用　火

441. r̝lɔʔ　sɯːn　r̝lɔʔ　muan　　　　　甜言蜜语
　　　话　　高兴　话　　悦耳

442. kep　mun　kep　jɔi　　　　　　　斤斤计较
　　　计较　琐碎　计较　细碎

443. r̝lɔʔ　lau　r̝lɔʔ　ʔuːp　　　　　言谈
　　　话　　说　话　　谈

444. dɯaŋ　kʰəi　dɯaŋ　ʔɔm　　　　　接亲
　　　接　　女婿　接　　媳妇

445. lau　jɔh　lau　sə　mə　　　　　　不偏不倚
　　　说　去　说　一样

446. nap　sroʔ　nap　lau　　　　　　　胡说八道
　　　胡乱　说　胡乱　说

447. tɕʰai　sroʔ　tɕʰai　lau　　　　　能说会道
　　　能　　说　能　　说

448. bɔr　sroʔ　bɔr　lau　　　　　　　唠里唠叨
　　　絮叨　说　絮叨　说

449. ŋɔʔ　ʔuat　ŋɔʔ　glɛːn　　　　　怕苦怕累
　　　怕　累　怕　苦

450. ŋaːm　sɯn　ŋaːm　mah　　　　　节日
　　　时节　快乐　时节　吃

451. piːŋ　siːm　piːŋ　pʰrɔːk　　　　打猎
　　　打　鸟　打　松鼠

452. taŋ　klɔːŋ　taŋ　ŋɯam　　　　　全心全意
　　　全　心脏　全　心里

453. taŋ　lɔːh　taŋ　ŋɯam　　　　　　聚精会神
　　　全　身体　全　心里

454. taŋ　tuːŋ　taŋ　pʰeːŋ　　　　　田野
　　　整　野外　整　野外

455. taŋ mɯ taŋ pə sɯam　　　　夜以继日
　　　整　天　整　晚上

456. taŋ ba:h taŋ pə sɯam　　　　夜以继日
　　　整　白天 整　晚上

457. grəŋ kiɳ grəŋ o:ŋ　　　　参差的
　　　一半斤 一半 两

458. jɛ:ŋ moɲ jɛ:ŋ sər meŋ　　　　盼望
　　　看　月亮 看　星星

459. jim　jəʔ　jim　ɻəŋ　　　　很久以前
　　　时候 原来的 时候 古老的

460. gɛ:l mah gɛ:l ʔom　　　　反胃
　　　油腻 吃 油腻 水

461. pua kuŋ pua ga:ŋ　　　　祭村寨
　　　祭　村寨 祭 家

462. pua mok pua rəŋ kɔ:ŋ　　　　祭山
　　　祭　小山 祭　大山

463. je:r mok je:r rəŋ kɔ:ŋ　　　　山边
　　　附近 小山 附近 大山

464. lɯa ʔmɔ:k lɯa sɔ:n　　　　不可调教
　　　不服 教给　不服 劝说

465. dɯn gɛ:m dɯn je:r　　　　靠岸
　　　站立 岸边 站立　边上

466. mɛ:n mɯ mɛ:n ŋa:m　　　　适时
　　　符合 日、天 符合　时候

467. ha:ŋ gleʔ ha:ŋ kəm braʔ　　　　离婚
　　　分离 丈夫　分离 妻子

468. dʑa:ŋ grɯaŋ dʑa:ŋ brap　　　　木匠
　　　匠　木材　匠　制作

469. dʑa:ŋ tɛʔ dʑa:ŋ tɯ:m　　　　演员
　　　匠　跳　匠　唱

470. mɛːn riːt　mɛːn kʰɔːŋ　　　　入乡随俗①
　　符合 风俗 符合 无义

471. pit　riːt　pit kʰɔːŋ　　　　　崇洋媚外
　　丢　风俗 丢 无义

472. nəːŋ　riːt　nəːŋ kʰɔːŋ　　　　了解当地风俗
　　知道 风俗 知道 无义

473. jeːr　briʔ　jeːr　ʔaːŋ　　　　森林周边
　　附近 森林 附近 生的

474. m̩ meʔ　m̩ mɔi　　　　　　　　崭新的
　　新的 无义 配音

475. m̩ boːn　m̩　baːn　　　　　　　半新半旧
　　半旧 无义 配音

476. m̩ poʔ　m̩　paŋ　　　　　　　　睡梦
　　做梦 无义 配音

477. ŋ̍ luk ŋ̍　ləːm　　　　　　　　坑坑洼洼
　　坑　无义 配音

478. kər lih　kər　lɛi　　　　　　　不吉利
　　不吉利 无义　配音

479. kər ŋɔːt kər　ŋɛːt　　　　　　污渍
　　污渍　无义　配音

480. kəl ŋat kəl　ŋɛt　　　　　　　抓痒逗乐
　　抓痒 无义　配音

481. kər ŋok　kər　ŋəːm　　　　　　崎岖不平
　　块状东西 无义 配音

482. kʰə naːp　kʰə　nɛːp　　　　　　强迫
　　强迫 无义 配音

483. ləm ʔmak ləm　ʔmeŋ　　　　　　穷困潦倒
　　穷困 无义 配音

---

① riːt 或 riːt kʰɔːŋ 均表"风俗"之意，后者使用范围更广泛，但 kʰɔːŋ 单用无意义，下同。

484. ˀmak ŋai ˀmak ŋɔːk　　马马虎虎
　　 马虎　无义　配音

485. pər li pər la　　磨磨蹭蹭
　　 磨蹭　无义 配音

486. pʰəh ŋaːt pʰəh ŋau　　疾病
　　 疾病　无义　配音

487. rə maːn rə mɛːn　　坟地
　　 坟墓　无义　配音

488. sər vaːk sər vuun　　混杂的
　　 混杂　无义　配音

489. səm ˀmai səm ˀmɛi　　舒服的
　　 舒服　无义　配音

490. səm ŋɛh səm ŋoi　　调料
　　 调料　　无义　配音

491. sə kɔˀ sə kɛt　　湿湿的
　　 湿的 无义 配音

492. sə gaːr sə gɛːr　　笔直的
　　 直的 无义　配音

493. səˀ ŋɛh səˀ ŋɛi　　美味可口
　　 美味　无义 配音

494. sər ˀeːŋ sər ˀɔːŋ　　想念
　　 想念　无义　配音

495. tər baˀ tər beŋ　　伤疤
　　 伤疤 无义　配音

496. təm baːl təm biːl　　缝缝补补
　　　 补　　无义 配音

497. ŋ̩ dru ŋ̩ drəːm　　乱七八糟
　　 凌乱 无义 配音

498. təm muːl təm moːl　　凌乱的
　　 杂乱的　无义 配音

499. tən loʔ tən   leːŋ   稀泥路
　　　泥巴　无义　配音

500. tɯːŋ kɯr tɯːŋ kar   震动
　　　震动　无义 配音

501. tuk seːt   tuk   sau   极度伤心
　　极度伤心 无义 配音

502. ah   kə muːl ʔah kə soːŋ   富有
　　 有　 钱　 有　 配音

503. pəʔ kə muːl pəʔ kə soːŋ   贫困
　　 无　 钱　　无　 配音

504. ʔah ʔmun   ʔah kʰun   好运
　　 有　运气　有　配音

505. pəʔ ʔmun   pəʔ kʰun   倒霉的
　　没有 运气　没有 配音

506. ʔah ŋɔːr ʔah trɔːŋ   有办法
　　 有　路 有　配音

507. pəʔ   ŋɔːr pəʔ trɔːŋ   走投无路
　　没有 路 没有 配音

508. ʔah sen ʔah kaːn   才华横溢
　　 有　才干 有 配音

509. pəʔ sen   pəʔ kaːn   才华平庸
　　 无　才干 无 配音

510. jɔh plɔh   jɔh rɔŋ   空跑一趟
　　 去　白白地 去 配音

511. gət plɔh   gət rɔŋ   空想
　　 想　白白地　想　配音

512. mah plɔh   mah rɔŋ   白吃白喝
　　 吃　白白地 吃　配音

513. l̥ɔŋ ŋɔːr l̥ɔŋ trɔːŋ   迷路
　　 忘　路 忘　配音

514. tɛːŋ ŋɔːr tɛːŋ trɔːŋ　　　修路
　　　做　路　做　配音

515. ˀmɔk ŋɔːr ˀmɔk trɔːŋ　　带头做事
　　　教给　路　教给　配音

516. jeːr ŋɔːr jeːr trɔːŋ　　　路边
　　　附近　路　附近 配音

517. moi ŋɔːr moi trɔːŋ　　　必由之路
　　　一　路　一　配音

518. jɔh laˀ jɔh leːŋ　　　游玩
　　　去　玩　去　配音

519. guˀ laˀ guˀ leːŋ　　　贪玩
　　　爱　玩　爱　配音

520. gon laˀ gon leːŋ　　　流浪汉
　　　人　玩　人　配音

521. m̥uˀ laˀ m̥uˀ leːŋ　　　流浪汉
　　　人　玩　人　配音

522. tər lah tər leːŋ　　　市场
　　　市场 无义 配音

523. kʰi lɛˀ kʰi leːŋ　　　偷懒
　　　装病 无义 配音

524. ˀah grua ˀah grɔːk　　　富有
　　　有　物品 有　配音

525. pəˀ grua pəˀ grɔːk　　　贫穷
　　　无　物品 无　配音

526. puh grua puh grɔːk　　　洗衣物
　　　洗　物品 洗 配音

527. roˀ grua roˀ grɔːk　　　搬运物品
　　　搬　物品 搬　配音

528. kʰrɔːn grua kʰrɔːn grɔːk　　堆积物品
　　　堆积　物品 堆积　配音

529. pəh lɔːh pəh lit　　　　　　不知自爱
　　 开放 身体 开放 配音

530. taŋ lɔːh taŋ lit　　　　　　全身
　　 全　身体 全　配音

531. gɛːm lɔːh gɛːm lit　　　　　身旁
　　 旁　 身体 旁　 配音

532. dʑɔi sroʔ dʑɔi sah　　　　　帮人说话
　　 帮　 说　 帮　 配音

533. pʰək sroʔ pʰək sah　　　　　鹦鹉学舌
　　 学　 说　 学　 配音

534. pə sroʔ pə sah　　　　　　　沉默寡言
　　 不　说　不　配音

535. mah ŋɛʔ mah ŋɔːt　　　　　吃一丁点
　　 吃　 一点 吃　 配音

536. sih ŋɛʔ sih ŋɔːt　　　　　眯一小会儿
　　 睡　 一点 睡　 配音

537. den ŋɛʔ den ŋɔːt　　　　　坐一小会儿
　　 坐　 一点 坐　 配音

538. mah kʰɛk mah kʰon　　　　举行婚礼
　　 吃　 婚礼 吃　 配音

539. mah grəh mah vɯah　　　　庆祝玛格乐节
　　 吃　 丰收 吃　 配音

540. jɔh dʑɔi jɔh dʑɔːŋ　　　　帮忙
　　 去　 帮助 去　 配音

541. daʔ bau daʔ biu　　　　　　不慌不忙
　　 不　慌　不　配音

542. pə bəŋ pə ʔiːŋ　　　　　　不靠谱
　　 不　靠谱 不　配音

543. pə toːŋ pə tak　　　　　　不理不睬
　　 不　打招呼 不　配音

544. gaːŋ hə gaːŋ hɔːŋ 吉祥如意
家 富 家 配音

545. jim sruat jim srɛt 清晨
时候 早 时候 配音

546. sih sruat sih srɛːt 早睡早起
睡 早 睡 配音

547. ŋaːm niˀ ŋaːm nɛi 关键时刻
时候 那 时候 配音

548. ŋɯam ŋam ŋɯam ŋɛm 宽宏大量
心里 大 心里 配音

549. pən ŋam pən ŋɛm 骄傲自大
骄傲 无义 配音

550. kʰrah dʒum kʰrah dʒe 微笑
笑 微笑 笑 配音

551. gon mau gon meːŋ 疯子
人 疯 人 配音

552. kɔːn ŋaːk kɔːn ŋɯar 婴幼儿
孩子 婴儿 孩子 配音

553. tih kəm buːl til kəm bɛːl 毒菌
菌 毒 菌 配音

554. pɯn mau pɯn meːŋ 装疯卖傻
假装 疯 假装 配音

555. kɔːk ŋaˀ kɔːk ŋɛˀ 害虫
虫 毒 虫 配音

556. puh gləˀ puh glaŋ 洗头发
洗 头发 洗 配音

557. tɕaːt run tɕaːt ŋun 厌烦
很 烦 很 配音

558. tɕaːt viːr tɕaːt ˀɔr 很好奇
很 好奇 很 配音

559. tɕaːt dʑɔ tɕaːt dʑɛn　　　　　勤劳
　　　很　勤快 很　配音

560. klai ŋoːŋ klai ŋau　　　　　人声鼎沸
　　　太　吵闹 太　配音

561. ˀmun watˀ mun wa　　　　　庙会
　　　聚会 寺庙 聚会 配音

562. lau sɯ lau sat　　　　　坦率、率直
　　　说　说 直接 配音

563. haːn roːk haːn doːt　　　　　死于贫穷
　　　死　贫穷 死　配音

564. təm koːk duh təm koːk dɛt　　　跌倒
　　　绊倒　倒下 绊倒　配音

565. tər gər tər gar　　　　　一排一排的
　　　一排排 无义 配音

566. jɛːŋ ˀmun jɛːŋ veːn　　　　　听天由命
　　　看　运气 看 配音

567. pon ˀmaːp pon veːn　　　　　苦尽甘来
　　　度过 困难　度过 配音

568. pan ˀmaːp pan veːn　　　　　分忧解难
　　　分担 困难　分担 配音

569. ɻoi ˀmaːp ɻoi veːn　　　　　（已做）恶有恶报
　　　鬼 困难　鬼 配音

570. ˀah ˀmaːp ˀah veːn　　　　　（未做）恶有恶报
　　　有 困难　有 配音

571. ˀah luaŋ ˀah lai　　　　　形状
　　　有　形状 有 配音

572. pəˀ luaŋ pəˀ taŋ　　　　　随心所欲
　　　无　规矩 无 配音

573. pəˀ luaŋ pəˀ taːŋ　　　　　邋遢凌乱
　　　没 整齐 没 配音

574. pə^ʔ luaŋ pə^ʔ lai　　　　邋遢凌乱
　　　没　整齐 没 配音

575. liaŋ　to　liaŋ taːŋ　　　　　养殖家畜
　　　养 动物 养 配音

576. buh　^ʔom buh bək　　　　背水
　　　背　水　背 配音

577. ŋɛ^ʔ peŋ　ŋɛ^ʔ ŋɔt　　　　一丁点儿
　　　一点儿　小　配音

578. jɛːŋ　^ʔom jɛːŋ bɛŋ　　　　看是否有活要做
　　　看　水　看　配音

579. ma^ʔ boh　ma^ʔ mai　　　　寡妇
　　　寡妇　　母　配音

（五）　ABCC 型（55 个）

1.　la^ʔ hɔi plɔh　　plɔh　　　玩玩而已
　　玩 玩 白白地 白白地

2.　jɔh　gai plɔh　　plɔh　　　白跑一趟
　　去　来 白白地 白白地

3.　vɛːt ^ʔuːn plɔh　　plɔh　　　白白买了
　　买　留 白白地 白白地

4.　mɔːt gai plɔh　　plɔh　　　白白拿来
　　拿　来 白白地 白白地

5.　^ʔan de^ʔ plɔh　　plɔh　　　免费送
　　给 要 白白地 白白地

6.　vɛːt ^ʔuːn plɔh　　plɔh　　　白白买了
　　买　留 白白地 白白地

7.　sər ^ʔeːŋ　beŋ beŋ　　　魂牵梦萦
　　想念　　极　极

8.　^ʔa ra^ʔ　　beŋ beŋ　　　肝胆过人
　　勇敢　　极　极

9.　klai loŋ beŋ beŋ　　　　　非常过分
　　很　过分 极　极

10.　mah biˀ beŋ beŋ　　　　　吃的很饱
　　吃　饱　极　极

11.　kəm ŋuˀ tʰɛˀ tʰɛˀ　　　　地道的克木人
　　克木人　真　真

12.　səm ˀmai tʰɛˀ tʰɛˀ　　　非常舒服
　　　舒服　真　真

13.　tɕaːt dziˀ tʰɛˀ tʰɛˀ　　愚蠢至极
　　很　愚蠢 真　真

14.　lau sɯ tʰɛˀ tʰɛˀ　　　　实话实说
　　说　真实 真　真

15.　lau muan tʰɛˀ tʰɛˀ　　　悦耳动听
　　说　悦耳 真　真

16.　sih lɔit tʰɛˀ tʰɛˀ　　　　酣然入睡
　　睡　闭眼 真　真

17.　mah laːm tʰɛˀ tʰɛˀ　　　美味可口
　　吃　香　真　真

18.　bəˀ mah ŋɛˀ ŋɛˀ　　　　吃的太少
　　吃　饭　少　少

19.　bəˀ mah maːk maːk　　　吃的太多
　　吃　饭　多　多

20.　bəˀ mah lɔit lɔit　　　　吃的光光
　　吃　饭　完　完

21.　siaŋ mah plɔˀ plɔˀ　　　吧唧吧唧
　　声音 吃　摹声

22.　siaŋ mah tɕɛp tɕɛp　　　小口吃东西声
　　声音 吃　摹声

23.　tɯr mɔt siap siap　　　　叽叽咕咕
　　小声说　摹声

24. siaŋ sroˀ tʰot tʰot　　　　　叽叽喳喳
　　声音 说话 摹声

25. ŋ droh ˀmɯt ˀmɯt　　　　　吵吵闹闹
　　吵闹　　摹声

26. muan sɯːn tʰɯt tʰɯt　　　　欢声雀跃
　　悦耳　高兴　摹声

27. tam bring tʰɯːŋ tʰɯːŋ　　　　打鼓咚咚
　　打　鼓　　摹声

28. siaŋ jaːm lə vaŋ lə vaŋ　　　　哭声哇哇
　　声音 哭　　摹声

29. siaŋ kʰrah hɛh hɛh　　　　　哈哈大笑
　　声音 笑　摹声

30. sən dəh ˀhɛh ˀhɛh　　　　　笑声格格
　　　笑　摹声

31. siaŋ təːm lə vaŋ lə vaŋ　　　　引吭高歌
　　声音 唱歌　摹声

32. sih lɔit ṃɔt ṃɔt　　　　　　睡觉呼呼
　　睡　闭眼 摹声

33. traːk ˀoːr ˀŋaːt ˀŋaːt　　　　牛叫莽莽
　　水牛 叫　摹声

34. ləmboˀ ˀoːr ˀmɔ ˀmɔ　　　　牛叫哞哞
　　黄牛　　叫 摹声

35. sɯaŋ ˀoːr ˀveːk ˀveːk　　　　猪叫哼哼
　　猪　　叫　摹声

36. soˀ kual woh who　　　　　狗叫汪汪
　　狗　叫　摹声

37. siaŋ jaːm ŋɛu ŋɛu　　　　　猫叫喵喵
　　声音 哭　摹声

38. hə ˀjiar jaːm tɕɛt tɕɛt　　　　鸡叫喳喳
　　　鸡　哭　摹声

39. siːm jaːm tɕet tɕet　　　　　　鸟叫叽叽
　　　鸟　哭　摹声

40. kəl ʔak jaːm ʔak ʔak　　　　　乌鸦嘎嘎
　　乌鸦　哭　摹声

41. kə maʔ dzuːr ʔjuk ʔjuk　　　　淅淅沥沥
　　　雨　下雨　摹声

42. ʔom dzɛr ʔjɔt ʔjɔt　　　　　　水滴嗒嗒
　　水　水滴　摹声

43. ʔom kɔːr faʔ faʔ　　　　　　　水流哗哗
　　水　流　摹声

44. ʔom kɔːr tɕɔr tɕɔr　　　　　　水流汩汩
　　水　流　摹声

45. ʔuɯ droh ʔmɔt ʔmɔt　　　　　咕嘟咕嘟
　　煮沸　　摹声

46. jɔh ŋɔːr ŋeːl ŋeːl　　　　　　屁颠屁颠
　　走　路　摹状

47. tai　rɔːt gɔŋ gɔŋ　　　　　　一摇一摆
　哥、姐　到　摹状

48. jɔh glaːt təl ip tə lip　　　　　大步流星
　　去　过　摹状

49. tə loːl dzuːr mel mel　　　　　摔倒翻滚的样子
　　摔倒　下来　摹状

50. tɕaːt dzɔ ŋel ŋel　　　　　　　勤勤恳恳
　　很　勤快　摹状

51. buɯan met wɛu wɛu　　　　　发动机突突声
　　能　听到　摹声

52. lot jɔh wɛi wɛi　　　　　　　车行嗖嗖
　　车　行驶　摹状

53. lot leu kɔk kɔk　　　　　　　车行蜿蜒
　　车　拐弯　弯　弯

54. tɯr bah gliap gliap   闪闪发光
    发光   闪烁   闪烁

55. pon jɔh tə glət tə glət   时光飞逝
    度过 去 流逝   流逝

（六）ABCD 型（271个）

1. kun hoːn ʔəh ləʔ   鼓励
    鼓励   做 好

2. tɛːŋ ʔan sə mə jɔʔ   均衡
    做   给   一样 相互

3. tɛːŋ viak ləʔ sər məʔ   干活出色
    做   活儿 好   真地

4. tɛːŋ pə rɔːt ʔmɔːn   半途而废
    做   不   到   地方

5. ga tɕaːŋ tɛːŋ viak   劳务费
    费用 账   做   活儿

6. gət ləʔ gɔi tɛːŋ   量力而行
    想   好   再   做

7. jɔh sɔːk ŋɔːr brɯal   逃命
    去   找   路   活的

8. jɔh tlɔt pə kʰaːt   川流不息
    去   一直 不   停

9. jɛt ləʔ sər məʔ   舒适
    住   好   真地

10. jɛt kuŋ gaːŋ m̥aŋ   老家
    在   村寨 家   旧

11. dzeʔ kɔːn kuŋ gaːŋ   村民
    孙子 孩子 村寨 家

12. ʔa raʔ ʔah rɛːŋ   勇猛
    勇敢 有   力气

13.　ŋɯam ŋam ʔa raʔ　　　　　　　勇敢
　　　心里　大　勇敢

14.　ləʔ ŋɯam kʰrah blia　　　　　会心地笑
　　　好　心里　笑　美丽

15.　ʔah ŋɯam tɕɛi jəːm　　　　　　狂热的
　　　有　心里　兴奋

16.　məh ŋɯam brɔːm jɔʔ　　　　　同流合污
　　　是　心里　同　朋友

17.　ləʔ klɔːŋ səm ʔmai ŋɯam　　　轻松愉快
　　　好　心脏　舒服　心里

18.　tɕaːl gian tɤuʔ ŋɯam　　　　　发怒
　　　发怒 赌气 痛　心里

19.　lau　tɔ　muh mat　　　　　　　不留情面
　　　说　对着 鼻 眼

20.　dɔːm dah sai mat　　　　　　和颜悦色
　　　靓丽 里　线　眼

21.　lau　hoit pə　tɛːŋ　　　　　　失言
　　　说　完成 不　做

22.　lau　r̥lɔʔ pəʔ　ʔoh　　　　　　信口开河
　　　说　话　无　根据

23.　jaːm pə　l̥ian siaŋ　　　　　　泣不成声
　　　哭　不　出来 声音

24.　kʰrah pə　l̥ian siaŋ　　　　　　笑不出声
　　　笑　不　出来 声音

25.　siaŋ ʔom kɔːr jɔh　　　　　　哗哗流水声
　　　声音 水　流　去

26.　tɕiu ʔjau ləŋ vaŋ　　　　　　噼里啪啦
　　　噼　里　啪　啦

27.　viːt moːŋ tər vər　　　　　　晕头转向
　　　晕　旋转 昏沉

28. glaːt jɔh dʑɯ mɯ   度日
    度过 去 每 天

29. tɯm brai laːl lah   分散
    分散   分散

30. moi gon kər seːr   孤苦伶仃
    孤单 人 可怜的

31. pian tɛːŋ ɱ meʔ   演变
    变 做 新的

32. kʰrɔn jɛt poʔ jɔʔ   集合
    集中 在 跟 相互

33. bri bah   təŋ rəŋ   光明
    光亮   明亮

34. tʰɛːm nam hu dzoŋ   增长知识
    增加 知识 高

35. pʰaːn haːn ɽɔk ɽoi   屠杀
    杀   死 光、完

36. sɯŋ   pʰeːk teːm jɛːŋ   举例
    事例 按照   看

37. maʔ sə dəːn tɕəm kɯn   中年妇女
    妈 中年   女

38. pɛːl jɛːŋ tiʔ dzɯaŋ   视察
    巡视 看 手   脚

39. ŋɛːn ŋɔːn kən ʔən   坚固的
        坚固的

40. dzəʔ dzɛʔ kəl vɛːŋ̊   脏兮兮的
        脏兮兮的

41. səŋ den tər gət   智力
        智力

42. rəŋ kɔːŋ mok dzoŋ   大山
    大山   小山 高

43. pʰi nɔːŋ   tai   hɛːm   亲朋好友
    亲友   哥、姐 弟、妹

44. joŋ maʔ   tai   hɛːm   父老乡亲
    父 母   哥、姐 弟、妹

45. mah hoit̪ gɛi mɔːt   打包
    吃 完成 又 拿

46. mah loit̪ ʔɯak sɛŋ   贪吃
    吃 完   喝 干净

47. mah jɔh pə kʰaːt   饭量很大
    吃 去 不 断

48. jɛt m̪əʔ mah ɲiʔ   四海为家
    住 哪 吃 哪

49. lau m̪əʔ ʔah ɲiʔ   有一说一
    说 什么 有 什么

50. lau m̪əʔ məh ɲiʔ   实事求是
    说 什么 是 什么

51. guːn̪ m̪əʔ lau ɲiʔ   左右逢源
    看见 什么 说 什么

52. haʔ luːi tɕuʔ mah   饥饿
    饿 肚子 想 吃

53. bəʔ mah pə guːt   有心事
    吃 饭 不 进

54. jɛt ʔmaːp jɔːm deʔ   贫困
    住 困苦 缺少 用品

55. ŋɯam ŋam pə ŋɔʔ   胆大妄为
    心里 大 不 怕

56. sər ʔeːŋ klɔːŋ ŋɯam   惦念、挂念
    想念   心脏 心里

57. sər ʔeːŋ dah ŋɯam   惦念、挂念
    想念   里 心里

58. deʔ　luŋ　ŋɯam　de　　　　　独立自主
　　用　独立　心里　自己

59. jɛt　pə　ləʔ　ŋɯam　　　　　担心
　　在　不　好　心里

60. pəʔ　ŋɯam　tɕih　tɛːŋ　　　心灰意冷
　　无　心里　要　做

61. pə　ʔuat　dah　ŋɯam　　　　操心
　　不　放　心里　心里

62. pə　ləʔ　dah　ŋɯam　　　　心慌缭乱
　　不　好　里　心里

63. pə　ʔuːn　dah　ŋɯam　　　不当回事
　　不　留　里　心里

64. pə　dɔːm　dah　mat　　　　不顺眼
　　不　靓丽　里　眼

65. pə　jɛːŋ　guːŋ　briaŋ　　　看不起人
　　不　看　看见　别人

66. pə　haːn　lih　ʔŋɔːŋ　　　死里逃生
　　不　死　还　剩下

67. jɔh　ŋɔːr　pə　rɔːt　　　做的不好
　　走　路　不　到

68. ʔʔəh　jɔh　pə　rɔːt　　　做的不好
　　做　去　不　到

69. gət　pə　rɔːt　ʔmɔːn　　考虑不周
　　想　不　到　地方

70. sih　m̩　poʔ　pə　rɔːt　　始料未及
　　睡　梦　不　到

71. m̩　poʔ　pə　gət　rɔːt　　始料未及
　　梦　不　想　到

72. liat　waːŋ　pə　sə　mə　　不公平
　　短　长　不　公平

73. ŋɛˀ ŋam pə sə mə　　　　　　不公平
　　小　大　不　公平

74. jɔh gai pə kʰaːt　　　　　　常来常往
　　去　回　不　断

75. puh grua pə sɛŋ　　　　　　马马虎虎
　　洗　物品　不　干净

76. ŋ koˀ　　　tɛːp wan　　　teu　　穿衣服
　　穿（上衣）衣服　穿（下衣）裤子（傣语）

77. ˀəh　ɣeˀ pleˀ jɛr　　　　　　生活殷实
　　做　旱地　果实　丰盛

78. tə nɔh lau pə tɛːŋ　　　　　　动口不动手
　　嘴　说　不　做

79. tɛːŋ viak pə tər tet　　　　　勤快
　　做　活儿　不　断

80. tɛːŋ sɯŋ pəˀ sen　　　　　　做无用功
　　做　事情　没有　用处

81. ˀəh viak pəˀ sen　　　　　　做无用功
　　做　活儿　没有　用处

82. maːŋ guːt pə ɲian　　　　　　问不出来
　　问　进　不　出来

83. ˀəh klih ɣoi ˀmaːp　　　　　恶有恶报
　　做　吵　报应

84. lau plɔh　　pə tɛːŋ　　　　　光说不做
　　说　白白地　不　做

85. viak tɛːŋ bɛi bɯan　　　　　无能为力
　　事情　做　不　能

86. viak ˀŋoːŋ tɛːŋ bɯan　　　　锲而不舍
　　事情　剩下　做　能

87. lau jɔh pə tər tet　　　　　滔滔不绝
　　说　去　不　断

88. lau jɔh pə kən　　　　　　滔滔不绝
　　说 去 不 断

89. ha:n brɯal poˀ jɔˀ　　　　同生共死
　　死 活 跟 相互

90. kʰa:m ˀom moi tər nal　　　同心同德
　　蹚水 水 一 条

91. lɔ:ŋ ˀom moi tər nal　　　 同心同德
　　漂 水 一 条

92. joh ŋɔ:r moi sen　　　　　 同心同德
　　走 路 一 条

93. ɻlɔˀ bra:m pər ˀo:m　　　 恶言恶语
　　话 坏话 脏话

94. kep ɻlɔˀ mun jɔi　　　　　斤斤计较
　　计较 话 琐碎 小

95. ˀah ɻlɔˀ ˀma:p sroˀ　　　 有口难言
　　有 话 难 说

96. klai hun ŋɛŋ ɻlɔˀ　　　　 百依百顺
　　很 顺从 话

97. lɯa ɻlɔˀ ti:n lau　　　　 不服管教
　　不服 话 劝 说

98. joŋ maˀ ˀmɔ:k lau　　　　 管教孩子
　　父 母 教 说

99. joŋ maˀ ti:n ˀmɔ:k　　　　教导孩子
　　父 母 劝 教

100. tai hɛ:m ti:n lau　　　　 劝说
　　哥、姐 弟、妹 劝 说

101. məˀ lau bu:t de　　　　　 各说不一
　　每个 说 自己

102. bɯan jɛt dzɯm ˀmɔ:n　　　 到处
　　得到 在 各个 地方

103. bɯan　hoiʨ　gɛi　piʨ　　　　　　得而复失
　　　得到　已经　又　丢

104. sə mɔ:t　jɛ:ŋ　pə gu:ŋ　　　　　一望无际
　　　望　　看　不　看见

105. sə mɔ:t　jɛ:ŋ　sɯt　mat　　　　一望无际
　　　望　　看　远处　眼

106. jɛ:ŋ　gu:ŋ　moi　tə niʔ　　　　一目了然
　　　看　看见　一　一会儿

107. kleʔ　ɭian　moi　tə niʔ　　　　露一下面
　　　露　出来　一　一会儿

108. kleʔ　ɭian　rɔ:t　lɛʔ　　　　　亮相
　　　露　出来　到　了

109. tɛ:ŋ　jɔh　sɯŋ　ləʔ　　　　　做好事
　　　做　去　事情　好

110. tɛ:ŋ　jɔh　sɯŋ　dzəʔ　　　　做坏事
　　　做　去　事情　坏

111. tʰɛ:m　ʔan　sɯŋ　dzəʔ　　　火上浇油
　　　增加　给　事情　坏

112. tʰɛ:m　ʔan　sɯŋ　ləʔ　　　　锦上添花
　　　增加　给　事情　好

113. trɔʔ　dɔ:m　sər məʔ　　　　　花容月貌
　　　美　靓丽　真正地

114. sih　ja:m　tuk　se:t　　　　　极度悲伤
　　　睡　哭　极度伤心

115. den　ja:m　tuk　se:t　　　　　极度悲伤
　　　坐　哭　极度伤心

116. ŋ̊ɯan sɯŋ　ʨɯʔ　ŋɯam　　　生气的样子
　　　样态　　痛　心里

117. sər　gɔ:k　kər noʔ　　　　　　亲热
　　　拥抱　　接吻

118. tɛːi ʔja   gua dʑi　　　　订婚
　　　订　烟　槟榔

119. ləʔ suɯŋ gaːm ʔmun　　感恩
　　　好　东西　援助　运气

120. luɯ ŋiŋ̊　tɕeuʔ ʔeu　　　万籁俱寂
　　　漆黑　　寂静

121. sər maʔ　tɕuɯr ŋai　　　感冒
　　　生病　　感冒

122. laːn mat jɛːŋ briaŋ　　开阔眼界
　　　睁　眼　看　别人

123. gai taŋ m̥ meʔ　　　　从头再来
　　　回　全部 新的

124. məʔ gɔʔ ʔah loit̠　　人人都有
　　　谁　也　有　全

125. pʰɛu ʔjuɯm kə muːl　借条
　　　条子　借　　钱

126. pʰaːk kən druɯaŋ ʔan　送礼物
　　　送　东西　　给

127. ga guːt pər loŋ　　　入场费
　　　费用 进入　门

128. kən druɯaŋ ʔəh saːŋ　生产用具
　　　用具　　做　劳动

129. muɯ ləʔ van trɔʔ　　好日子
　　　日　好　日　愉快

130. riːt grəh kɔːn kəm m̥uɯ　玛格乐节风俗
　　　风俗 丰收 孩子 克木人

131. riːt grəh kət̠ ļian　　玛格乐节来历
　　　风俗 丰收　产生　出来

132. kɔʔ jɛːŋ pə guːŋ̊　　期待
　　　等　看　不　看见

133. kɔˀ ŋɛˀ gɔˀ rɔːt   立刻、马上
    等 一会儿 就 到

134. pə teˀ pʰrɯa təm braˀ   炊烟
    烟 火   火塘

135. joŋ maˀ taˀ jaˀ   家中长辈
    爸 妈 爷 奶

136. joŋ ɻeˀ maˀ rə na   村干部
    父 旱地 母 水田

137. ɻɯam ɻeˀ pɯːr rə na   开荒
    砍伐 旱地 修整 水田

138. guŋ ɻeˀ pɯːr rə na   开荒
    烧 旱地 修整 水田

139. ˀəh gaːŋ laːŋ ɻeˀ   自立门户
    做 房子 建造 旱地

140. kuŋ pʰriːm gaːŋ ɱaŋ   老家
    村寨 原来的 家 旧

141. kuŋ gaːŋ tɕɜ ˀoˀ ɻeˀ   家园
    村寨 家 棚 旱地

142. maːŋ gaːŋ tɕaːk ɻeˀ   拆散家庭
    拆   家 撕 旱地

143. kuŋ bəh gaːŋ tal   前村后寨
    村寨 上 房子 下

144. jɔh dzaˀ nɔːk kuŋ   离家外出
    去 远 外面 村寨

145. gaːŋ ləˀ tɕɜ ˀoˀ dɔːm   漂亮的房子
    房 好 棚   靓丽

146. gai kuŋ guːt gaːŋ   回家乡
    回 村寨 进入 家

147. vet kuŋ guːt gaːŋ   回家乡
    回 村寨 进入 家

148. pʰaːk kuŋ laʔ mɯaŋ   到城市发展
      离开 村寨 玩 城市

149. mah ʔah ʔɯak buːt   吃吃喝喝
      吃 肉 喝 酒

150. mah dziʔ sɔːk haːn   独吃自疴
      吃 愚蠢 找 死

151. mah tə lɔːm brɔːm ŋ̊uam   同心协力
      吃 肝 同 心里

152. den nop kʰrɔ mah   讨饭
      坐 拜 要 饭

153. mah kaʔ bəʔ tər ləi   吃海鲜
      吃 鱼 吃 泥鳅

154. mah siːm bəʔ pʰrɔːk   吃野味
      吃 鸟 吃 松鼠

155. mah biʔ sih lɔit   好吃懒做
      吃 饱 睡 闭眼

156. mah biʔ sih haːn   好吃懒做
      吃 饱 睡 死

157. sih rəh sɔːk faːp   好吃懒做
      睡 起床 找 吞

158. jɛt ləʔ bəʔ laːm   生活美满
      住 好 吃 美味的

159. ʔah sɛu həʔ ʔɯr   浓香四溢
      有 味道 香味

160. jok buːŋ ŋəh tɔːk   干杯
      举 酒 喝 杯子

161. pɔːk kaʔ kaːr tər ləi   烧烤
      烧 鱼 烤 泥鳅

162. ga mok laʔ rəŋ kɔːŋ   打猎
      上 山 玩 大山

163. pit pʰrɔːk lɔːk kaˀ   捕鱼打鼠
    打枪 松鼠 摸 鱼

164. guːt briˀ blaŋ reːŋ   采野菜
    进入 森林 扒开 杂草

165. puŋ tɔːt tam daːv   演奏乐器
    吹 笛子 敲 叨叨(克木的乐器)

166. puŋ pi pat r̥oːŋ   演奏乐器
    吹 笛子 弹 竹口琴

167. bɛiˀ ah gam gət   死心
    没有 有 想法

168. ˀŋɔŋ ˀah gam gət   不死心
    还 有   想法

169. ŋɯam gət pə haːn   念念不忘
    心里 想 不 死

170. ŋɯam de moi gon   固执己见
    心里 自己 一 人

171. deˀ ŋɯam moi gon   服从
    接受 心里 一 人

172. ˀah ŋɯam tɯuˀ tɛːŋ   感兴趣
    有 心里 想 做

173. pəˀ ŋɯam tɯuˀ tɛːŋ   不感兴趣
    无 心里 想 做

174. ŋɯam ɲam pə ŋɔˀ   胆量大
    心里 大 不 怕

175. ŋɯam ɲam tɛːŋ bɯan   勇敢
    心里 大 做 敢

176. nəːŋ lɔːh pə nəːŋ ŋɯam   知面不知心
    知道 身体 不知道 心里

177. pə ˀlaˀ tɕʰai nəːŋ   不确定
    不 尚未 能 知道

178. pə kɔˀ hɛi rɔːt　　　　突然
　　不　等　已经 到

179. pə dɔːm dah mat　　　不顺眼
　　不　靓丽 里 眼睛

180. ˀah ləˀ pəˀ dɔːm　　可有可无
　　有　好　无　靓丽

181. dzəh kʰɯan ruɬ dzuːr　拉上拉下
　　提　　上　　提　下

182. tɕɔːp bəh laːk tal　　东哄西骗
　　哄　上　骗　下

183. jɔh bəh tə lɔːt tal　　走南闯北
　　去　上　闯　下

184. kʰɯan bəh dzuːr tal　　串亲戚
　　上　上方 下 下方

185. guːt bəh ḻian tal　　捉迷藏
　　进入 上 出来 下

186. tʰuk kʰi ˀɔːt ŋai　　打扫卫生
　　搓 这边 擦 那边

187. guːt kʰi tə lɔːt ŋai　　捉迷藏
　　进入 这边 闯 那边

188. tɛːŋ kʰi tə lɔːt ŋai　　忙忙碌碌
　　做 这边 闯 那边

189. ˀəh gi tə lɔːt nai　　忙来忙去
　　做 这 闯 那边

190. ḻian kɔːn tɕɯr kɛh　　毛骨悚然
　　出来 鸡皮疙瘩

191. tɕom guːt ṟəi ḻian　　（游泳时）闷水
　　沉　进入 浮 出来

192. siaŋˀ ɯh kəl bɔːŋ ḻian　　回声
　　声音 响 回声　出来

193. jɔh huua pə kʰa:t   常来常往
     去 经常 不   断

194. jɔh ro:m tɕɛ num   参加会议
     去 集中 参加

195. jɔh həp tai   hɛ:m   串亲戚
     去 看望 兄、姐 弟、妹

196. jɔh sruat vet buar   早出晚归
     去 早   回 晚

197. gaŋ jɔh ri:p vet   速去速回
     忙   去 急   回

198. ʔɔ:r   jɔh buup   jɔʔ   引见
     带领   去 碰见   朋友

199. brɔ:ŋ   jɔh buup   jɔʔ   预约
     约定   去 碰见   朋友

200. tɛ:ŋ ʔu:n brian deʔ   纪念品
     做   留 别人 要

201. tɛ:ŋ ʔu:n brian jɛ:ŋ   纪念品
     做   留 别人 看

202. tɛ:ŋ klih buuan ʔma:p   恶有恶报
     做   吵 得到 困难

203. tɛ:ŋ ləʔ buuan ʔmun   善有善报
     做   好 得到 运气

204. kuun ho:n ʔah tɛ:ŋ   支持
        鼓励   给 做

205. dzɔi jɔʔ tɛ:ŋ viak   帮工
     帮助 朋友 做 活儿

206. brap tɛ:ŋ trɔʔ dɔ:m   乔装打扮
     打扮 做 美丽 靓丽

207. kəŋ trɔʔ blia dɔ:m   合身漂亮
     合适 美 漂亮 靓丽

208. blia nɔ:k kɔ:k li:ŋ　　　　蛇蝎美人
　　漂亮 表面 坏 里面

209. gul blia lə jɛ:ŋ　　　　　（女人）丰满的
　　胖 美丽 好 看

210. sa:t muh gla:t mat　　　　瞟一眼
　　瞟   鼻 过   眼

211. muh çaŋ mat jim　　　　　面红耳赤
　　鼻 黑的 眼 红的

212. mat ŋam luua lu:i　　　　贪婪的
　　眼 大 比 肚子

213. vɛi tə nɔh la buuan　　　心直口快
　　快 嘴   说 得到

214. tsʰɔ rə məi bit mat　　　不闻不问
　　堵 耳朵 蒙 眼

215. juut ga:m tuuh guan　　　活动腰部
　　弯 腰下部 直起 腰

216. pok ṛa:ŋ ga:t huul　　　咬牙切齿
　　咬 牙 切齿 齿龈

217. la:ŋ ṛlɔ kər lɔh　　　　造谣
　　编造 话 一句话

218. ʔah ṛlɔ ʔma:p lau　　　有口难言
　　有 话 困难 说

219. lau ʔu:n briaŋ de　　　捎口信
　　说 留 别人 要

220. lau ʔan briaŋ tɛ:ŋ　　　指挥
　　说 给 别人 做

221. lau dzuu rɔ:t siaŋ　　　指名道姓
　　说 名字 到 声音

222. gla:t ban kə:t muun　　　成千上万
　　超过 千 成为 万

223. kʰɯan ban kəːt ɱun　　　　　成千上万
　　　增加　千　变成　万

224. kʰɯan rɔi kəːt ban　　　　　成百上千
　　　增加　百　变成　千

225. lit　kə maʔ vaːr pɔːk　　　　雨淋日晒
　　　淋　雨　太阳　晒

226. kə maʔ puh vaːr pɔːk　　　　雨淋日晒
　　　雨　　淋　太阳　晒

227. ŋ dzim　lə puːn　　　　　　屈服
　　　软的　　有弹性的

228. deʔ jɔʔ mah kʰɛːk　　　　　举行婚礼
　　　结婚　吃　婚礼

229. pə sɯm ḻak plak dzɛŋ　　　围篱笆
　　　种　　木桩　钉　篱笆

230. pɯn tun　ʔmɔk lau　　　　提醒
　　　告诉　　教　说

231. tɯn lah　saʔ sai　　　　　打碎
　　　打破　　粉碎

232. kɯm ban　ʔan ɱan　　　　紧握
　　　抓住　给　牢

233. səm ʔmai ŋai ŋɔːk　　　　方便
　　　舒服　方便

234. grɔh siaŋ ʨeŋ leŋ　　　　干净
　　　干净 干净 光亮

235. ʨeəʔ ŋaːr ʔə ʨeə　　　　　面黄肌瘦
　　　黄瘦　　干瘦

236. ʔoːr ʔuat hɛːt glɛːn　　　筋疲力尽
　　　喊　累　叫　疲倦

237. ga　mok ʨeə rok　ʔom　　顽皮
　　　爬　岸边　跳　　水

238. suɯ goˀ maːk tɕaˀ 各式各样
　　 东西 太 多 样式

239. ˀnuk kʰuɛn hɔi kʰrah 轻视
　　 看不起 嘲笑

240. ˀmak kɔːn puˀ hɛːm 打骂孩子
　　 打 孩子 打 弟、妹

241. ˀjaːt buːŋ ˀjɛk mah 祭祀
　　 祭 酒 奉献 饭

242. kən kuːi tɕuˀ sih 打瞌睡
　　 打盹 想 睡

243. buɯat buŋ blaːn loˀ 走山路
　　 踩 泥土 踩 泥巴

244. kən duːr rəŋ kɔːŋ 山顶
　　 顶上 大山

245. pə tʰuˀ rə maːŋ 财富
　　 遗产 财产

246. bi m̩ meˀ nɯm gi 新年
　　 年(傣语) 新的 年 这

247. suɯ pʰriːm jim jə 古代文物
　　 东西 原来的 时候 中古的

248. pə tʰuˀ jim jə 古代遗产
　　 遗产 时候 中古的

249. pə tʰuˀ jim ʐɐŋ 远古遗产
　　 遗产 时候 远古的

250. kə maˀ huŋ kuːr 狂风暴雨
　　 雨 狂风

251. puh grua ra grɔk 洗衣物
　　 洗 物品 清洗 配音

252. kʰrah dɔːm dzum jə 笑嘻嘻
　　 笑 靓丽 微笑 配音

253. kəŋ　trɔʔ　blia　blɔ　　　　　合身漂亮
　　　合适 美　漂亮 配音

254. ŋɛʔ　ʔəl　hɛu　hɔh　　　　　面黄肌瘦
　　　小 苍白 干瘦 配音

255. pə dan　nəːŋ　dzəːŋ　　　　太突然
　　　及时　知道　配音

256. mah loit　mɔːt　r̥ɔːŋ　　　连吃带拿
　　　吃　完　拿　配音

257. jɛt　ʔmaːp　jɔːm mah　　　贫困
　　　住　困苦　缺少 饭

258. sɯp　deʔ　rə maːŋ　　　继承财产
　　　继承 接受　财产

259. bəʔ　mah　tɕəm koʔ　　　吃晚饭
　　　吃　饭　傍晚

260. tɯr gət　ʔan　riʔ　　　　考虑清楚
　　　考虑　给　清楚

261. r̥lɔʔ　pɯr m̥an　ʔun　　　诺言
　　　话　保证　留下

262. jɛt　kɔʔ　ŋɛʔ koːŋ　　　等一会儿
　　　在　等　一会儿

263. təːm dʑɔi jɔʔ　tɛːŋ　　　协助
　　　帮助　朋友 做

264. tɕu　deʔ　hak mɔːt　　　随便拿取
　　　想　要　随便 拿

265. tiʔ　dzɯaŋ　pə tʰɯk　　　手脚不灵
　　　手　脚　不　灵活

266. gət　dzeʔ　kɔːn deʔ　　　为子孙着想
　　　想　孙子 孩子 要

267. kən drap　ʔuːn koʔ　　　做好准备
　　　准备　留　等

268. kən drɯaŋ ʔuːn kɔʔ   样品
    物品   留   等

269. sɯŋ ɛːŋ ʔuːn pʰriːm   样品
    东西 做   留   原来的

270. sɯŋ tɛːŋ ʔuːn jɛːŋ   样品
    东西 做   留下 看

271. kəm m̩uʔ gəi jɔʔ   熟人
    克木 人   熟

参考文献

包芳：《现代汉语双音节动词和形容词重叠的优选论分析》，四川大学硕士
　　学位论文，2007。

博乔：《老挝克木语四音格词研究》，中央民族大学硕士学位论文，2014。

陈国庆：《克木语概况》，《民族语文》2001 年第 3 期。

陈国庆：《克木语研究》，民族出版社，2002。

陈国庆：《克蔑语研究》，民族出版社，2005。

陈国庆：《孟高棉语言前缀》，《语言研究》2010 年第 1 期。

陈璐：《优选论框架下的现代汉语双音节词重叠现象的研究》，上海外国语
　　大学博士学位论文，2007。

崔希亮：《汉语四字格的平起仄收势——统计及分析》，《当代修辞学》
　　1993 年第 1 期。

邓丹、石锋、吕士楠：《普通话四音节韵律词的时长分析》，《世界汉语教
　　学》2007 年第 4 期。

邓礼红：《汉语四字格口译策略分析》，《中国科技翻译》2013 年第 4 期。

端木三：《音步和重音》，北京语言大学出版社，2005。

戴庆厦、刘岩：《从藏缅语、孟高棉语看亚洲语言声调的起源及演变》，中
　　央民族大学少数民族语言文学学院《中国民族语言论丛》编委会编：
　　《中国民族语言论丛·二》，云南民族出版社，1997。

戴庆厦、孙艳：《四音格词在汉藏语研究中的价值》，《汉语学习》2003 年
　　第 6 期。

戴庆厦、孙艳：《景颇语四音格词产生的机制及其类型学特征》，《中国语
　　文》2005 年第 5 期。

戴庆厦主编《老挝琅南塔省克木族及其语言》，中国社会科学出版社，
　　2012。

戴庆厦主编《勐腊县克木语及其使用现状》，商务印书馆，2012。

戴庆厦、徐悉艰：《景颇语词汇学》，中央民族大学出版社，1995。

戴庆厦、闻静：《论"分析性语言"研究眼光》，《云南师范大学学报》（哲学社会科学版）2017年第5期。

冯胜利：《汉语的韵律、词法与句法》，北京大学出版社，1997。

冯胜利：《论汉语的"自然音步"》，《中国语文》1998年第1期。

冯胜利、王丽娟：《韵律构词学和韵律句法学的研究》，王志洁、陈东东主编《语言学（西方人文社科前沿述评）》，中国人民大学出版社，2013。

傅懋勣：《民族语言调查研究讲话（二十二）》，《民族语文》1987年第1期。

高永奇：《布兴话构词方式说略》，《语言研究》2002年第3期。

高永奇：《莽语研究》，民族出版社，2003。

高永奇：《布兴语研究》，民族出版社，2004。

高永奇：《布兴语的次要音节》，《语言科学》2004年第4期。

高永奇：《略论我国孟高棉语言中的g-、m-对应》，《语言研究》2015年第4期。

郭卫民：《英译汉中汉语四字格的运用探索》，《山东外语教学》2009年第4期。

何珮珩：《非线性音系格局下汉语ABAC式四字格研究》，东北师范大学硕士学位论文，2012。

胡书津：《藏语并列四字格结构初探》，《西藏民族学院学报》（社会科学版）1989年第4期。

胡孝斌：《现代汉语双叠四字格AABB式研究》，北京语言大学博士学位论文，2007。

黄伯荣、廖序东主编《现代汉语（增订四版）》（下册），高等教育出版社，2007。

胡壮麟主编《语言学教程（第三版中文本）》，北京大学出版社，2007。

姜德梧编《汉语四字格词典》，北京语言文化大学出版社，2000。

孔江平编《实验语音学基础教程》，北京大学出版社，2015。

李道勇：《我国南亚语系诸语言特征初探》，《中央民族学院学报》1985年第 4 期。

李道勇：《我国克木语的一些语音特征》，中央民族学院民族学系、中央民族学院民族研究所编：《民族·宗教·历史·文化》，中央民族学院出版社，1993。

李宇明：《论词语重叠的意义》，《世界汉语教学》1996 年第 1 期。

李行健：《惯用语的研究和规范问题》，《语言文字应用》2002 年第 1 期。

李晓华、陈玉东、邹煜：《普通话四音节组合音高和音长分析》，第七届中国语音学学术会议暨语音学前沿问题国际论坛，北京，2006。

李福印：《语义学概论（修订版）》，北京大学出版社，2007。

李云兵：《中国南亚语系语言构词形态的类型学意义》，《中央民族大学学报》（哲学社会科学版）2007 年第 5 期。

李倩倩：《布依语四音格研究》，中央民族大学硕士学位论文，2012。

李少虹：《汉语并列四字格的文化意义研究》，《温州大学学报》（社会科学版）2013 年第 1 期。

李闯：《般玱寨克木人的族群认同研究》，云南民族大学硕士学位论文，2013。

林茂灿：《汉语语调实验研究》，中国社会科学出版社，2012。

林焘、王理嘉：《语音学教程（增订版）》，王韫佳、王理嘉增订，北京大学出版社，2013。

刘叔新：《汉语描写词汇学》，商务印书馆，1990。

刘宓庆：《汉英对比与翻译》，江西教育出版社，1992。

刘岩：《孟高棉语声调研究》，中央民族大学博士学位论文，1997。

刘振前：《汉语成语的对称特征与认知》，华东师范大学博士学位论文，1998。

刘振前、邢梅萍：《汉语四字格成语语义结构的对称性与认知》，《世界汉语教学》2000 年第 1 期。

刘振前、邢梅萍：《四字格成语的音韵对称与认知》，《语言教学与研究》2003 年第 3 期。

刘振前：《汉语四字格成语平仄搭配的对称性与认知》，《山东大学学报》（哲学社会科学版）2004 年第 4 期。

刘振前、庄会彬：《韵律语法视域下的汉语四字格成语研究》，《对外汉语研究》2015 年第 2 期。

刘彩霞：《汉语普通话重叠词的优选论分析》，北京林业大学硕士学位论文，2008。

刘劲荣：《拉祜语四音格词研究》，南开大学博士学位论文，2008。

陆志韦：《汉语的并立四字格》，《语言研究》，1956 年第 1 期。

卢艳名：《现代汉语四字格语音结构形式探究》，浙江大学硕士学位论文，2011。

吕叔湘：《现代汉语单双音节问题初探》，《中国语文》1963 年第 1 期。

马国凡：《四字格论》，《内蒙古师大学报》（汉文哲学社会科学版），1987 年第 S2 期。

马学良：《汉藏语概论（上、下册）》，北京大学出版社，1991。

孟尊贤：《傣语四音格浅析》，少数民族语言研究所编《民族语文论丛·第一集》，中央民族学院，1984。

钱韵、余戈：《现代汉语四字格成语的词汇化研究》，《语言科学》2003 年第 6 期。

荣晶：《藏缅语族的四音格形式》，《云南民族大学学报》（哲学社会科学版），2003 年第 4 期。

孙维张：《汉语熟语学》，吉林教育出版社，1989。

孙艳：《汉藏语四音格词研究》，中央民族大学博士学位论文，2005。

温端政：《汉语语汇学》，商务印书馆，2005。

万献初：《音韵学要略（第二版）》，武汉大学出版社，2012。

王敬骝：《克木语调查报告》，云南省编辑组编《布朗族社会历史调查（三）》，云南人民出版社，1986。

王敬骝：《佤语研究》，云南民族出版社，1994。

王力：《王力文集第 1 卷：中国语法理论》，山东教育出版社，1984。

王国祥：《西双版纳雨林中的克木人》，云南教育出版社，2009。

王玲：《焦点的韵律编码方式》，中央民族大学硕士学位论文，2011。

吴慧颖：《四字格中的结构美》，《修辞学习》1995 年第 1 期。

吴东海：《傣语四音格研究》，中央民族大学博士学位论文，2005。

吴氏惠：《语言类型学视野下的越南语、汉语形容词重叠对比研究》，华东师范大学博士学位论文，2013。

向日征：《湘西苗语的四字并列结构》，《民族语文》1983 年第 3 期。

徐悉艰：《景颇语的四音格词》，民族语文编辑组编《民族语文论文集》，中国社会科学出版社，1981。

徐通锵：《语言论》，东北师范大学出版社，1997。

许雁：《大新三湖壮语四音格词研究》，中央民族大学硕士学位论文，2011。

徐润华、曲维光、陈小荷等：《多语料库中汉语四字格的切分和识别研究》，《中文信息学报》2013 年第 5 期。

许瑞娟、张玉婷：《越南语四音格词的文化内涵阐释》，《语文学刊》2015 年第 7 期。

许瑞娟、周子力：《柬埔寨语四音格词的结构形式及语义特点》，《语文学刊》2015 年第 1 期。

许瑞娟、张玉婷：《越南语四音格词的结构形式及语义特点》，《学园》2015 年第 2 期。

颜其香、周植志：《中国孟高棉语族语言与南亚语系》，中央民族大学出版社，1995。

尹巧云：《德昂语长短元音研究》，中央民族大学博士学位论文，2011。

叶起昌：《导读》，斯宾塞、茨威克编：《形态学研究指南》，北京大学出版社，2007。

于根元：《重叠四字格杂议》，《语文研究》1980 年第 1 期。

俞扬：《汉语并列四字组合成词问题初探》，《宁波师院学报》（社会科学版）1986 年第 2 期。

余金枝：《湘西矮寨苗语四音格词研究》，《中央民族大学学报》（哲学社会科学版）2006 年第 3 期。

余金枝：《吉首苗语四音格词研究——兼与吉首汉语四音格词比较》，湖南师范大学硕士学位论文，2007。

云南省勐腊县志编纂委员会：《勐腊县志》，云南民族出版社，1994。

张辉、孙和涛、顾介鑫：《非成语四字格词组加工中韵律与句法互动的 ERP 研究》，《外语与外语教学》2012 年第 6 期。

赵岩社：《中国孟高棉语研究的现状与展望》，《云南民族学院学报》（哲学社会科学版）2000 年第 3 期。

周荐：《惯用语新论》，《语言教学与研究》1998 年第 1 期。

周荐：《双字组合与词典收条》，《中国语文》1999 年第 4 期。

周国光：《现代汉语词汇学导论》，广东高等教育出版社，2004。

周国光：《语义场的结构和类型》，《华南师范大学学报》（社会科学版）2005 年第 1 期。

朱光潜：《诗论》，国民图书出版社，1943。

中国社会科学院语言研究所、中国社会科学院民族学人类学研究所、香港城市大学语言咨询科学研究中心：《中国语言地图集（第 2 版）——少数民族语言卷》，商务印书馆，2012。

周荐：《汉语词汇结构论》，上海辞书出版社，2004。

Aronoff, M. and Fudeman, K. *What Is Morphology (2nd edition)*, Wiley-Blackwell, 2011.

Baart, J. *A Field Manual of Acoustic Phonetics*, SIL International, 2010.

Bauer, L. *Introducing Linguitic Morphology (2nd edition)*, Edinburgh University Press, 2003.

Broselow, E. and McCarthy, J. "A theory of internal reduplication," *The Linguistic Review*, 3, 1983.

Chao Yuen Ren(赵元任). *A Grammar of Spoken Chinese*, University of California Press, 1968.

Chen, C. M.(陈超美). "CiteSpace II: Detecting and visualizing emerging trends and transient patterns in scientific literature," *Journal of the American Society for Information Science and Technology*, 57(3), 2006.

Chen, M.Y(陈源泉). *Tone Sandhi: Patterns Across Chinese Dialects*, Cambridge University Press, 2000.

Diffloth, G. "Austro-Asiatic Languages" in *Encyclopedia Britannica 2 (Macropaedia) (15th ed.)*, Encyclopaedia Britannica, 1974: 480-484.

Diffloth, G. "The contribution of linguistic palaeontology to the homeland of Austro-Asiatic," in L. Sagart et al., eds., *The Peopling of East Asia:*

Putting Together Archaeology, Linguistics and Genetics, Routledge Curzon, 2005.

Dixon, R.M.W. "Field linguistics: a minor manul," *Language Typology & Universals*, 60(1), 2007.

Eberhard, D. M., Gary F. S., and Charles D. F. (eds.). 2022. *Ethnologue: Languages of the World*. Twenty-fifth edition. Dallas, Texas: SIL International. Online version: http://www.ethnologue.com.

Ferlus, M. "Les Langues Du Groupe Austroasiatique-nord," *Asie du Sud-Est et Monde Insulindien*, 5.1, 1974.

Goddard, C. *The Languages of East and Southeast Asia: an Introduction*, Oxford University Press, 2005.

Haas, M. R. *Thai-English Student's Dictionary*, Stanford University Press, 1964.

Halle, M. and Vergnaud, J.-R.. *Metrical Structures in Phonology*, MIT Press, 1978.

Hammond, M. "The foot," in M. V. Oostendorp, C. J. Ewen, E. Hume and K. Rice, eds., *The Blackwell Companion to Phonology*, Wiley-Blackwell, 2011.

Hayes, B. P. *A Metrical Theory of Stress Rules*, Ph.D. Dissertation, Massachusetts Institute of Technology, 1980.

Hayes, B. P. *Metrical Stress Theory: Principles and Case Studies*. University of Chicago Press, 1995.

Hudak, T. J. "Thai," in B. Comrie, eds., *The Major Languages of East and South-East Asia*, Routledge, 1987.

Hyman, L. "On the weightiness of syllable onsets," in Brugman and M. Macaulay, eds., *Proceedings of the 10th Annual Meeting of the Berkeley Linguistics Society*, University of California, 1984.

Jenny, M. and Sidwell, P. eds., The Handbook of Austroasiatic Languages, Brill, 2014: 179.

Kager, R. and Zonneveld, W. "Introduction," in R. Kager, H. van der Hulst and W. Zonneveld, eds., *The Prosody-Morphology Interface*, Cambridge

University Press, 1999.

Kager, R. *Optimality Theory*, Cambridge University Press, 1999.

Karlsson, A., House, D., Svantesson, J.-O. and Tayanin, D. "Comparison of F0 range in Spontaneous Speech in Kammu Tonal and Non-Tonal Dialects," *ICPhS 17*，2011.

Karlsson, A., House, D. and Svantesson, J.-O. "Intonation adapts to lexical tone: The case of Kammu," *Phonetica*, 69, 2012.

Karlsson, A., Svantesson, J.-O. and House, D. "Adaptation of focus to lexical tone and phrasing in Kammu," in W. Gu, eds., *Proceedings of TAL 3*, Nanjing Normal University, 2012.

Karlsson, A., Svantesson, J.-O. and House, D. "Prosodic boundaries and discourse structure in Kammu," in M. Heldner, eds, *Proceedings from FONETIK 2014*, Stockholm University, 2014.

Klatt, D. H. "Linguistic uses of segmental duration in English: acoustic and perceptual evidence," *Journal of the Acoustical Society of America*, 59, 1976.

Liberman, M. and Prince, A. S. "On stress and linguistic rhythm," *Linguistic Inquiry*, 8(2), 1977.

Liberman, M. *The Intonational System of English*, Ph.D. Dissertation, Massachusetts Institute of Technology, 1975.

Lindau, M., Norlin, K. and Svantesson, J.-O. "Some cross-linguistic differences in diphthongs," *Journal of the International Phonetic Association*, 20, 1990.

Lindell, K. "A vocabulary of the Yuan Dialect Of the Kammu Language," AO, 36, 1974.

Lindell, K., Svantesson, J.-O. and Tayanin, D. "Phonology of Kammu Dialects (II?)," *Cahiers de linguistique Asie Orientale*, 9, 1981.

Marantz, A. "Re Reduplication," *Linguistic Inquiry*, 13, 1982.

Maspero, H. "Matériaux Pour L'étude De La Langue T' Eng," *Bulletin de l'École Française d'Extrême-Orient*, 47, 1955.

Matisoff, J. A. *The Grammar of Lahu*, University of California Press, 1973.

McCarthy, J. *Formal Problems in Semitic Phonology and Morphology*, Ph.D. Dissertation, Massachusetts Institute of Technology, 1979.

McCarthy, J. "A prosodic theory of nonconcatenative morphology," *Linguistic Inquiry*, 12, 1981.

McCarthy, J. and Prince, A. S. *Prosodic Morphology*, ms. University of Massachusetts, Amherst, MA and Brandeis University, Waltham, MA, 1986.

McCarthy, J. and Prince, A.S. "Prosodic Morphology and Templatic Morphology," in M. Eid and J. McCarthy, eds, *Perspectives on Arabic Linguistics: Papers from the Second Symposium*, Amsterdam: Benjamins, 1990.

McCarthy, J. and Prince, A. S. Prosodic Morphology I: *Constraint Interaction and Satisfaction*, ms. University of Massachusetts, Amherst, MA and Rutgers University, New Brunswick, NJ, 1993.

McCarthy, J. and Prince, A.S. "Faithfulness and reduplicative identity," in J. Beckman, L. W. Dickey, and S. Urbanczyk, eds., *University of Massachusetts Occasional Papers in Linguistics 18*, GLSA Publications, 1995.

McCarthy, J. and Prince, A.S. "Faithfulness and identity in Prosodic Morphology,". in R. Kager, H. v. d, Hulst, and W. Zonneveld, eds., *The Prosody–Morphology Interface*, Cambridge University Press, 1999.

McCarthy, J. and Prince, A.S. "Prosodic Morphology," in A.Spencer and A. M. Zwicky, eds, *The Handbook of Morphology*, Peking Universtiy Press, 2007.

Minahan. *Ethnic Groups of South Asia and the Pacific: An Encyclopedia*, ABC-CLIO, 2012.

Mortensen, D.R. "Hmong elaborate expressions are coordinate compounds," *Unpublished*, UC Berkeley, 2003.

Peterson, D.A. "Khumi elaborate expressions," *Himalayan Linguistics*, 9 (1),

2010.

Sidwell, P. *Classifying Austroasiatic Languages: History and Sate of the Art*, LINCOM EUROPA，2009.

Simana, S., Somseng, S. and Elisabeth, P. *Kuhmu-Lao-French-English Dictionary*. State Printing Enterprise, Lao P.D.R, 1994.

Smalley, W.A. *Outline of Khmu Structure*, American Oriental Society, 1961.

Spener, A and Zwicky, A. M. "Introduction," in *The Handbook of Morphology*, Peking Universtiy Press, 2007.

Suwilai P. "Phonological variation and change in the Khmu Dialects of Northern Thailand," *The Mon-Khmer Studies Journal*, 29, 1999.

Suwilai P. "Tonogenesis in Khmu Dialect of SEA," *The Mon-Khmer Studies Journal*, 31, 2001.

Suwilai, P. *Dictionary of Khmu in China*, Mahidol University, 2002.

Suwilai P. "Register complex and tonogenesis in Khmu Dialects," *The Mon-Khmer Studies Journal*, 34, 2004.

Suwilai, *A Description of Khmu, Including Its Comparisons with Thai*, Ph.D. Dissertation, Monash University, 1982.

Svantesson, J.-O. *Kammu Phonology and Morphology*, Ph.D. Dissertation, Lund University, 1983.

Svantesson, J.-O. "Tonogenetic mechanisms in Northern Mon-Khmer," *Phonetica*, 46, 1989.

Svantesson, J.-O. and House, D. "Tone production, tone perception and Kammu tonogenesis," *Phonology*, 23, 2006.

Svantesson, J.-O., House, D., Karlsson, A. and Tayanin, D. "Reduplication with fixed tone pattern in Kammui," *Proceedings Fonetik 2009*, Stockholm University, 2009.

Svantesson, J.-O. and Holmer, A. "Kammu," in M. Jenny and P. Sidwell, eds., *The Handbook of Austroasiatic Languages*, Brill, 2014.

Svantesson, J.-O., Ràw, K., Lindell, K. and Lundström, H. *Dictionary of Kammu Yùan Language and Culture*, NIAS Press, 2014.

Xu, Y. (许毅). "ProsodyPro—A Tool for Large-scale Systematic Prosody Analysis," *Proceedings of Tools and Resources for the Analysis of Speech Prosody (TRASP 2013)*, Aix-en-Provence, France, 2013.

Yip, M. "Reduplication and CV-skeleta in Chinese secret languages," *Linguistic Inquiry*, 13, 1982.

后 记

本书是在作者博士论文的基础上修改而成的。博士求学对于农家子弟而言实乃人生一大幸事，博士学位之于我们不仅仅是一段宝贵的人生经历和学生生涯"塔尖"的象征，它在一定程度上意味着一份体面的工作以及随之而来命运的改变，虽说的有点世俗但却是事实。

母校似海，大海浩瀚，无法估量。感谢母校中央民族大学对我的培育和滋养，圆了帝都求学的梦想。师恩如山，高山巍巍，使人崇敬。2013年9月，受恩于导师刘岩教授的厚爱，有幸拜其门下攻读现代语音学专业的博士学位。在拙著即将出版之际，心绪复杂，借此机会再次表达对导师的恩情。对于我这样一个天资愚笨、现代语音学知识匮乏、田野调查基础薄弱的学生，恩师在我身上倾注了比其他同门更多的心血、教诲和关爱。她耐心地给我传授系统的语音学知识，手把手地教我做语言学田野调查、指导我撰写研究论文和参加学术会议，悉心指导博士论文写作的每一环节，从论文选题、框架拟定、语料采集、实验设计、理论分析、到学术规范等，使我在博士阶段接受了最为严谨的学术训练。恩师深厚的专业涵养、严谨的学术态度、耿直淳朴的崇高风范和人格魅力等都给我留下了深远的影响，也是我今生秉持和追求的方向。

感谢本研究的发音合作人，同时也是我的克木语老师，善良可爱的勐腊克木人依论刚女士、依甩女士等，她们在田野调查的过程给予了非常耐心的配合，使得这项研究成为可能。

感谢攻读博士学位期间传道受业的各位老师，尤其是德高望重的戴庆厦先生，耄耋之年仍坚守课堂和田野，是吾辈之楷模。感谢参加我博士论文开题、预答辩和答辩的诸位老师，中国社会科学院民族学人类学研究所的黄成龙研究员、王锋研究员、李云兵研究员，中央民族大学中国少数民族语言文学学院的丁石庆教授、周国炎教授、宝玉柱教授，渤海大学的夏中华教授等，他们高屋建瓴的指导使我本书更趋完善。特别要说的是，毕业工作后他们继续在科研方面持续不断地给予我许多帮助和支持。

感谢求学和工作后给予我各种关爱和帮助的老师。硕士导师苏州大学二语习得方向博导贾冠杰教授；给我学术和人生指引的爱丁堡大学博士、河南大学贺淯滨教授，虽然他的主攻方向是外国文学，但他在西洋音乐、英语教学、英语语音等领域造诣深厚，非常人可企及；语音学的入门老师河南师范大学马照谦博士；硕士就读学校暨现工作单位河南工业大学马玉梅教授、闫丽俐教授、王鲜杰教授及本科就读学校郑州轻工业学院外语学院陈文凯教授、杜红亮教授，以及工作后交流甚多的燕海雄博士、王保锋博士、朱德康博士，他们在我学习、科研、工作过程中一直给予极大的关爱和帮助。您们都是我人生中不可多得的贵人，人生有您们，无比幸运。

感谢我的家人，父母、妹妹、妻子，您们是我求学过程最坚强的后盾和支持者，博士三年有愧于您们的太多，毕业后又因工作原因疏于对您们的关心，儿子出生后又多由您们照料。今后要加倍努力，承担起我作为儿子、哥哥、丈夫、爸爸的责任，好好地去爱您们。

感谢为本书出版付出巨大心血的社会科学文献出版社的编辑。感谢我的硕士研究生陈雪霞和李杏莲同学在排版和格式修改方面给予的大力支持。

本书启动出版时，尽管对博士论文原稿的内容已思考多时，但由于各种原因，未能对有些关键现象进行深入、透彻、全面的分析，不得不说是一个遗憾，今后我仍将持续关注这一领域，以求取得一些新的进展。

图书在版编目（CIP）数据

克木语四音格研究 / 刘希瑞著. --北京：社会科
学文献出版社，2023.2
ISBN 978-7-5228-0923-6

Ⅰ.①克…　Ⅱ.①刘…　Ⅲ.①孟高棉语族-语音-研
究　Ⅳ.①H610.1

中国版本图书馆 CIP 数据核字（2022）第 194090 号

克木语四音格研究

著　　者 / 刘希瑞

出 版 人 / 王利民
责任编辑 / 范　迎
责任印制 / 王京美

出　　版 / 社会科学文献出版社·人文分社（010）59367215
　　　　　地址：北京市北三环中路甲 29 号院华龙大厦　邮编：100029
　　　　　网址：www.ssap.com.cn
发　　行 / 社会科学文献出版社（010）59367028
印　　装 / 三河市尚艺印装有限公司

规　　格 / 开　本：787mm×1092mm　1/16
　　　　　印　张：16.5　插　页：0.5　字　数：253 千字
版　　次 / 2023 年 2 月第 1 版　2023 年 2 月第 1 次印刷
书　　号 / ISBN 978-7-5228-0923-6
定　　价 / 128.00 元

读者服务电话：4008918866